WOLRAD RUBE

Paritätische Mitbestimmung und Betriebsverfassung

Schriften zum Wirtschaftsrecht

Band 39

Paritätische Mitbestimmung und Betriebsverfassung

Das Verhältnis von betrieblicher und unternehmerischer Arbeitnehmermitbestimmung in gleichgewichtig mitbestimmten Unternehmen

Von

Dr. Wolrad Rube

DUNCKER & HUMBLOT / BERLIN

Gedruckt 1982 bei Buchdruckerei Bruno Luck, Berlin 65
Printed in Germany
ISBN 3 428 05049 5

Meiner Frau

Inhaltsverzeichnis

Einleitung

Erstes Kapitel

Geschichte, Gegenwart und Zukunft der Mitbestimmung

Zweites Kapitel

Vereinbarkeit von betrieblicher und unternehmerischer Arbeitnehmermitbestimmung im gleichgewichtig mitbestimmten Unternehmen

Drittes Kapitel

Vermeiden der Überparität

Verzeichnis der Abkürzungen

a. A.	anderer Ansicht
Abs.	Absatz
ADGB	Allgemeiner Deutscher Gewerkschaftsbund
AFG	Arbeitsförderungsgesetz vom 25. 6. 1969
a. E.	am Ende
AktG	Aktiengesetz vom 6. September 1965
Anh.	Anhang
Anm.	Anmerkung (-en)
AOG	Gesetz zur Ordnung der Arbeit vom 20. 1. 1934
AöR	Archiv des öffentlichen Rechts
AP	Arbeitsrechtliche Praxis
AR-Blattei	Arbeitsrechtsblattei
AuS	Arbeit und Sozialpolitik
Art.	Artikel (-n)
Aufl.	Auflage
AuR	Arbeit und Recht
BAG	Bundesarbeitsgericht
BAGE	Entscheidungen des Bundesarbeitsgerichts, Amtliche Sammlung
BArbBl	Bundesarbeitsblatt
BayVerf	Bayerische Verfassung vom 1. 12. 1946
BB	Der Betriebsberater
Bd.	Band
BetrR	Der Betriebsrat
BetrVG oder BetrVG 1972	Betriebsverfassungsgesetz vom 15. Januar 1972
BetrVG 1952	Betriebsverfassungsgesetz vom 11. Oktober 1952
BGB	Bürgerliches Gesetzbuch vom 18. August 1896
BGBl	Bundesgesetzblatt
BGHZ	Bundesgerichtshof, Entscheidung in Zivilsachen
BlStSozArbR	Blätter für Steuerrecht, Sozialversicherung und Arbeitsrecht
BR	Bundesregierung
BRG	Betriebsrätegesetz
BT	Bundestag
BVerfG	Bundesverfassungsgericht
BVerfGE	Entscheidungen des Bundesverfassungsgerichts, Amtliche Sammlung
bzw.	beziehungsweise
CDU	Christlich-Demokratische Union
DAdG	Das Arbeitsrecht der Gegenwart
DAG	Deutsche Angestellten-Gewerkschaft
DB	Der Betrieb
DDR	Deutsche Demokratische Republik
ders.	derselbe
DGB	Deutscher Gewerkschaftsbund
d. h.	das heißt
Die AG	Die Aktiengesellschaft (Zeitschrift)
dies.	dieselben
Diss.	Dissertation
DJT	Deutscher Juristentag

DRdA	Das Recht der Arbeit
Drucks.	Drucksache
Einl.	Einleitung
EuGRZ	Europäische Grundrechtszeitschrift
EzA	Entscheidungssammlung zum Arbeitsrecht
f., ff.	folgende
FAZ	Frankfurter Allgemeine Zeitung
FDP	Freie Demokratische Partei
FS	Festschrift
Fn.	Fußnote
GG	Grundgesetz vom 23. Mai 1949
GK-BetrVG	Gemeinschaftskommentar zum Betriebsverfassungsgesetz 1972
GK-MBG	Gemeinschaftskommentar zum Mitbestimmungsgesetz 1976
GmbH	Gesellschaft mit beschränkter Haftung
GmbHG	GmbH-Gesetz vom 20. April 1892
GmbH-Rdsch	GmbH-Rundschau
GMH	Gewerkschaftliche Monatsblätter
Großkomm.	Großkommentar
GVBl	Gesetz- und Verordnungsblatt
HGB	Handelsgesetzbuch vom 10. Mai 1897
h. M.	herrschende Meinung
Hrsg.	Herausgeber
hrsg.	herausgegeben
insbes.	insbesondere
i. V. m.	in Verbindung mit
JZ	Juristenzeitung
KG	Kommanditgesellschaft
KGaA	Kommanditgesellschaft auf Aktien
LAG	Landesarbeitsgericht
MitbestErgG	Mitbestimmungsergänzungsgesetz vom 7. August 1956
MontanMBG	Gesetz über die Mitbestimmung der Arbeitnehmer in den Aufsichtsräten der Unternehmen des Bergbaus und der Eisen und Stahl erzeugenden Industrie vom 21. Mai 1951
MBG 1976	Mitbestimmungsgesetz vom 4. Mai 1976
MBGespr.	Mitbestimmungsgespräch
m. w. N.	mit weiteren Nachweisen
Nr.	Nummer
NJW	Neue Juristische Wochenschrift
OHG	Offene Handelsgesellschaft
Ordo	Jahrbuch für die Ordnung von Wirtschaft und Gesellschaft
RdA	Recht der Arbeit
Rdn	Randnummer
RegEnt	Regierungsentwurf
RegEnt 1974	Regierungsentwurf 1974
RGBl	Reichsgesetzblatt
S.	Seite (-n)
s.	siehe
s. o.	siehe oben
SPD	Sozialdemokratische Partei Deutschlands
Sten.Prot.	Stenografisches Protokoll
StudK	Studienkommentar
s. u.	siehe unten
SZ	Süddeutsche Zeitung
u.	und

u. a.	und andere
v.	vom, von
vgl.	vergleiche
Vorbem.	Vorbemerkung (-en)
WRV	Weimarer Reichsverfassung vom 11. August 1919
z. B.	zum Beispiel
ZfA	Zeitschrift für Arbeitsrecht
ZfgG	Zeitschrift für das gesamte Genossenschaftswesen
ZGR	Zeitschrift für Unternehmens- und Gesellschaftsrecht
ZHR	Zeitschrift für das gesamte Handelsrecht und Wirtschaftsrecht
zit.	zitiert

Einleitung

A. Einführung und Problemstellung

Seit 1945 vollzieht sich die institutionelle Teilhabe der Arbeitnehmer an der Leitungs-, Planungs- und Organisationsgewalt in Unternehmen und Betrieb in Anlehnung an das Betriebsrätegesetz von 1920[1] auf zweifache Art, einmal durch die Mitbestimmung der Betriebsräte, zum zweiten durch die Mitbestimmung der in den Aufsichtsrat entsandten Arbeitnehmervertreter.

Der Sinn dieser doppelten Teilhabe „von unten und von oben"[2], welche auf verschiedenen Ebenen und mit unterschiedlicher Zielrichtung eingerichtet wurde, ist ein zweifacher. Die Arbeitnehmer sollen gleichberechtigt und gleichgewichtig unmittelbar Einfluß nehmen auf die unternehmerischen Planungs- und Entscheidungsprozesse, welche das Unternehmen als Wirtschaftseinheit betreffen. Ansatzpunkt ist der Aufsichtsrat.

Andererseits sollen die Arbeitnehmer im Alltag des Betriebs sozial geschützt werden. Die Belegschaft steht dabei dem Arbeitgeber als gleichberechtigter Faktor gegenüber. Ansatzpunkt ist die Arbeits- und Produktionseinheit Betrieb. In diesen ist der einzelne Arbeitnehmer unmittelbar eingegliedert. Die Regelungen im Betrieb treffen ihn in erster Linie. Die betriebliche Mitbestimmung soll grundsätzlich nicht in den unternehmerischen Entscheidungsprozeß eingreifen. Sie hat soziale Daten zu setzen.

Idealtypisch betrachtet stehen beide Mitbestimmungsarten selbständig ohne Berührungspunkt nebeneinander. Sie machen sich sozialpolitisch nicht überflüssig; sie haben im Gegenteil ergänzende Funktion.

Dieses gedankliche Modell wurde im Teilbereich der Montanindustrie[3] in den fünfziger Jahren in die Wirklichkeit umgesetzt[4].

---

[1] § 70 BRG 1920 i. V. m. dem Gesetz über die Entsendung von Betriebsmitgliedern in den Aufsichtsrat vom 15. 2. 1922.

[2] *Hanau*, Arbeitsrechtliche Probleme der paritätischen Mitbestimmung, BB 1969, S. 1497.

[3] Im übrigen blieb die Wirtschaft unterparitätisch verfaßt, vgl. §§ 76 ff. BetrVG 1952.

[4] Vgl. ausführlich *Kunze / Christmann*, Wirtschaftliche Mitbestimmung im Meinungsstreit.

Die Gewerkschaften[5] hatten mit dem Montanmitbestimmungsgesetz 1951 den Arbeitgebern und der Regierung Adenauer eine Regelung der Parität im Unternehmen abgetrotzt. Dem fügte das Betriebsverfassungsgesetz 1951 auf Betriebsebene vergleichsweise geringe Mitwirkungsrechte in sozialen und personellen Fragen hinzu.

Die Grundlagen der funktionellen Trennung der beiden Mitbestimmungsbereiche Unternehmen und Betrieb sind in den folgenden Jahren jedoch aufgehoben worden.

Seit Ende der wirtschaftlichen Rezession 1966/67 und Gründung der sozialliberalen Koalition in Bonn im Jahre 1969 wurde mit Nachdruck die Forderung erhoben, in beiden Bereichen die Rechte der Arbeitnehmer auszuweiten[6].

Ergebnis dieser Bestrebungen war bislang zum einen das Betriebsverfassungsgesetz 1972, welches die Befugnisse des Betriebsrates teilweise bis zur Parität vermehrte. Zum anderen trat das Mitbestimmungsgesetz 1976 in Kraft. Dieses führte zwar zahlenmäßig Parität im Aufsichtsrat ein, bleibt jedoch u. a. auf Grund konkurrenzlösender Mechanismen zugunsten der Arbeitgeberseite unterhalb der Parität[7].

Im Vorfeld der Diskussion über den Regierungsentwurf eines Mitbestimmungsgesetzes von 1974, welcher volle Parität im Unternehmen vorsah, wurde auf den funktionellen Zusammenhang beider Mitbestimmungsarten aufmerksam gemacht[8].

Dieser verbiete es, die Teilhabe der Arbeitnehmer in Unternehmen und Betrieb beliebig und beziehungslos zu erweitern. Es sei zu fragen,

---

5 Vgl. zur Meinungsbildung in den Gewerkschaften: DGB (Hrsg.), Vorschläge zur Neuordnung der deutschen Wirtschaft, beschlossen am 14. 4. 1956 in Düsseldorf; ausführlicher bei: *Briefs*, Zwischen Kapitalismus und Syndikatismus — Die Gewerkschaften am Scheideweg, S. 106 ff.

6 Wesentlicher Ausgangspunkt hierfür war die Denkschrift des DGB: Mitbestimmung — eine Forderung unserer Zeit, 1966.

7 BVerfG, EuGRZ 1979, S. 129 ff.

8 *Biedenkopf*, Anmerkungen zum neuen Betriebsverfassungsgesetz, in: Beiträge zum Wirtschaftsrecht, in Festschrift für H. Kaufmann 1972, S. 91 ff.; *Buchner*, Das wirtschaftliche Mitbestimmungsrecht nach dem Betriebsverfassungsgesetz in seinem Verhältnis zur Forderung nach qualifizierter Mitbestimmung, AG 1970, S. 127 ff.; *ders.*, Paritätische Mitbestimmung: Der Weg zu einer neuen Unternehmens- und Arbeitsordnung, ZfA 1974, S. 179 ff.; *Farthmann*, Betriebsverfassung und Unternehmensrecht, Arbeit und Sozialpolitik 1970, S. 380; *Hanau*, Arbeitsrechtliche Probleme der paritätischen Mitbestimmung, BB 1969, S. 1497; *Raiser*, Grundgesetz und paritätische Mitbestimmung, S. 24 f.; *Rüthers*, Arbeitgeber und Gewerkschaften, Gleichgewicht oder Dominanz, DB 1973, S. 1649; *Scholz*, Paritätische Mitbestimmung und Grundgesetz, S. 67 f.; *Zöllner*, Die Einwirkung der erweiterten Mitbestimmung auf das Arbeitsrecht, RdA 1969, S. 68 ff.; vgl. *Säcker*, *Simitis* und *Scholz* im Anhörungsverfahren vor dem BT-Ausschuß für Arbeit und Sozialordnung am 19. 12. 1974, BT-Ausschuß Nr. 11, Sten, Prot. VII, Nr. 62.

ob die Einrichtung zweifacher Parität zur Disfunktionalität verbunden mit übergewichtigem Einfluß der Arbeitnehmer führen müsse.

Zwar stellt sich dieses Problem unter der Geltung des Mitbestimmungsgesetzes 1976 angesichts fehlender Vollparität nicht. Da Parität im Unternehmen jedoch nach wie vor als das erklärte Ziel der Gewerkschaften sowie der Sozialdemokratischen Partei Deutschlands angestrebt wird[9], ist die Frage von Bedeutung, welche Folgen doppelte Parität zeitigen würde.

Aufgabe der Untersuchung ist es zu klären, in welchem Verhältnis paritätische Mitbestimmung im Aufsichtsrat zu den von den Betriebsräten wahrgenommenen Beteiligungsrechten der Arbeitnehmer im Betrieb nach dem BetrVG 1972 unter der Zielvorgabe des insgesamt gleichgewichtig mitbestimmten Unternehmens steht. Es ist herauszuarbeiten, ob die angestrebte gleichgewichtige Mitbestimmung der Arbeitnehmer durch zweierlei Arten von Teilhabe erreicht werden kann, oder ob jene nur durch Korrekturen beider Ordnungen bzw. Aufgabe eines der beiden Systeme zu erzielen ist.

Mit Einführung der paritätischen Mitbestimmung im Unternehmen, deren Verfassungsmäßigkeit[10] unterstellt werden soll, wird in den Un-

---

[9] Bundesminister *Arendt*, BT-Sten.-Bericht VII/S. 16080 B; sowie Aufruf des SPD-Präsidiums zum 1. Mai 1978.

[10] Bezüglich der Verfassungsmäßigkeit der Parität ist der Meinungsstand kontrovers.

Das BVerfG hat diese Frage anläßlich der Verfassungsbeschwerde einiger Arbeitgeberverbände, welche u. a. wohl auch eine Aussage zur Parität im allgemeinen erstrebt hatten, in seinem Urteil vom 1. 3. 1979 bewußt offengelassen. Es führt aus: „Prüfungsgegenstand sind allein die angegriffenen und zur Prüfung gestellten Vorschriften des Mitbestimmungsgesetzes; ob andere Regelungen einer Mitbestimmung der Arbeitnehmer mit dem Grundgesetz vereinbar wären, ist nicht zu entscheiden", EuGRZ 1979, S. 129. Es hat sich eines entsprechenden obiter dictums entgegen früherer — zu tadelnder — Übung enthalten. Vgl. Aussage des Bundesverfassungsrichters *Hirsch* anläßlich eines Vortrages an der Universität Erlangen am 22. 6. 1979, „Über die Grenzen der Verfassungsgerichtsbarkeit"; ferner *Säcker*, Mitbestimmung und Vereinigungsfreiheit (Art. 9 Abs. 1 GG), RdA 1979, S. 380.

In der Literatur vertreten grundsätzliche Unvereinbarkeit:

Badura, Der Regierungsentwurf eines Mitbestimmungsgesetzes — Verfassungsrechtliche Einwände, ZfA 1974, S. 357 ff;

Huber, Grundgesetz und wirtschaftliche Mitbestimmung, S. 74 ff.;

Pernthaler, Qualifizierte Mitbestimmung und Verfassungsrecht, S. 175 ff.;

v. Plessen, Qualifizierte Mitbestimmung und Eigentumsgarantie;

Wengler, Die Mitbestimmung und das Völkerrecht;

Zöllner / Seiter, Paritätische Mitbestimmung und Art. 9 Abs. 3 GG, ZfA 1970, S. 97 ff.;

sowie Anhörungsverfahren vor dem BT-Ausschuß für Arbeit und Sozialordnung am 19. 12. 1974, BR-Ausschuß Nr. 11, Sten. Prot. VII, Nr. 62.

Mestmäcker, in Anlage 4;

ternehmen eine Kooperationsordnung eingerichtet, nach der die Arbeitnehmer an der Kontrolle und mittelbar über den Vorstand an der Leitung gleichgewichtig mitwirken. Daneben bleiben die Teilhaberechte nach dem BetrVG 1972 erhalten. Letztere stellen gemeinsam mit anderen Instrumenten[11], welche den Unternehmen in ihrer Rolle als Arbeitgeber abgekämpft wurden, die Gegenmacht der Arbeitnehmer dar, die ihnen der Gesetzgeber im Rahmen einer Konfliktsordnung für Auseinandersetzungen mit den Arbeitgebern bereitgestellt hat.

Es ist zu prüfen, ob die Mitbestimmungsrechte der Arbeitnehmer, die auf den beiden grundverschiedenen Ansätzen Kooperation und Konflikt beruhen, ein stimmiges, ausgewogenes und praktikables System der betriebs- und unternehmensbezogenen Mitbestimmung bilden, das als Gegenpol der Macht der Unternehmen bzw. Arbeitgeber gleichgewichtig gegenübersteht, oder ob die Kombination unvereinbar ist, da sie zu einer Ungleichgewichtigkeit und Überparität der Arbeit-

---

Rupp / Stern u. *Zacher*, in Anlage 6;
Kölner Gutachten, S. 137 ff., 162 ff.

Grundsätzliche verfassungsrechtliche Unbedenklichkeit bescheinigen dagegen:
Fitting / Wlotzke / Wißmann, Mitbestimmungsgesetz, Vorbem., Rdn. 13;
Naendrup, GK-Mitbestimmungsgesetz, Einl. II, Rdn. 107 ff.;
Kunze, Vereinbarkeit von Mitbestimmung und Tarifautonomie, BB 1971, S. 356 ff.;
Raisch, Mitbestimmung und Koalitionsfreiheit;
Schwegler, Paritätische Mitbestimmung und Koalitionsfreiheit, AuR 1975, S. 27 ff.;
ders., Paritätische Mitbestimmung im verfassungsrechtlichen Meinungsstreit, AuR 1975, S. 263 ff., 270 ff.;
Schwerdtfeger, Unternehmerische Mitbestimmung der Arbeitnehmer und Grundgesetz, S. 253 ff.
ders., Zur Verfassungsmäßigkeit der Paritätischen Mitbestimmung;
Stein, Qualifizierte Mitbestimmung unter dem Grundgesetz, S. 89 ff.;
sowie im Anhörungsverfahren, *Duden*, in Anlage 4; *Raisch, Simitis, Stein*, in Anlage 5.

Eine Differenzierung nehmen vor:
Raiser, Grundgesetz und paritätische Mitbestimmung, S. 79 ff.;
Scholz, Paritätische Mitbestimmung und Grundgesetz, S. 102 ff.;
neben beiden im Anhörungsausschuß:
Säcker, in Anlage 6;
ders., Mitbestimmung und Vereinigungsfreiheit, (Art. 9 Abs. 1 GG) RdA 1979, S. 380, 382.
Angesichts der Werthöhe der vom BVerfG zur Rechtfertigung der Mitbestimmung in EuGRZ 1979, S. 129 ff. akzeptierten gesetzgeberischen Motive erscheine es kaum vorstellbar, daß die Gleichstellung von Kapital und Arbeit als unverhältnismäßiger Eingriff in Grundrechte angesehen werden würde.

[11] Tarifvertragsrecht, Arbeitskampfrecht, die Vorrechte der Arbeitnehmer im Konkurs, Arbeitsförderungsgesetz (vgl. § 166 AFG).

nehmerseite führt. Für den letzteren Fall stellt sich die Frage nach einer Umgestaltung der Mitbestimmungsarten mit dem Ziel, insgesamt gleichgewichtige Mitbestimmung der Arbeitnehmer zu erreichen.

Die Problematik soll an der Rechtsform der Aktiengesellschaft mit ihrem dualen System, welches Geschäftsführungsorgan und Kontrollorgan trennt, erläutert werden. Dies bietet sich an, da einmal die AG die typische Rechtsform der deutschen Großunternehmen darstellt[12]. Zum anderen knüpfen sämtliche Mitbestimmungsmodelle konzeptionell an der AG an. Dem gesellschaftsrechtlichen Modell wurden die Mitbestimmungsregelungen systemwidrig gewaltsam aufgepfropft[13].

Gesetzlicher Ausgangspunkt der Überlegungen ist auf betrieblicher Seite das BetrVG 1972, welches umfangreiche Mitbestimmungsrechte normiert. Im Bereich der unternehmerischen Mitbestimmung kann nicht vom unterparitätischen[14] Mitbestimmungsgesetz 1976 ausgegangen werden. Um ein hinlänglich konkretes Modell paritätischer Mitbestimmung vor Augen zu haben[15], richtet sich die Untersuchung am Montanmitbestimmungsgesetz 1951 aus, welches ein Modell der Parität darstellt[16]. Allerdings sollen, da das Prinzip der Parität interessiert, Sonderprobleme der Montanregelung nicht aufgearbeitet werden.

B. Methode und Aufbau

Nach Einführung in die Problemstellung sollen Begriff und Rechtfertigung der Mitbestimmung dargelegt werden. Daran schließt sich eine historische Rückschau der Mitbestimmung an. Diese erfüllt die Aufgabe, die in verschiedenen Zeiten sehr unterschiedlichen Auffassungen und die daraus herrührenden institutionellen Ansatzpunkte der Mitbestimmung darzustellen. Es wird versucht, den engen wechselseitigen Zusammenhang zwischen sozioökonomischen und politischen Vorgängen und der jeweils konkreten Ausgestaltung der Mitbestimmung aufzuzeigen. An der Schilderung wird deutlich, daß die heutigen, in einer Reihe von Gesetzen festgeschriebenen, verschiedenen Teilhaberegelungen nicht einem System gemäß entstanden sind. Sie sind vielmehr historisch bedingt. Außerdem sollen die geschichtlichen Tatsachen als Entscheidungsvariable genutzt werden.

---

[12] Frankfurter Gutachten, S. 137.

[13] *Hueck*, Alfred, Gedanken zur Reform des Aktienrechts und des GmbH-Rechts; vgl. ausführlich 2. Kapitel A II 2.

[14] s. Einleitung A.

[15] Vgl. ähnlich, *Schwerdtfeger*, Zur Verfassungsmäßigkeit der paritätischen Mitbestimmung.

[16] Vgl. BVerfG, EuGRZ 1979, S. 129; dies trotz § 8 Abs. 3 S. 6 MontanMBG, der den Rückgriff auf die Hauptversammlung zuläßt.

Daran anschließend wird der gegenwärtige Stand der Mitbestimmungsregelungen aufgezeigt.

In einem zweiten Kapitel wird die Vereinbarkeit betrieblicher und unternehmerischer Arbeitnehmermitbestimmung in gleichgewichtig mitbestimmten Unternehmen untersucht. Um diese Frage beantworten zu können, ist es notwendig, mögliche Funktionsüberschneidungen, ihre Auswirkungen auf Unternehmen und Betrieb in Richtung Überparität sowie die fehlende Konkurrenzlösung herauszuarbeiten.

Zur Vermeidung der festgestellten Überparität werden in einem dritten Kapitel Lösungsmodelle besprochen und eine eigene Lösung angeboten.

C. Begriff der Mitbestimmung

Seit Beginn der Mitbestimmungsdiskussion wird der Begriff Mitbestimmung vielfältig und vieldeutig verwendet[1]. Da auf eine allgemein anerkannte und als herrschend zu bezeichnende Definition nicht zurückgegriffen werden kann, ist eine begriffliche Klärung der Mitbestimmung notwendig[2].

„Mitbestimmung" meint in dieser Untersuchung die gleichberechtigte und gleichgewichtige Mitentscheidung der Arbeitnehmer an der Willensbildungs-, Planungs- und Entscheidungsmacht im Unternehmen und Betrieb[3].

Der Bereich des Mitbestimmens beginnt demzufolge rechtlich dort, wo die Arbeitnehmerschaft derart an den Entscheidungen beteiligt ist, daß die Beteiligung für die Wirksamkeit und die Rechtsfolgen dieser Entscheidung erheblich ist[4]. Die Gültigkeit von Beschlüssen hängt von der Zustimmung der Arbeitnehmer ab. Die einzelnen Bestandteile des Wortes „Mit-Bestimmung" machen deutlich, daß der Einfluß beider an der Entscheidung beteiligten Partner jeweils im Recht der Gegenseite seine entscheidende Schranke findet.

Andererseits wurden den Arbeitnehmern Teilhaberechte im Sinne von Informations-, Vorschlags-, Mitsprache- und Mitberatungsrechten eingeräumt, welche die Gegenseite in ihrer Entscheidung an die Stel-

---

[1] Vgl. schon: *v. Brasch*, Zur Begriffsklärung im Mitbestimmungsrecht, RdA 1950, S. 300 ff.

[2] *Kunze / Christmann*, Wirtschaftliche Mitbestimmung im Meinungsstreit, Bd. I, S. 21.

[3] *Hueck*, Alfred, S. 5; *Hueck / Nipperdey*, Lehrbuch des Arbeitsrechts, Bd. II/2, S. 1309.

[4] *Siebert*, Die Mitwirkung und Mitbestimmung der Arbeitnehmer nach dem Betriebsverfassungsgesetz, BB 1952, S. 836.

lungnahme der Arbeitnehmer nicht binden. Diese beratende Teilhabe ohne Anspruch auf Mitentscheidung wird als „Mitwirkung" bezeichnet. Damit wird zum Ausdruck gebracht, daß die Arbeitnehmer zwar die Möglichkeit haben, Entscheidungen zu beeinflussen, nicht aber die Kompetenz dazu[5].

Der Oberbegriff, der „Mitbestimmung" und „Mitwirkung" umschließt, kann schon deshalb nicht „Mitbestimmung im weiteren Sinn"[6] lauten, da sich die vom Begriff „Mitwirkung" bezeichneten Rechte nicht unter den Begriff des „Bestimmens" subsummieren lassen. Statt dessen soll von der „Teilhabe" der Arbeitnehmer gesprochen werden.

Die Bezeichnungen Teilhabe, Mitwirkung und Mitbestimmung sind wertneutral. Sie kennzeichnen lediglich die Einbeziehung der Arbeitnehmerschaft in den Prozeß der Entscheidungsfindung, ohne etwas über die verfolgten Zwecke auszusagen.

D. Rechtfertigung der Mitbestimmung

I. Menschenwürde der Arbeitnehmer

Das Mitbestimmungsrecht der Arbeitnehmer gründet nicht notwendig im Arbeitsverhältnis und der damit verbundenen Zugehörigkeit zum sozialen Verband Unternehmen. Denn aus der Eingliederung des Arbeitnehmers in den Betrieb und der Eigengesetzlichkeit des wirtschaftlichen Unternehmens folgt nicht zwingend die Mitbestimmung[1]. Die wirtschaftliche Einheit Unternehmen ist auch mitbestimmungsfrei denkbar und arbeitsfähig.

Vielmehr entspricht das Recht auf Mitbestimmung einer Wertentscheidung, welche die Aufteilung der Befugnisse unter den beiden im Unternehmen zusammenwirkenden Faktoren Kapital und Arbeit vorsieht[2]. Gegenstand dieser Entscheidung ist die wirtschaftliche, soziale

---

[5] *von Nell-Breuning*, Mitbestimmung, S. 19; *Weddingen*, Beitrag „Mitbestimmung" im Handwörterbuch der Sozialwissenschaften Bd. 7, S. 367, der von „Mitwirkung im engeren Sinn" spricht.

[6] So aber: Sechserbericht, S. 151; *Stollreither*, Mitbestimmung — Ideologie oder Partnerschaft, S. 16 f.; *Tegtmeier*, Wirkungen der Mitbestimmung der Arbeitnehmer, S. 13.

[1] Bericht der Mitbestimmungskommission, S. 56.

[2] *Löwisch*, Mitbestimmung und Arbeitsverhältnis, S. 131 ff.; *Müller*, Gedanken zum Entwurf des Mitbestimmungsgesetzes, DB 1975, S. 205, 208; ausdrücklich *Säcker*, Die Mitbestimung im Unternehmen im Meinungsstreit, DRdA 1973, S. 89, 93, der feststellt, daß die Einführung paritätischer Mitbestimmung von der Verfassung weder gefordert noch verboten ist, (vgl. Einleitung A Fn. 10 a. E.); *Scholz*, Paritätische Mitbestimmung und Grundgesetz,

und humane Gestaltung der Arbeits- und Daseinsbedingungen der Arbeitnehmer in der Gemeinschaft des Unternehmens. Inhaltlich beruht die Wertentscheidung auf dem grundlegenden Bekenntnis zur Würde der Person, zu den unverletzlichen und unveräußerlichen Menschenrechten als Grundlage jeder menschlichen Gemeinschaft und zum Recht auf freie Entfaltung der Persönlichkeit (Art. 1 und 2 GG). Zunächst allgemein ausgedrückt besagt sie, daß die Unterordnung des Arbeitnehmers unter fremde Organisations- und Leitungsgewalt im Unternehmen mit seiner Selbstbestimmtheit, der ihm rechtliche zuerkannten Möglichkeit, seine Zwecke selbst zu wählen und eigene Initiative zu entfalten, nur so lange vereinbar ist, als sie ihre Entsprechung in Gestalt der Freiheit der Beteiligung an den Entscheidungen findet, die den Arbeitsprozeß regeln und gestalten[3].

Die Forderung der Arbeitnehmer gründet rechtlich also auf Art. 1 Abs. 1 GG, der Unantastbarkeit der Würde des Menschen. Diese oberste Grundrechtsnorm[4] verpflichtet in Satz 2 den Staat nicht nur zur Achtung, sondern auch zum Schutz der Menschenwürde. Art. 1 Abs. 1 GG hat demzufolge Drittwirkung[5]. Daher ist Schutzzweck der Unternehmens- und Betriebsverfassung die Menschenwürde im Unternehmen und Betrieb.

Vor Einführung der Teilhaberechte waren die Arbeitnehmer — vor allem in Großunternehmen — bloße „Rädchen im Getriebe", hatten sie in Unternehmen die Stellung eines fremdbestimmten Objektes[6].

Erst wenn aus dieser Objektstellung eine Subjektstellung[7] geworden ist, d. h. der Arbeitnehmer im Unternehmen, Betrieb und an seinem

---

S. 12; *Wiedemann*, Grundfragen der Unternehmensverfassung, ZGR 1975, S. 397.

Vgl. allgemein die Gegenpositionen im Streit um die Rechtfertigung der Mitbestimmung: *Kunze / Christmann*, Wirtschaftliche Mitbestimmung im Meinungsstreit, 2. Bd.; *Schwerdtfeger*, Unternehmerische Mitbestimmung und Grundgesetz, S. 69 ff.; Bericht der Mitbestimmungskommission, S. 56.

[3] Bericht der Mitbestimmungskommission, S. 56; DGB, Mitbestimmung — eine Forderung unserer Zeit.

[4] Vgl. BVerfGE 5, S. 85, 204; 9, S. 89, 95; 28, S. 314, 323; dort bringt das BVerfG zum Ausdruck, daß in der freiheitlichen Demokratie die Würde des Menschen der oberste Wert sei. Der Mensch sei eine mit der Fähigkeit zu eigenverantwortlicher Lebensgestaltung begabte Persönlichkeit; ähnlich BGHZ 35, S. 1, 8.

[5] BVerfGE 1, S. 97, 104; BVerwGE 18, S. 34, 35; BAG NJW 1955, S. 607; *Dürig* in Maunz / Dürig / Herzog, Art. 1, Rdn. 3; *v. Mangoldt / Klein*, Art. 1, Anm. III 4; *Nipperdey*, Die Grundrechte, Bd. II, 1 ff., 27; *Schmidt-Bleibtreu / Klein*, Art. 1, Anm. 5.

[6] Bericht der Mitbestimmungskommission, S. 18; *Kunze / Christmann*, S. 145, 285; *von Nell-Breuning*, Mitbestimmung, S. 131.

[7] *Däubler*, Das Grundrecht der Mitbestimmung, S. 139 ff.; *Mann*, Der tiefe Wandel der Gesellschaft, Festschrift zum 100sten Geburtstag der Firma Degussa, S. 19.

Arbeitsplatz als selbstverantwortliche, eigenständige Persönlichkeit anerkannt ist, bleibt die Würde des Arbeitnehmers unangetastet. Verwirklicht wird der Grundrechtsschutz durch die Mitwirkungs- und Mitbestimmungsrechte bei der Willensbildung, Planung und Entscheidung im Betrieb und Unternehmen. Die Arbeitnehmer können durch ihre Vertreter die bisher allein am Unternehmenszweck und der Wirtschaftlichkeit ausgerichteten Entscheidungen der einseitig Macht ausübenden Unternehmens- und Betriebsleitungen dahingehend verbessern, daß die Lage der arbeitenden Menschen im Arbeitsleben verstärkt berücksichtigt wird. Die Arbeitnehmer vermögen zu verhindern, daß sie zum bloßen Objekt von Leitungs- und Kontrollmaßnahmen herabgewürdigt werden.

Doch wird durch die in den Art. 18 Abs. 1, 21 Abs. 1, 91 Abs. 1 GG aufgeführte Grundordnung des Grundgesetzes nicht nur die Gesamtheit der Arbeitnehmer geschützt. Art. 1 GG hat eine stark auf die Einzelperson zugeschnittene Komponente[8], welche bezüglich der Mitbestimmung in §§ 75 Abs. 2, 81 - 86 BetrVG Ausdruck findet. Damit soll dem Umstand begegnet werden, daß sich der einzelne Arbeitnehmer bei Anwachsen der Unternehmung als anonymes Glied im Produktionsablauf betrachtet, nicht aber als selbstverantwortlicher Mitarbeiter, welcher eigene Rechte selbständig geltend machen kann[9].

II. Sozialstaatsprinzip

Eng verbunden mit der Unantastbarkeit der Würde des Menschen ist das in den Art. 20 Abs. 1, 28 Abs. 1, 79 Abs. 3 GG verankerte Sozialstaatsprinzip, das eine normative Zielbestimmung für die Staatstätigkeit darstellt[10].

Diese Verbindung spricht das BVerfG[11] an: „Das Gebot des sozialen Rechtsstaates ist in besonderem Maße auf einen Ausgleich sozialer Ungleichheiten zwischen den Menschen ausgerichtet und dient zuvorderst

---

[8] Vgl. *v. Mangoldt / Klein,* Grundgesetz, Bd. I, Art. 2 Anm. III 3; *Neumann-Duesberg,* S. 78.

[9] Die Sorge der Anonymität des einzelnen Arbeitnehmers bewegt *Beuthien,* Die Arbeitnehmermitbestimmung in Genossenschaften, ZfgG 1976, S. 320, 330, dazu, die Berufung auf den Schutz der Menschenwürde einzuschränken. Er läßt sie nur für die Mitbestimmung am Arbeitsplatz und im Betrieb gelten. Die Mitbestimmung im Unternehmen dagegen läßt sich nach seiner Auffassung nicht aus dem Schutz der Menschenwürde herleiten, da die Mitbestimmung im Aufsichtsrat viel zu arbeitsplatzfern sei, als daß sie den einzelnen Arbeitnehmer aus seiner als unwürdig gescholtenen „Objektstellung“ befreien könnte.

[10] *Scheuner,* Staatszielbestimmungen, in FS für Forsthoff, S. 325, 336 f.; *Richardi,* Mitbestimmungsgedanke, DAdG 13, 1976, S. 19, 26; Frankfurter Gutachten, S. 84; Kölner Gutachten, S. 265, 271, 273.

[11] BVerfGE 35, S. 348, 355 f.

der Erhaltung und Sicherheit der menschlichen Würde, dem obersten Grundsatz der Verfassung."

Das Sozialstaatsprinzip tritt in der Sozialbindung des Eigentums (Art. 14 Abs. 2 GG) deutlich zu Tage[12]. Es verpflichtet den Staat, ungeachtet aller Unsicherheit über den Inhalt im einzelnen[13], dafür zu sorgen, daß die Selbständigkeit des einzelnen auch denjenigen gegenüber gewahrt bleibt, die in der gesellschaftlichen Ordnung Macht über andere ausüben.

Unter der Geltung der Grundrechte im privaten Bereich des Unternehmens[14] sind die Wahrung der Würde des Menschen und die Erhaltung und Erweiterung der Freiheitsräume des einzelnen gewährleistet[15].

Richardi[16] führt aus, der Gesetzgeber sei wegen des Sozialstaatsprinzips verpflichtet, ein Recht der Mitbestimmung zu schaffen, um den Gedanken der Selbstbestimmung, der den im Grundrechtskatalog genannten Freiheitsrechten zugrunde liegt, für die Arbeitnehmer in Betrieb und Unternehmen zu verwirklichen.

Zu warnen ist allerdings vor einer allgemeinen Überstrapazierung des Sozialstaatsprinzips. Denn dieses hat bereits in das gesamte Arbeitsrecht Eingang gefunden. Das Arbeitsrisiko und die soziale Schutzlosigkeit der Arbeitnehmer ist durch Institute wie den Kündigungsschutz, Kurzarbeitergeld und Betriebsrentenfonds u. a. stark gemildert.

III. Gleichberechtigung von Kapital und Arbeit

Die Einführung der Mitbestimmung wird durch die Gleichberechtigung von Kapital und Arbeit[17] gerechtfertigt. Zwar ist eine Gleichsetzung der beiden Faktoren nicht möglich, da Kapital und Arbeit grundsätz-

---

[12] *Scholz*, Paritätische Mitbestimmung und Grundgesetz, S. 26 ff., sowie Kölner Gutachten, S. 271 f., 273; *Beuthien*, Arbeitnehmermitbestimmung, S. 330; a. A. *Badura*, Der Regierungsentwurf eines Mitbestimmungsgesetzes, ZfA 1974, S. 357, 368.

[13] BVerfGE 5, S. 85, 198; *Hesse*, Grundzüge des Verfassungsrechts der Bundesrepublik Deutschland, S. 87; *Huber*, Grundgesetz und wirtschaftliche Mitbestimmung, S. 34, m. w. N.; dort wird die Konkretisierungsbedürftigkeit angesprochen.

[14] s. Einleitung D I.

[15] *Fabricius*, Mitbestimmung in der Wirtschaft, S. 62. Sechserbericht, S. 68; a. A. *Huber*, Grundgesetz und wirtschaftliche Mitbestimmung, S. 34, der die unternehmerische Mitbestimmung nicht zum Mindestgehalt des Sozialstaatsprinzips rechnet.

[16] *Richardi*, Recht der Betriebs- u. Unternehmensmitbestimmung, Bd. 1, Grundriß, S. 160.

[17] Ausführlich zur Problematik dieser Formel: *Schwerdtfeger*, Unternehmerische Mitbestimmung der Arbeitnehmer und Grundgesetz, S. 82 ff.

lich unterschiedliche Aufgaben im Unternehmen zu erfüllen haben. Doch besteht zwischen beiden ein funktionaler Zusammenhang. Um den Produktionserfolg zu erreichen, ist der Einsatz und das Zusammenwirken beider Seiten erforderlich[18]. Der Faktor Kapital vermag ohne den Faktor Arbeit nicht zu wirtschaften und umgekehrt. Beide bedingen sich und sind für das Unternehmen in gleichem Maße unentbehrlich; sie müssen dementsprechend im Unternehmen gleichgewichtet werden[19].

Außerdem tragen die Arbeitnehmer mit dem Arbeitsplatzverlustrisiko ein inhaltlich vergleichbares Risiko der unternehmerischen Entscheidung[20]. Zwar ist dieses Risiko durch sozialpolitische Maßnahmen (Arbeitslosengeld, Konkursausfallgeld, Sozialplan) in seinen Auswirkungen gemildert worden. Doch besteht es mit seinen auch persönlich schwerwiegenden Folgen weiterhin.

In einer mitbestimmungsfreien Wirtschaftsordnung vermag allein die Kapitalseite einseitig eine an den Arbeitgeberinteressen ausgerichtete Unternehmenspolitik zu betreiben. Auch wenn das Wohl der Belegschaft nicht außer Acht bleiben darf[21], richten sich insbesondere Lohn- und Personalpolitik, bedingt durch das Alleinbestimmungsrecht der Kapitalgeber, in erster Linie nach deren Interesse.

Demgegenüber fordert die Gleichberechtigung der Faktoren Kapital und Arbeit die gleichgewichtige und gleichberechtigte Berücksichtigung der Belange der Arbeitnehmer. Nicht etwa ist die Gleichstellung dieser beiden Belange überflüssig, weil sich Arbeitgeber und Arbeitnehmer bereits bei Abschluß des Arbeitsvertrages gleichberechtigt begegnen und Arbeitgeber und Arbeitnehmer als Partner des Arbeitsvertrages gleichberechtigt in einem rein schuldrechtlichen Austauschverhältnis zueinander stehen[22]. Denn hierbei wird verkannt, daß sich Arbeitgeber und Arbeitnehmer nicht — wie es die Vertragsfreiheit und die Theorie des Austauschvertrages voraussetzen — im tatsächlichen Gleichordnungsverhältnis gegenübertreten, sondern daß im Unternehmen ein Über-Unterordnungsverhältnis besteht[23]. Dies wirkt bereits auf die Arbeitsvertragsverhandlungen vor. Schon in diesem Zeitpunkt steht es

---

18 *Kunze / Christmann*, S. 148.

19 *Fabricius*, Mitbestimmung in der Wirtschaft, S. 62; *Fitting / Wlotzke / Wißmann*, Mitbestimmungsgesetz, Vorbem. Rdn. 24 im Anschluß an den Bericht der Mitbestimmungskommission, S. 18.

20 DGB, Mitbestimmung — eine Forderung unserer Zeit, S. 5.

21 Vgl. etwa § 70 AktG 1937; der dort ausgesprochene Grundsatz der Achtung des Wohles der Belegschaft ist auch trotz Verzichts auf die Kodifikation im AktG 1965 verankert, vgl. ausführlich Zweites Kapitel B II 1 c.

22 So E. *Wolf*, Das Arbeitsverhältnis, Personenrechtliches Gemeinschaftsverhältnis oder Schuldverhältnis?, S. 79 ff.

23 Vgl. ausführlich hierzu: Bericht der Mitbestimmungskommission, S. 61.

dem Arbeitnehmer in der Regel nur noch offen, einen vom Arbeitgeber vorformulierten, typisierten bzw. in Tarifverträgen mit den Gewerkschaften ausgehandelten unternehmenseinheitlichen, „kollektiven“ Arbeitsvertrag zu unterzeichnen oder nicht[24]. Eine Vertragsverhandlung im eigentlichen Sinne findet nicht mehr statt[25]. Beide Faktoren sind somit trotz Abschluß des individuellen Arbeitsvertrages nicht gleichberechtigt. Die Forderung nach Mitbestimmung — begründet mit der Gleichberechtigung von Kapital und Arbeit — erübrigt sich nicht.

IV. Demokratisierung der Wirtschaft

Eine auch in der Mitbestimmungsdiskussion der letzten Jahre weitverbreitete Begründung für die Forderung nach Mitbestimmung ist das Schlagwort von der „Demokratisierung der Wirtschaft[26]“.

Es gehe nicht an, wird argumentiert, daß der Bürger im politischen Bereich von Bund, Land und Gemeinde sein Schicksal mitbestimmt und mitverantwortet, im ihn viel intensiver berührenden Umfeld des Unternehmens und Betriebes dagegen nicht ähnlich verantwortlich handeln kann[27]. Der demokratische Rechtsstaat (Art. 20 Abs. 1, 28 Abs. 1 und 3 GG) verwirkliche sich nicht im politischen Bereich allein. Die Demokratisierung des politischen Lebens schlage bislang nicht ausreichend auf die Wirtschaftsordnung durch.

Sie bedürfe daher der Ergänzung durch die Demokratisierung der Wirtschaft[28].

Vielfach wird der von Naphtali[29] wesentlich geprägte Begriff der „Wirtschaftsdemokratie“ bemüht. „Wirtschaftsdemokratie“ und „Demokratisierung der Wirtschaft“ meinen jedoch etwas völlig anderes. Das Programm Naphtalis wollte als Ausfüllung des durch Art. 156 und

---

24 Vgl. ausführlich: Bericht der Mitbestimmungskommission, S. 58.

25 Eine Ausnahme bilden die Arbeitsverträge von Führungskräften.

26 Nach *Reinhardt*, Gesellschaftsrecht, Rdn. 1021, bedarf der Begriff der Konkretisierung; *Kunze / Christmann*, S. 267 ff., 298 ff.; *Schwerdtfeger*, Mitbestimmung und Grundgesetz, S. 69 ff.; Bericht der Mitbestimmungskommission, S. 19 und 63; Frankfurter Gutachten, S. 85, welches es für überflüssig hält, das Demokratieprinzip im Zusammenhang mit der Mitbestimmung zu bemühen, da die Mitbestimmungsregelungen ihre Grundlage in anderen konkreten Verfassungsnormen fänden.

27 Vgl. DGB, Mitbestimmung — eine Forderung unserer Zeit, S. 5.

28 *Ballerstedt*, GmbH-Reform, Mitbestimmung, Unternehmensrecht, ZHR 135 (1971), S. 479, 492.

29 *Naphtali*, „Wirtschaftsdemokratie — Ihr Wesen, Weg und Ziel“, eine Schrift, welche im Jahre 1928 die Überlegungen einer vom ADGB eingesetzten Sachverständigenkommission festhielt. Vgl. dazu *Badura*, Unternehmerische Mitbestimmung, soziale Selbstverwaltung und Koalitionsfreiheit, RdA 1976, S. 275, 279; Kölner Gutachten, S. 7, 8 und 268.

165 WRV[30] gezogenen Rahmens verstanden sein. Es setzte die Überführung der Produktionsmittel der wichtigsten Wirtschaftszweige in gemeinschaftliche Organisationsformen voraus[31]. Unter Verzicht auf Revolution sollte die sozialistische Ordnung durch eine schrittweise Demokratisierung der Wirtschaftsführung und Arbeitsverhältnisse, d. h. unter gleichzeitiger Beseitigung der wirtschaftlichen Alleinherrschaft geschaffen werden. Mittel zur Durchsetzung dieses dritten Weges zwischen Kapitalismus und Diktatur des Proletariats war die überbetriebliche Mitbestimmung in sog. Wirtschafts- und Handelskammern[32].

Demgegenüber geht die Forderung nach „Demokratisierung der Wirtschaft" vom marktwirtschaftlichen Wirtschaftssystem aus. Dabei ist zu beachten, daß der Begriff „Demokratie", der dem Staatsrecht zuzuordnen ist, im Gesellschaftsrecht nicht in der Weise verstanden werden darf, als sollten die Formen der parlamentarischen Demokratie auf das Recht der Unternehmen übertragen werden[33]. Ein Gleichlauf der Organisation von Staat und Gesellschaft wird seit dem staatlichen und gesellschaftlichen Neubeginn 1945 nicht erstrebt[34]. „Demokratisierung der Wirtschaft" bedeutet vielmehr, daß auch in den Unternehmen das demokratische Prinzip Anwendung findet. Denn der Würde und Freiheit des einzelnen entspricht es, daß er in seiner Rolle als Arbeitnehmer vor Willkür geschützt wird. Dem dient die Mitbestimmung als institutionelle Absicherung des Demokratieprinzips[35]. Durch sie wird sichergestellt, daß Machtbefugnisse im Unternehmen zum Wohle der Betroffenen ausgeübt werden, sie auf das sachnotwendige Maß beschränkt bleiben und die Freiheit derer respektiert wird, die den Machtinhabern untergeordnet sind[36]. Die Einführung des demokratischen Prinzips in der Wirtschaft tritt ergänzend zur freiheitlichen, demokratischen und rechtsstaatlichen Ordnung der Gesellschaft im politischen Bereich hinzu.

Darüber hinaus legitimiert die Anwendung des demokratischen Prinzips die Unternehmensleitung, deren Bestellung, Abberufung und Kon-

---

[30] Vgl. auch Art. 154, 176 BayVerf.

[31] Bericht der Mitbestimmungskommission, S. 17.

[32] Vgl. *Stein*, Qualifizierte Mitbestimmung unter dem Grundgesetz, S. 13.

[33] *Kunze*, Wirtschaftliche Mitbestimmung als Legitimationsproblem, S. 5; *Müller*, Gedanken zum Entwurf des Mitbestimmungsgesetzes, DB 1975, S. 205, 208; *Raiser*, Paritätische Mitbestimmung in einer freiheitlichen Wirtschaftsordnung, JZ 1974, S. 273, 279; *Wiethölter*, Interessen und Organisation der Aktiengesellschaft im amerikanischen und deutschen Recht, S. 81; Bericht der Mitbestimmungskommission, S. 64.

[34] *Wiethölter*, S. 79; a. A. *Apel*, Mitbestimmung — Grundlagen, Wege, Ziele.

[35] *Kunze*, S. 5 und 15; Bericht der Mitbestimmungskommission, S. 63.

[36] Bericht der Mitbestimmungskommission, S. 19 und 76.

trolle durch die von der Unternehmenspolitik betroffenen Arbeitnehmer[37]. Dies wird durch die Einführung der Mitbestimmung in Betrieb und Unternehmen erreicht, indem die Arbeitnehmervertreter bei der Willensbildung, Planung und Entscheidung gleichberechtigt und gleichgewichtig Einfluß ausüben.

Dadurch wird zwar die Abhängigkeit des einzelnen Arbeitnehmers von der Unternehmensleitung nicht beseitigt; doch unterliegt seine Fremdbestimmtheit einer demokratisch ausgewiesenen Kontrolle[38].

V. Machtkontrolle

Die Kontrolle innerbetrieblicher Macht darf nicht mit der Kontrolle wirtschaftlicher Marktmacht gleichgesetzt werden. Letztere kann nicht als rechtfertigendes Argument für die Mitbestimmung herangezogen werden[39].

Zwar üben vor allem Großunternehmen wirtschaftliche Macht von gesamtwirtschaftlicher Bedeutung aus. Diese mag auch durch die Eingliederung der Arbeitnehmer in die Unternehmensleitungen inhaltlich beeinflußt werden. Doch ist diese Art von Kontrolle nicht Sinn der Mitbestimmung. Denn die wirtschaftliche Macht wird in der marktwirtschaftlichen Ordnung von den diese Ordnung ausgestaltenden Elementen (Wettbewerb, Abnehmer, im Ausnahmefalle Kartellamt, Sozialgesetzgebung und Wirtschaftspolitik) in die Schranken verwiesen[40].

Außerdem ist zu bedenken, daß das Wirtschaften eine Funktion des Unternehmens ist. Die Ausübung von Macht steht nicht im Vordergrund[41]; vielmehr wird diese nur gelegentlich des Wirtschaftens ausgeübt[42]. Es ist nicht Zweck und Rechtfertigung der wirtschaftlichen Mitbestimmung, die wirtschaftliche Marktmacht eines Unternehmens zu kontrollieren. Daran ändert auch der Umstand nichts, daß die Kontrolle wirtschaftlicher Marktmacht das kaum verhüllte politische Ziel der Gewerkschaften ist[43].

---

37 *Apel*, Mitbestimmung, S. 20 ff., 67 ff.; *Kunze*, S. 5, 8; *Raiser*, Paritätische Mitbestimmung in einer freiheitlichen Wirtschaftsordnung, S. 273, 279; *Wiedemann*, Grundfragen der Unternehmensverfassung ZGR 1975, S. 385, 398; a. A. Bericht der Mitbestimmungskommission, S. 69 u. 76; neuerliche Legitimation sei nicht erforderlich; *Schwerdtfeger*, Mitbestimmung und Grundgesetz, S. 74 im Anschluß an *Huber*, Grundgesetz und wirtschaftliche Mitbestimmung, S. 59.

38 *Kunze / Christmann*, S. 268; *Wiethölter*, S. 79.

39 a. A. DGB, Mitbestimmung — eine Forderung unserer Zeit, S. 5, 19.

40 *Hanau / Ulmer*, Mitbestimmungsgesetz, Einl. Rdn. 4; vgl. zum Meinungsstreit: Bericht der Mitbestimmungskommission, S. 20 f.

41 a. A. *Apel*, Mitbestimmung, S. 40, 68.

42 *Schwerdtfeger*, Mitbestimmung und Grundgesetz, S. 76.

43 *Wiedemann*, Gesellschaftsrecht Bd. I, S. 596.

Erstes Kapitel

Geschichte, Gegenwart und Zukunft der Mitbestimmung

A. Historische Entwicklung der Mitbestimmung

I. Erste Überlegungen und Versuche — Die Zeit bis 1918

Die Idee der Arbeitnehmermitbestimmung in Betrieb und Unternehmen läßt sich in Deutschland bis in die ersten Jahrzehnte des 19. Jahrhunderts zurückverfolgen[1].

Bedingt durch die Gewerbefreiheit und die Öffnung aller Berufe, welche das Ende des Feudal- und Zunftsystems bedeuten[2], sowie die Erfindungen des 18. Jahrhunderts setzte die industrielle Revolution ein. In deren Verlauf entwickelten sich Handwerksbetriebe mit Hilfe neuer Technologien zu Industrieunternehmen.

Dabei gingen jedoch mit den strukturellen Veränderungen im Produktionsbereich keine Reformen im Bereich der Betriebs- und Unternehmensverfassung einher.

Der neue Typ des unternehmenden Menschen identifizierte sich rechtlich mit seinem Unternehmen. Als Eigentümer der Produktionsmittel stand ihm das alleinige Organisations- und Leitungsrecht zu[3]. Da ausschließlich der Unternehmer aus den Rechtsgeschäften berechtigt und verpflichtet wurde, beanspruchte dieser — gestützt auf den Grundsatz des Gleichlaufs von Herrschaft und Haftung — die Alleinbestimmung[4]. Der mit absoluter Befehlsgewalt[5] ausgestattete Unternehmer trat als Arbeitgeber Arbeitnehmern entgegen, die zwar rechtlich frei, aber wirtschaftlich abhängig und einflußlos im Betrieb und Unternehmen waren[6]. Die Arbeiter befanden sich im Rahmen einer unbeschränkten willkürlichen Fabrikherrschaft in einer reinen Objektstellung[7].

---

1 Vgl. demgegenüber in England und Frankreich die Sozialutopien der Frühsozialisten schon im 17. Jahrhundert.

2 *Potthoff*, Zur Geschichte der Mitbestimmung, S. 4.

3 *Richardi*, Mitbestimmungsgedanke, DAdG 13, S. 19, 20.

4 *Stein*, S. 4.

5 *Neumann-Duesberg*, Betriebsverfassungsrecht, S. 25.

6 Zur Entstehung der Arbeiterklasse ausführlich: *Sombart*, Der moderne Kapitalismus.

Aus der Erkenntnis, daß diese Fremdbestimmtheit angesichts der Tatsache, daß zum Wirtschaften neben dem Kapital auch der Faktor Arbeit einzusetzen ist, nicht gerechtfertigt ist, und angesichts des Elends der Arbeitermassen entstand die Grundidee der Mitbestimmung. Frühe Forderungen erhoben die Sozialreformer im Vormärz. 1834 verfocht v. Baader als erster den Rechtsanspruch auf Mitbestimmung in Staat und Wirtschaft, der durch einen Arbeiter- und Armenlandrat als ordentliche Vertretung des vierten Standes durchgesetzt werden sollte[8]. Der neoliberale Tübinger Staatsrechtler und Nationalökonom v. Mohl schlug 1835 die Bildung von Arbeitervertretungen in den Betrieben sowie eine in den Vertretungen mitzuberatende Beteiligung am Gewinn vor[9]. Diese Vorstellungen fanden Eingang in den wesentlich von Degenkolb beeinflußten sog. Minoritäten-Entwurf der Gewerbeordnung[10]. Dieser wurde zwar im Volkswirtschaftlichen Ausschuß der Nationalversammlung 1848 beraten, aber vom Plenum nicht beschlossen[11]. Dieser Entwurf stellt den gesetzgeberischen Ausgangspunkt des Gedankens einer Arbeitnehmermitbestimmung dar.

Auch die im Zuge der Vereinheitlichung der Gewerbegesetzgebung im Norddeutschen Bund ergangene Gewerbeordnung von 1869 führte keinen Schritt weiter in Richtung auf eine betriebliche oder überbetriebliche Arbeitnehmervertretung[12]. Verantwortlich hierfür war Bismarck, der soziale Spannungen nicht durch eine an der Basis ansetzende Sozialreform, sondern mittels korporativer und berufsständischer Vertretungen zu beseitigen suchte[13]. Sein Vorhaben, der Preußische Volkswirtschaftsrat von 1881, der als Vertretung der wirtschaftlichen Interessen ein Gegengewicht und Druckmittel gegen das Parlament und die es tragenden Parteien sein sollte[14], scheiterte im Parlament. Dieses befürchtete die Schwächung der eigenen Stellung[15].

---

7 *Neumann-Duesberg*, S. 25.

8 *v. Baader*, Über die Proletairs, in Gesammelte Werke Bd. 15, S. 509; vgl. dazu *Teuteberg*, Geschichte der industriellen Mitbestimmung in Deutschland, S. 8 ff.

9 *v. Mohl*, Über die Nachtheile, S. 179; dazu *Muszynski*, Wirtschaftliche Mitbestimmung, S. 39 ff.; *Teuteberg*, S. 24 ff.

10 Vgl. Verhandlungen der deutschen verfassungsgebenden Reichsversammlung Frankfurt/Main 1848/49, Bd. 2, S. 921 ff.

11 *Dietz / Richardi*, BetrVG, Vorbem. vor § 1 Rdn. 4; *Neumann-Duesberg*, S. 25; *Teuteberg*, S. 94, 109 ff.; ausführlich *Winter*, Die Volksvertretung in Deutschlands Zukunft.

12 *Teuteberg*, S. 344 f.

13 *Napp-Zinn*, Wirtschaftsräte, in: Zur Theorie und Praxis der Mitbestimmung, Bd. II, S. 68 ff.

14 *Teuteberg*, S. 355.

15 *Teuteberg*, S. 360.

Während von der aufkommenden Arbeiterbewegung verstärkt überbetriebliche Mitbestimmung gefordert wurde[16], stagnierte die Entwicklung der Mitbestimmungsfrage. Zwar wurde mit dem Arbeiterschutzgesetz von 1891[17] die von Kaiser Wilhelm II 1890 in den „Februarerlassen" geforderte gesetzliche Regelung von innerbetrieblichen Arbeiterausschüssen verwirklicht. Da der Gesetzgeber jedoch auf die obligatorische Einführung verzichtete, wurde der Gesetzeszweck von den Unternehmern unterlaufen[18].

Erst 1905 brachte die Novelle zum Preußischen Berggesetz von 1865[19], beschränkt auf den Sektor Bergbau, den Arbeitern durch Arbeiterausschüsse ausgeübte obligatorische Teilhaberechte auf personellem und sozialem Gebiet[20].

Eine Beschleunigung der Entwicklung bewirkte der Erste Weltkrieg. 1916 wurde das „Gesetz über den vaterländischen Hilfsdienst"[21] verabschiedet. Dies sah reichseinheitlich für kriegs- und versorgungswichtige gewerbliche Betriebe Arbeiter- und Angestelltenausschüsse vor. Jene waren befugt, in innerbetrieblichen sowie Lohnfragen Mitwirkungsrechte auszuüben[22]. Auch wurden überbetriebliche Schiedsstellen eingerichtet. Deren Schiedssprüche blieben freilich für die Unternehmer unverbindlich. Trotzdem ist das Hilfsdienstgesetz[23] als bedeutsamer Vorläufer der Mitbestimmungsgesetzgebung anzusehen[24].

Die kurz nach Kriegsende als Maßnahme für den Übergang der Kriegs- in eine Friedenswirtschaft gebildete „Zentralarbeitsgemeinschaft der industriellen und gewerblichen Arbeitnehmer Deutschlands", welche inner- und überbetrieblich paritätische Arbeitnehmermitbestimmung anordnete[25], erlangte kaum Bedeutung. Sie wurde Anfang 1924 aufgelöst[26]. Schließlich wurde die Teilhabe der Arbeitnehmer durch die vom Rat der Volksbeauftragten im Dezember 1918 erlassenen Verord-

---

16 Vgl. Erfurter Aktionsprogramm der SPD.

17 Gesetz betreffend die Abänderung der Gewerbeordnung RGBl. Nr. 18 (lex Berlepsch); vgl. *Dietz / Richardi*, BetrVG, Vorbem. vor § 1, Rdn. 5; *Neumann-Duesberg*, S. 29.

18 *Teuteberg*, S. 389.

19 Gesetz betreffend die Abänderung einzelner Bestimmungen des Allgemeinen Berggesetzes vom 24. 6. 1865 vom 4. 7. 1905.

20 *Potthoff*, S. 6.

21 RGBl. I, S. 1333.

22 *Neumann-Duesberg*, S. 30.

23 Darin wurden die Gewerkschaften erstmals offiziell anerkannt, vgl. *Neumann-Duesberg*, S. 30.

24 Vgl. *Neuloh*, Die deutsche Betriebsverfassung, S. 111.

25 *Preller*, Sozialpolitik, S. 52 und 226; *Stollreither*, Mitbestimmung, S. 38; *Wendt*, Mitbestimmung und Sozialpartnerschaft in der Weimarer Republik, Beilage zu: Das Parlament B 26/69, S. 36.

26 *Potthoff*, S. 9.

nungen über Tarifverträge, Betriebsausschüsse und das Schlichtungswesen verstärkt.

II. Mitbestimmung in der Weimarer Republik

Die Entwicklung der Teilhaberechte der Arbeitnehmer wurde durch das Rätesystem[27], das in den Entstehungsmonaten der Weimarer Republik große Bedeutung erlangte, unterbrochen. Die Rätebewegung, welche von einer unüberbrückbaren Kluft zwischen Unternehmern und Arbeitern ausging, erstrebte nicht die Teilhabe in Betrieb oder Wirtschaft, sondern die Erlangung wirtschaftlicher Macht unter Ausschaltung der bisherigen Eigentümer[28].

Die Arbeiterräte hinterließen in der Sozialordnung letztendlich wenig Spuren[29]. Denn das Rätesystem stand nach der unechten Revolution[30] von 1918 im Wettbewerb mit dem System der parlamentarischen Demokratie[31]. Diesen verlor es, da sich die Mehrheitssozialisten im Gegensatz zur USPD nach der Spaltung der Linken für eine parlamentarische Ordnung, wie sie auch von den bürgerlichen Parteien angestrebt wurde, entschied[32]. Dies führte zu einer bedeutenden Schwächung der Arbeiterräte.

Die Weimarer Reichsverfassung von 1919 hatte in Art. 165 den Rätegedanken aufgenommen. Dieser sah auf drei Ebenen die Einrichtung von Räten vor, im Betrieb sog. „Betriebsräte", im Bezirk und im Reich sog. „Wirtschaftsräte".

In Ausführung des Art. 165 WRV erging 1920 das Betriebsrätegesetz[33]. Dies sah die Bildung von Betriebsräten zwingend vor. Diesen sowie den einflußreichen Gruppenräten (Arbeiter- bzw. Angestelltenräte)[34] wurden Mitbestimmungsrechte bei der betrieblichen Arbeitsgestaltung und der Bestimmung allgemeiner Richtlinien für die Einstellung von Arbeitern eingeräumt. Bezüglich des Kündigungsschutzes war die Beteiligung der Räte so erweitert[35], daß der Gesetzgeber späte-

---

[27] Vgl. dazu *Römer*, Die Entwicklung des Rätegedankens in Deutschland; *Schneider / Kuda*, Arbeiterräte in der Novemberrevolution.

[28] *Muszynski*, S. 62.

[29] *Kolb*, Arbeiterräte, S. 408.

[30] *Mann*, Deutsche Geschichte 1919 - 1945, S. 22.

[31] *Napp-Zinn*, S. 87.

[32] Vgl. im allgemeinpolitischen Bereich den „Wettlauf" um die Ausrufung der parlamentarischen Demokratie bzw. Räterepublik zwischen Scheidemann und Liebknecht in Berlin am 9. 11. 1918.

[33] RGBl. I, S. 147.

[34] *Neumann-Duesberg*, S. 31.

[35] *Neumann-Duesberg*, S. 32; *Potthoff*, S. 8 f.

rer Gesetze[36] bewußt diese überzogenen Befugnisse nicht wieder eingeführt hat.

Das BRG 1920 gab den Arbeitnehmervertretern in sozialen Angelegenheiten das Recht auf gleichberechtigte Mitentscheidung. Auf wirtschaftlichem und personellem Gebiet erlangten die Betriebsräte lediglich Informations- und Beratungsrechte.

Neben der betrieblichen Teilhabe sah das BRG[37] eine, wenn auch zahlenmäßig geringe, Vertretung in den Aufsichtsräten der Unternehmen vor. Im Ausführungsgesetz zum BRG[38] wurden den Arbeitnehmervertretern im Aufsichtsrat erstmals Anhörungs- und Beratungsrechte zugewiesen[39].

Weiterhin war das BRG Rechtsgrundlage für überbetriebliche Rechte der Arbeitnehmer. Es regelte die Bildung eines Reichswirtschaftsrates, bzw. der untergeordneten Betriebswirtschaftsräte[40]. Da der vielschichtige Aufbau der in Art. 165 WRV vorgesehenen Ordnung nicht abgewartet werden sollte, wurde 1920 ein vorläufiger Reichswirtschaftsrat errichtet[41]. Dieses wegen seiner Größe wenig entscheidungsfreudige „Wirtschaftsparlament"[42] verlor nach erfolgversprechendem Beginn bald jeglichen Einfluß, so daß dem vorläufigen Reichswirtschaftsrat der endgültige nie folgte[43].

Diese Entwicklung in der Gesetzgebung, die den Arbeitnehmern nur in sozialen und personellen, kaum dagegen in wirtschaftlichen Angelegenheiten Mitentscheidungen zuwies, war von heftigem ideologischen Streit innerhalb der Arbeiterschaft und der Gewerkschaften begleitet. Ergebnis der Auseinandersetzung war das Konzept einer Wirtschaftsdemokratie[44], welches von der nachfolgenden Entwicklung überrollt wurde.

---

36 Vgl. Kündigungsschutzgesetz 1951.

37 § 70 BRG.

38 Ausführungsgesetz über die Entsendung von Betriebsratsmitgliedern in den Aufsichtsrat v. 15. 2. 1922, RGBl. I, S. 209.

39 § 4 Abs. 1 Ausführungsgesetz.

40 s. Erstes Kapitel A II.

41 Durch Verordnung vom 4. 5. 1920 RGBl. I, S. 858; *Potthoff*, S. 9, *Preller*, Sozialpolitik, S. 251.

42 *Napp-Zinn*, S. 92.

43 *Potthoff*, S. 11; *Preller*, S. 482.

44 Vgl. *Naphtali*, Wirtschaftsdemokratie — ihr Wesen, Weg und Ziel; vgl. ausführlich schon Einleitung D IV.

III. Das Verhältnis Arbeitgeber — Arbeitnehmer im Dritten Reich

Einen tiefen Einschnitt in der Entwicklung der Beteiligungsrechte der Arbeitnehmer stellt die Machtergreifung der Nationalsozialisten 1933 dar[45].

Nach der gewaltsamen Auflösung der Gewerkschaften[46] und der Abschaffung der Betriebsräte wurden das BRG sowie das Gesetz über die Entsendung von Betriebsratsmitgliedern in den Aufsichtsrat von 1922 aufgehoben. Dies bedeutete den Abschied vom Konfrontationsprinzip. Denn 1934 wurde das Gesetz zur Ordnung der Arbeit[47] erlassen. Dieses gründete auf dem Führungsprinzip sowie dem Leitgedanken der Eingliederung der Arbeit im Betrieb in das Leben der Nation und vor allem dem Prinzip der Betriebsgemeinschaft zwischen dem Arbeitgeber und seinen Arbeitnehmern.

Das AOG ging, indem es die wichtigsten kollektivrechtlichen Bestimmungen[48] der Weimarer Zeit außer Kraft setzte — das Individualarbeitsrecht blieb weitgehend unangetastet —, „in seiner Rigidität hinter die Zeit vor 1848 zurück"[49].

An die Stelle der Sozialpartner trat 1934 die Deutsche Arbeitsfront. Diese stellte keine Nachfolgeorganisation der Gewerkschaften dar, sondern suchte entsprechend der herrschenden Ideologie den sozialen Ausgleich zu erlangen, die Idee der Volksgemeinschaft zu verwirklichen und den Klassenkampf zu überwinden[50].

Ebenso waren die neu berufenen Vertrauensräte und Betriebsobleute nicht mit den Betriebsräten der Weimarer Zeit vergleichbar. Nur mit Beratungsbefugnissen ausgestattet, entwickelten sie sich zu Beauftragten des Reichstreuhänders und zu einem Kontrollorgan gegenüber dem Arbeitgeber[51].

---

[45] Vgl. ausführlich *Ramm*, Nationalsozialismus u. Arbeitsrecht, in: Kritische Justiz, Heft 2/69, S. 108 ff.; *Rüthers*, Die Betriebsverfassung im Nationalsozialismus, AuR 1970, S. 97 ff.

[46] Es erfolgte die Übernahme in die Nationalsozialistische Betriebszellenorganisation; vgl. *Potthoff*, S. 13.

[47] RGBl. I, S. 45.

[48] z. B. über Tarifverträge, Betriebsverfassung, Arbeitskampf u. a.

[49] *Rüthers*, Die Betriebsverfassung im Nationalsozialismus, AuR 1970, S. 97, 98.

[50] Vgl. dargestellt aus damaliger Sicht (1940): *Koller*, Deutsche Arbeitsfront und Organisation der gewerblichen Wirtschaft, S. 31.

[51] *Neumann-Duesberg*, S. 32.

IV. Die Mitbestimmungsfrage seit 1945 — Entstehung und Entwicklung der Mitbestimmung in der Bundesrepublik Deutschland

Nach dem Zusammenbruch des Dritten Reiches 1945 entwickelten die die Staatsgewalt ausübenden Alliierten einen Stufenplan zur Neuordnung der deutschen Wirtschaft im Sinne einer Sozialisierung.

Erster Schritt war die schon 1945 im Potsdamer Abkommen vorgesehene Entflechtung[52] der Eisen- und Stahlkonzerne bei gleichzeitiger Entrechtung der Eigentümer, die für die vergangenen zwölf Jahre mitverantwortlich gehalten wurden. Als zweiter Schritt sollte in den vergesellschafteten, dezentralisierten Unternehmungen die Einführung der Mitbestimmung im Aufsichtsrat sowie die Errichtung von Betriebsräten folgen.

An die Stelle des von den Alliierten aufgehobenen AOG[53] war schon im April 1946 das sog. Betriebsrätegesetz[54] getreten. Es stellte gemäß angelsächsischer Rechtsauffassung ein Rahmengesetz dar, das der Ergänzung durch die unterschiedlich ausgestalteten Länderbetriebsratsgesetze bedurfte[55].

Folge dieser Entwicklung war, daß die Rechtseinheit nicht gewahrt werden konnte[56], zumal die sowjetischen Machthaber ihre Besatzungszone nicht an der Regelung des Betriebsrätegesetzes[57] teilhaben ließen[58].

1946 wurde in Zusammenarbeit von Alliierten und Gewerkschaften im Einvernehmen mit den meisten Unternehmern[59] paritätische Mitbestimmung in den Aufsichtsräten der Eisen- und Stahlindustrie eingeführt. Die mitbestimmten Unternehmen wurden von einem im Normalfall dreiköpfigen Vorstand geleitet. Diesem gehörte ein sog. Arbeitsdirektor[60] an, der, getragen vom Vertrauen vor allem der Arbeitnehmerseite, für Personal- und Sozialfragen zuständig sein sollte. Im

---

52 *Neuloh*, Betriebsverfassung, S. 58 ff.; *ders.*, Neuordnung, S. 110 ff.

53 Durch Kontrollratsgesetz Nr. 40 vom 30. 11. 1946.

54 Kontrollratsgesetz Nr. 22 vom 10. 4. 1946; Amtsblatt des Bayerischen Staatsministeriums für Arbeit und Soziale Fürsorge 1946, S. 54.

55 z. B. für Bayern: Betriebsrätegesetz vom 25. 10. 1950 (GVBl S. 227). *Potthoff*, S. 30.

56 *Stollreither*, Mitbestimmung, S. 146.

57 s. Erstes Kapitel A IV Fn. 54.

58 Vgl. die sozialistische Betriebsstruktur in der DDR, die im Arbeitsgesetzbuch der DDR von 1961 verankert ist.

59 Diese sahen in dieser Angelegenheit die Gewerkschaften als Verbündete gegen Demontage- und Entflechtungsbestrebungen seitens der Alliierten; vgl. *Anthes-Blume* u. a., Mitbestimmung, S. 81 und 87.

60 *Potthoff*, S. 47 ff.

Regelfall war der Arbeitsdirektor Gewerkschaftsmitglied oder stand den Gewerkschaften zumindest sehr nahe.

Die von den Gewerkschaften mitgetragene Einführung und Praxis der sog. qualifizierten Mitbestimmung im Montanbereich erfolgte ohne hinreichende Rechtsgrundlage im Widerspruch zum deutschen Aktiengesetz von 1937. Dies war in einer Zeit, da ein deutsches Staatsgebilde fehlte, die gesetzgebende und ausführende Gewalt in den Händen der Besatzungsmächte lag und alle wichtigen gesellschaftlichen Gruppen[61] die Einführung der Mitbestimmung als notwendig befürworteten, ohne Bedeutung.

Schwierigkeiten ergaben sich, als nach Inkrafttreten des Grundgesetzes die Bundesregierung beabsichtigte, der Unternehmens- und Betriebsverfassung eine gesetzliche Grundlage zu geben. Das alliierte Recht sollte abgelöst werden, indem Einheitgesellschaften auf der Grundlage des bisherigen deutschen Aktienrechts gegründet werden sollten[62]. Diesem war jedoch eine Beteiligung der Arbeitnehmer im Aufsichtsrat fremd. Das von der Regierung im Entwurf erarbeitete Betriebsverfassungsgesetz sah mit einer Drittel-Aufsichtsratbeteiligung einen — aus der Sicht der Gewerkschaften — Rückschritt hinter bereits Erreichtes vor.

In den heftigen Streit zwischen den Gewerkschaften[63], Parteien und Arbeitgeberverbänden[64] schaltete sich die Regierung Adenauer schlichtend ein[65]. Ergebnis dieser Vermittlung war die Verabschiedung des Montanmitbestimmungsgesetzes vom 21. 5. 1951[66].

Dieses Gesetz stellt den Beginn der Teilhabe der Arbeitnehmer in der Gesetzgebung der Bundesrepublik Deutschland dar.

Da das MontanMBG wie die übrigen geltenden Teilhabegesetze noch dargestellt werden[67], soll an dieser Stelle im zeitlichen Abriß nur der

---

[61] Von den Gewerkschaften, welche ihrem Prinzip der Wirtschaftsdemokratie anhingen (vgl. Gründungskongreß des DGB 1949), bis zur CDU, welche das Ahlener Programm von 1947 verabschiedet hatte, herrschte Einigkeit.

[62] *Potthoff,* S. 42.

[63] Vgl die Forderung nach paritätischer Mitbestimmung 1950 in der Denkschrift zur „Neuordnung der Deutschen Wirtschaft“, abgedruckt in RdA 1950, S. 183 - 185, 227 - 232.

[64] Vgl. Das Problem des Mitbestimmungsrechts. Stellungnahme und Vorschläge der Unternehmerschaft, gekürzt in: RdA 1950, S. 185 - 189; *Kötter,* Mitbestimmungsrecht, S. 192 ff.; vgl. ausführlich: Anlagen zur BT-Drucksache I/1858, 2041.

[65] *Muszynski,* S. 86; *Potthoff,* S. 43.

[66] Gesetz über die Mitbestimmung der Arbeitnehmer in den Aufsichtsräten und Vorständen der Unternehmen des Bergbaus und der eisen- und stahlerzeugenden Industrie (BGBl. S. 347).

[67] s. Erstes Kapitel B.

Vollständigkeit halber erwähnt werden, daß dem MontanMBG im Jahre 1956 eine Ergänzungsnovelle, die sog. „Holdingnovelle“[68] folgte, die ihrerseits 1967 eine Novellierung der Bestimmung des § 16 durch die sog. „lex Rheinstahl“[69] erfuhr.

Das Mitbestimmungsgesetz 1976[70] führt eine „Fast-Parität“ in den Aufsichtsräten aller Unternehmen außerhalb des Montanbereichs, die mehr als 2 000 Arbeitnehmer beschäftigen, ein[71].

Damit wurde das Gesetz über die befristete Fortgeltung der Mitbestimmung aus dem Jahre 1971[72] überflüssig. Dieses sollte verhindern, daß sich Unternehmen durch Verringerung des Montananteils der qualifizierten Mitbestimmung entzogen.

Bereits 1952 hatte der Deutsche Bundestag das Betriebsverfassungsgesetz (BetrVG 1952)[73] verabschiedet, das als bundeseinheitliche Regelung die Ländergesetze ablöste. Aufbauend auf das Betriebsrätegesetz von 1920 stellt es das zweite wichtige Teilhabegesetz aus den Anfangsjahren der Bundesrepublik dar. Es regelt einerseits Mitwirkungsrechte im Betrieb, andererseits die sog. „Drittel-Parität“ im Aufsichtsrat des Unternehmens. Erstere Rechte haben im Betriebsverfassungsgesetz 1972[74] eine erweiternde Neufassung erfahren, während die Beteiligung im Aufsichtsrat[75] unverändert beibehalten wurde. Letztere wurde aber durch das MBG 1976 in ihrem Anwendungsbereich eingeschränkt.

Zusammenfassung

Der historische Aufriß der Entwicklung der Teilhabe der Arbeitnehmer in Deutschland verdeutlicht, daß die Mitwirkungs- und Mitbestimmungsgesetze seit Anbeginn nicht streng nach einem logischen Konzept entwickelt worden sind. Vielmehr wurden je nach politischer Sicht Teilhaberechte auf unterschiedlichen Ebenen ohne Bezug zueinander eingerichtet.

Auch als sich schließlich die idealtypische Trennung der betriebs- und arbeitnehmernahen Mitbestimmung durch Betriebsräte von der auf das unternehmerische Wirtschaften bezogenen Aufsichtsratsmit-

---

68 BGBl. I, S. 707.

69 Änderungsgesetz zum Mitbestimmungsergänzungsgesetz (BGBl. I, S. 505).

70 Gesetz über die Mitbestimmung der Arbeitnehmer vom 4. 5. 1976, (MBG 1976) BGBl. I, S. 1153.

71 BVerfG, EuGRZ 1979, S. 129.

72 BGBl. I, S. 1857, vgl. dazu *Muszynski*, S. 93; *Stollreither*, S. 169.

73 Gesetz zur Neuregelung der Beziehungen zwischen Arbeitgeber und Arbeitnehmer im Betrieb vom 10. 12. 1952, BGBl. I, S. 681.

74 BGBl. I, S. 13.

75 § 129 BetrVG 1972 i. V. m. §§ 76, 77 BetrVG 1952.

bestimmung als Grundlinie durchgesetzt hatte, entstand kein in sich stimmiges, geschlossenes Mitbestimmungssystem. Denn auch weiterhin wurden — häufig bedingt durch politische Koalitionen — Teilbereiche neu geordnet, ohne daß den Auswirkungen dieser Reformen auf andere, mitbestimmte Angelegenheiten Aufmerksamkeit geschenkt wurde.

Indem der Gesetzgeber glaubte, dem einst in sich ausgewogenen System des Gesellschaftsrechts[76] bedenkenlos unterschiedliche Teilhabesysteme aufpfropfen zu können, bzw. die „alte Hülle" des Betriebes mit einer an anderen Zielen ausgerichteten Betriebsverfassung füllen zu können, entstand ein unsauber konstruiertes System sich teils überschneidender Mitbestimmungsregelungen. Zu einer Gesamtrevision, welche nicht mit der Einführung einer Unternehmensverfassung[77] gleichzusetzen ist, konnte sich der Gesetzgeber bisher nicht entschließen. Die weiterhin beziehungslos nebeneinanderstehenden gesetzlichen Regelungen werden im folgenden vorgestellt.

B. Mitwirkung und Mitbestimmung unter dem Grundgesetz —Der Stand der Mitbestimmungsregelungen—

I. Das Betriebsverfassungsgesetz 1972

Das Betriebsverfassungsgesetz von 1972[1] löste das BetrVG 1952[2] mit Ausnahme der §§ 76 ff. BetrVG 1952 ab. Jenes regelte Informations-, Mitwirkungs- und Mitbestimmungsrechte der Arbeitnehmer auf Betriebs- und Unternehmensebene.

Während das BetrVG 1952 hinsichtlich der sozialen Fragen im Betrieb in Grenzen volle Mitbestimmung einräumte, stellte es auf personellem Gebiet nur Mitwirkungsrechte zur Verfügung[3]. Inhaltlich knüpfte es am Betriebsrätegesetz von 1920 an; es beseitigte damit teil-

[76] *Reinhardt*, Gesellschaftsrecht, Rdn. 1022, spricht bezüglich der Aktiengesellschaft von der kunstvollen, in sich ausgewogenen Gestaltung des Aktienrechts.

[77] Vgl. ausführlich dazu Sechserbericht; *Köhler*, Betrieb und Unternehmen, JZ 1953, S. 713; *Reinhardt*, Gesellschaftsrecht, Rdn. 1014 ff., m. w. N. zum Streitstand, warnt vor Einführung einer neuen Unternehmensverfassung; das bewährte Gesellschaftsrecht sollte nicht zugunsten eines Unternehmensrechts aufgegeben werden, das in seinen Grundzügen unklar sei und dessen reibungslose Einfügung in die im geltenden Recht entwickelten Normen des Zusammenlebens nicht nachzuweisen sei.

[1] BGBl. I, S. 13. Beachte für den öffentlichen Dienst das Bundespersonalvertretungsgesetz 1974.

[2] BGBl. I, S. 681. Ausführlich zur Entwicklung des BetrVG 1952: *Hueck / Nipperdey*, Lehrbuch des Arbeitsrechts, Bd. II/2, S. 1066 ff.; *Neumann-Duesberg*, S. 24 ff.; *Nikisch*, Arbeitsrecht, Bd. III, S. 2 ff.

[3] *Neumann-Duesberg*, S. 508.

weise Befugnisse, die den Arbeitnehmern in einzelnen Länderverfassungen eingeräumt waren[4]. Neu war die zwingend vorgeschriebene Errichtung eines paritätischen Wirtschaftsausschusses[5]. Dieser hatte bei unternehmerischen Entscheidungen Informations- und Beratungsrechte[6].

Auf Unternehmensebene wurde im Aufsichtsrat den Arbeitnehmern in §§ 76 ff. eine Drittelvertretung zugestanden.

Während das BetrVG 1952 auf Betriebsebene die Rechte der Gewerkschaften sehr gering hielt[7], ließ es anders als das BRG 1920 zu, daß in die Aufsichtsräte als Kontrollorgane auch unternehmensfremde Personen, z. B. Gewerkschaftsfunktionäre gewählt wurden[8]. Damit war erstmals Personen, die dem Unternehmen weder arbeits- noch kapitalverbunden waren, Teilhabe an der Planungs- und Entscheidungsgewalt im Unternehmen eingeräumt.

Diese Beteiligung im Aufsichtsrat wurde bei der Neuregelung des BetrVG 1972 übernommen[9]. Damit ist als wesentliche Grundentscheidung des Gesetzgebers festzuhalten, daß die wirtschaftlichen Entscheidungen der Mitbestimmung auf Unternehmensebene vorbehalten bleiben; sie sind der Teilhabe der Betriebsräte entzogen[10].

Dem idealtypischen Trennungsprinzip zwischen betrieblicher und unternehmerischer Teilhabe folgend erfuhr der Katalog der Mitbestimmungs- und Mitwirkungsrechte auf Betriebsebene bedeutende Erweiterungen gegenüber der Gesetzeslage von 1952.

Neben der erstmaligen Einführung von Mitwirkungs- und Beschwerderechten des einzelnen Arbeitnehmers[11] kennt das BetrVG 1972 vierfache Beteiligungsrechte: in allgemeinen, sozialen, personellen und wirtschaftlichen Angelegenheiten[12].

---

[4] Vgl. z. B. das Hessische Betriebsrätegesetz vom 26. 5. 1948, das nicht nur Mitbestimmungsrechte in sozialen und personellen, sondern auch in wirtschaftlichen Angelegenheiten vorsah; vgl. ferner das Badische Betriebsrätegesetz vom 24. 9. 1948; vgl. Kritik der Gewerkschaften in DGB-Bundesvorstand, — Mitbestimmung der Arbeitnehmer — ein Leitfaden, S. 23; *Däubler*, Das Arbeitsrecht, S. 193 f.

[5] § 67 Abs. 1 BetrVG 1952.

[6] *Muszynski*, S. 122 f.; *Neumann-Duesberg*, S. 584.

[7] *Däubler*, S. 194.

[8] *Neumann-Duesberg*, S. 605.

[9] § 129 BetrVG 1972.

[10] *Hanau / Adomeit*, Arbeitsrecht S. 88; vgl. schon Zusammenfassung Einleitung A a. E.

[11] §§ 81 - 84 BetrVG 1972.

[12] So die Gesesetzessystematik. Zum begrenzten Erkenntniswert dieser Unterscheidung; vgl. unten Zweites Kapitel E I.

Während § 80 BetrVG 1972 die Rechte des Betriebsrats in allgemeinen Angelegenheiten zu einem vollständigen Informations-, Einsichts- und Unterrichtungsrecht ausweitet, unterwerfen §§ 87 ff. BetrVG 1972 in sozialen Fragen formelle und materielle Arbeitsbedingungen sowie individuelle Regelungen im Betrieb der betriebsrätlichen Mitbestimmung[13]. Gleiches gilt bezüglich der Änderung von Arbeitsplatz-, -ablauf oder -umgebung (§ 91 BetrVG 1972).

Von entscheidender Bedeutung ist dabei die Tatsache, daß dieser Mitbestimmungskatalog ein Initiativrecht des Betriebsrates beinhaltet[14].

In personellen Angelegenheiten sind die Teilhaberechte des Betriebsrats schwächer ausgeprägt. Dennoch haben sie an Umfang und Bedeutung gegenüber der Regelung von 1952 zugenommen. Ließ jene die Einwirkung der Belegschaftsvertretung erst bei konkreten personellen Einzelmaßnahmen[15] zu, so unterwirft das BetrVG 1972 bereits die Gestaltung der Grundsätze der Personalplanung und -führung, sowie des Berufsbildungswesens der Betriebe der Mitbestimmung und Mitwirkung[16].

Das BetrVG 1972 erweitert in erheblichem Maße die Teilhabe im Bereich der wirtschaftlichen Angelegenheiten[17]. Vom Ausgangspunkt der idealtypischen Trennung von betrieblicher und unternehmerischer Mitbestimmung betrachtet, bezweckt die wirtschaftliche Teilhabe als Teil einer verbesserten Betriebsverfassung anders als die unternehmensbezogene Mitbestimmung, die Arbeitnehmervertreter in all diejenigen wirtschaftlichen Vorgänge einzuschalten, die die Belegschaft des Betriebes unmittelbar betreffen. Dabei zielt die Beteiligung der Betriebsräte auf den sozialen Schutz der Belegschaftsmitglieder.

Demgegenüber ist es der Sinn der unternehmerischen Mitbestimmung, die Arbeitnehmer gleichberechtigt und gleichgewichtig an Planung und Entscheidung des Wirtschaftens zu beteiligen, um die Fremdbestimmtheit der arbeitenden Menschen aufzuheben.

Im Kern bedeutet dies, daß betriebsrätliche und unternehmerische Mitbestimmung durchaus den gleichen Vorgang zum Gegenstand haben können, freilich unter den erwähnten verschiedenen Gesichtspunkten: hier Sozialschutz — dort aktive Mitgestaltung des Wirtschaftens.

---

13 *Gester / Isenhardt*, Das Initiativrecht des Betriebsrats, RdA 1974, S. 80, 83, sprechen vom „Herzstück" der Betriebsverfassung; *Hanau / Adomeit*, S. 108 bezeichnet § 87 als „Höhepunkt" der Mitbestimmung im Betriebsverfassungsgesetz 1972.

14 *Auffarth*, AR-Blattei, D XIV B, Nr. 24 II 2; *Gester / Isenhardt*, RdA 1974, S. 80 ff.; vgl. ausführlicher Zweites Kapitel E II 6.

15 Einstellung, Versetzung, Kündigung; vgl. §§ 99 ff. BetrVG 1972.

16 §§ 93 - 95, 98 - 100, 102 - 104 BetrVG 1972.

17 §§ 106 ff.; insbesondere §§ 111 ff. BetrVG 1972.

Nicht alle Teilhaberechte der Arbeitnehmer werden von den Räten der einzelnen Betriebe wahrgenommen. In Einzelfällen sind der Wirtschaftsausschuß bzw. der Gesamtbetriebsrat zuständig.

Ersterer besitzt als reines Arbeitnehmerorgan[18], welches als Hilfsinstrument[19] des Betriebsrates von diesem gewählt und überwacht wird, kein Mitbestimmungsrecht in wirtschaftlichen Angelegenheiten. Er stellt ein Beratungspodium und Diskussionsforum für den Arbeitgeber dar, welches dieser seinerseits umfassend und rechtzeitig zu informieren hat.

Der Gesamtbetriebsrat[20] nimmt in einem Unternehmen mit dezentraler Struktur bezogen auf Probleme, die sich in allen Betrieben in gleicher Form stellen, die Aufgaben der einzelnen Betriebsräte wahr. So werden unnötige Reibungsverluste vermieden. Koordinierungsprobleme treten nicht auf. Inhaltlich bedeutet die Zuordnung von Befugnissen auf den Gesamtbetriebsrat keine Veränderung gegenüber den Zuständigkeiten des Einzelbetriebsrats[21].

Zu beachten ist, daß der Wirtschaftsausschuß unternehmensbezogene Teilhaberechte ausübt, während der Gesamtbetriebsrat, trotz der Einheitlichkeit der Regelungen, betriebliche Rechte wahrnimmt[22].

Zusammenfassend ist festzustellen, daß die Betriebsverfassung 1972 ein Modell des Zusammenwirkens darstellt, wogegen es sich bei den Vorläufergesetzen noch um Friedensordnungen handelte, in welchen die Arbeitsgebiete des Betriebsrates in entscheidendem Maße durch die eigenständige Bestimmung des Begriffes „Betriebsfrieden“ durch die Arbeitgeberseite geregelt wurden. In der Trennung der Entscheidungsorgane beider Seiten, Arbeitgeber und Belegschaft, einerseits, sowie durch den gesetzlich festgelegten Zwang zur in verschiedenen Bereichen qualifizierten Mitgestaltung von Belegschaftsvertretern andererseits, erhält der Betriebsrat nach dem BetrVG 1972 zumindest teilweise den Charakter eines Gegenmachtsorgans. Dieses nimmt, ohne Bestandteil der Betriebsführung zu sein, auf die Entscheidungen der Gegenseite Einfluß[23].

---

18 Im Gegensatz zum BetrVG 1972: § 107 BetrVG.

19 *Fabricius*, in: GK-Betriebsverfassungsgesetz, § 106, Rdn. 1.

20 § 47 BetrVG 1972.

21 Gleiches gilt für den Konzernbetriebsrat, der zu bilden ist, wenn mehrere Unternehmen im Rahmen eines Konzerns unter einheitlicher Leitung zusammengefaßt sind. Vgl. §§ 54 ff. BetrVG 1972; ausführlich *Wetzling*, Der Konzernbetriebsrat.

22 a. A. *Däubler*, Arbeitsrecht, S. 270.

23 *Muszynski*, S. 132.

Die vom BetrVG 1972 geforderte Zusammenarbeit vollzieht sich durch eine gesetzlich begrenzte Konfrontation[24]. Das BetrVG stellt demzufolge im Kern eine Konfliktordnung dar[25].

II. Das Gesetz über die Montanmitbestimmung 1951

Seit 1951 ist das Gesetz über die Mitbestimmung der Arbeitnehmer in den Aufsichtsräten und Vorständen der Unternehmen des Bergbaus und der Eisen und Stahl erzeugenden Industrie[26] in Kraft. Das in seiner Entstehung sehr umstrittene Gesetz[27] regelt als lex specialis[28] zum BetrVG 1972[29] die Teilhabe der Arbeitnehmer im Montanbereich. Diese vollzieht sich unmittelbar auf zwei Ebenen, in Aufsichtsrat und Vorstand.

Das MontanMBG räumt erstmalig in der deutschen Gesetzgebung den Arbeitnehmern gleichberechtigte und gleichgewichtige Beteiligungsrechte ein, die sog. qualifizierte Mitbestimmung.

Um diese zu gewährleisten, wurde das Gesellschaftsrecht umgestaltet. Die dem MontanMBG unterfallenden Gesellschaften[30] bilden unbeschadet ihrer Rechtsform einen in der Regel elfköpfigen Aufsichtsrat. Dieser setzt sich hälftig aus Vertretern der Anteilseigner und Arbeitnehmer zusammen. Hinzu kommt der sog. „Elfte Mann" als neutrales Aufsichtsratsmitglied, der auf bindenden Vorschlag einer qualifizierten Mehrheit der Aufsichtsratsmitglieder in einem schwierigen, die Neutralität des elften Aufsichtsratsmitgliedes unterstreichenden Verfahren gewählt wird. Aufgabe des Neutralen ist es, eine Blockbildung zu verhindern, welche notwendigerweise zur Handlungsunfähigkeit des Kontrollorgans führen müßte. Der „elfte Mann" hat in der Praxis nicht so sehr die Funktion des Letztentscheidenden als vielmehr die des Katalysators[31].

---

24 *Rose*, Mitbestimmung auf Betriebsebene, GMH 1973, S. 616.

25 *Farthmann* vor dem Deutschen BT am 10. 11. 1971, in: Reihe Gesellschaftspolitik, hrsg. vom Vorstand der SPD, Heft 6, S. 5 - 10.

26 RGBl. I, S. 347.

27 *Fitting / Wlotzke / Wißmann*, Mitbestimmungsgesetz, Vorb. 26 ff.; *Martens*, Kölner Kommentar, Anhang zu § 96 Anm. 113 ff.; *Potthoff*, Der Kampf um die Montanmitbestimmung; *Reinhardt*, Anwendungsbereich, in FS für Nipperdey II, S. 517, 520.

28 *Boldt*, § 2 Rdn. 3; *Neumann-Duesberg*, S. 619; a. A. *Müller*, Mitbestimmung und Kündigungsschutz, BB 1951, S. 339 ff.; *ders.*, Betriebsverfassungsrecht und Montan-Mitbestimmungsgesetz, BB 1951, S. 565 ff.

29 Vgl. §§ 129 BetrVG 1972 i. V. m. §§ 76 - 77 a BetrVG 1952.

30 AG, GmbH, bergrechtliche Gewerkschaft im Montanbereich.

31 Bericht der Mitbestimmungskommission, S. 40; dort wird ausgeführt, daß sich darum die Institution des Neutralen nicht bewährt habe.

Während die Anteilseigner ihre Vertreter nach eigenen Wünschen in der Hauptversammlung wählen, werden die Vertreter der Arbeitnehmer von der Belegschaft bzw. Gewerkschaft dem Wahlorgan zwingend zur Bestätigung vorgeschlagen. Eine Besonderheit ergibt sich bezüglich der Wahl der sog. „weiteren Mitglieder", welchen auf den jeweiligen „Bänken" ein Platz zukommt. Die Hauptversammlung ist — abweichend vom gültigen Aktienrecht — bezüglich der Benennung des „weiteren Mitglieds" ebenso wie die Arbeitnehmer daran gebunden[32], daß dieses Mitglied nicht Repräsentant der vorschlagsberechtigten Gruppe bzw. Organisation sein soll[33]. Damit wird das Streben nach Einbau interessierter, aber nicht interessengebundener Persönlichkeiten unterstrichen[34].

War die Beteiligung der Arbeitnehmer im gesellschaftsrechtlichen Kontrollorgan schon vom BRG 1920 her bekannt, so bedeutet die Einrichtung des Arbeitsdirektors im Vorstand[35], daß erstmalig in der Rechtsgeschichte ein vom Vertrauen der Arbeitnehmerschaft getragenes Mitglied im Vorstand Sitz und Stimme hat. Durch den Arbeitsdirektor, der nicht gegen die Mehrheit der Arbeitnehmervertreter im Aufsichtsrat in den Vorstand gewählt werden kann[36], wird den Arbeitnehmern der unmittelbare Einfluß auf einzelne Unternehmensentscheidungen eingeräumt[37].

Der Arbeitsdirektor ist neben den u. a. für Technik, Fertigung und Vertrieb zuständigen Vorstandsmitgliedern gleichberechtigt. Er hat demzufolge auch dieselbe Verantwortung wie jedes andere Mitglied der Geschäftsführung bezüglich der Unternehmensleitung zu tragen[38].

Auf Grund der gesetzlichen Ausgestaltung ist der Arbeitsdirektor aber zugleich Interessenvertreter der Arbeitnehmer. Von deren Vertrauen ist er, da stets um Wiederwahl bzw. Nichtabsetzung bemüht, abhängig.

---

32 § 4 Abs. 2, 2 a - d MontanMBG.

33 *Kötter*, Mitbestimmungsrecht, § 5 Anm. 1.

34 *Müller / Lehmann*, Kommentar zum Mitbestimmungsgesetz Bergbau und Eisen, § 4 Anm. 6.

35 § 13 Abs. 1, S. 2 MontanMBG; vgl. ausführlich *Brockmann*, Der Arbeitsdirektor im Montan-Mitbestimmungsrecht.

36 § 13 Abs. 1 MontanMBG.

37 Der Bericht der Mitbestimmungskommission S. 50, weist auf das de facto-Vorschlagsrecht der Gewerkschaften hin. Dies ergibt sich aus der Tatsache, daß die Arbeitnehmervertreter mehrheitlich aus den Gewerkschaften kommen und der Arbeitsdirektor mit der Mehrheit der Stimmen dieser Gruppe gewählt werden muß.

38 *Hueck / Nipperdey*, Lehrbuch des Arbeitsrechts, Bd. II, S. 912. *Neumann-Duesberg*, S. 637.

Diese Doppelstellung macht deutlich, welchen Anforderungen dei Arbeitsdirektor zu genügen hat. Es verlangt ein hohes Maß an diplomatischem Geschick, den institutionalisierten Konflikt auszubalancieren, der sich aus dem Umstand ergibt, „Diener zweier Herren" sein zu müssen[39], der unter doppelter Loyalität zu leiden hat.

III. Die Mitbestimmungssicherungsgesetze

1. Das Mitbestimmungsergänzungsgesetz

Die in der deutschen Großindustrie in den Fünfziger Jahren einsetzende Tendenz zum Zusammenschluß zeitigte als Ergebnis die Bildung von Konzernen, definiert als Vereinigungen mehrerer Unternehmen unter zentraler Leitung und Geschäftsführung bei gleichzeitig beibehaltener organisatorischer Selbständigkeit. So entstanden Holdinggesellschaften, d. h. (Mutter-)Gesellschaften zur Finanzierung und Kontrolle anderer (Tochter-)Gesellschaften. Dies hatte zur Folge, daß eine Anzahl von Unternehmungen durch den Zusammenschluß aus dem MontanMBG herausfielen. Jenes hatte nämlich keine Regelung bezüglich der Holdinggesellschaften getroffen. Um eine Aushöhlung der Parität zu verhindern, wurde 1956 das Mitbestimmungsergänzungsgesetz[40], die sog. Holding-Novelle erlassen. Das Gesetz findet auf die im MontanMBG aufgeführten Gesellschaften Anwendung, die auf Grund eines Organschaftsverhältnisses ein Unternehmen beherrschen, in welchem die Arbeitnehmer Teilhaberechte nach dem MontanMBG ausüben. Das Ergänzungsgesetz legt den Anwendungsbereich in den §§ 1 - 3 wie folgt fest: Fällt das herrschende Unternehmen seinem überwiegenden Betriebszweck nach unter die Regelung des § 1 MontanMBG, so findet letzteres auf den Konzern Anwendung. Ist das nicht der Fall, so gilt das Mitbestimmungsergänzungsgesetz, falls die Konzernproduktion durch Unternehmungen gekennzeichnet wird, die dem MontanMBG unterliegen. Dabei ist Voraussetzung, daß die montanmitbestimmten Unternehmen mehr als 50 % des Konzernumsatzes erwirtschaften.

Während die Regelungen der Holdingnovelle weitgehend mit denen des MontanMBG übereinstimmen, bringt das Ergänzungsgesetz bezüglich des Arbeitsdirektors eine bedeutsame Abweichung. Der Arbeitsdirektor kann, da die alte Regelung als allzugroße Bevorrechtigung[41]

[39] *Horne,* Der beklagte Sieg, S. 112.

[40] BGBl. I, S. 707; Gesetz zur Ergänzung des Gesetzes über die Mitbestimmung der Arbeitnehmer in den Aufsichtsräten und Vorständen der Unternehmen des Bergbaus und der Eisen und Stahl erzeugenden Industrie, ausführlich dazu *Boldt,* Kommentar zum Mitbestimmungsgesetz; *Kötter,* Kommentar zum Mitbestimmungs-Ergänzungsgesetz; *Schnorr v. Carolsfeld,* Probleme des Mitbestimmungsergänzungsgesetzes, RdA 1963, S. 249 ff.

[41] *Neumann-Duesberg,* S. 638.

der Arbeitnehmer empfunden wurde, auch gegen die Mehrheit der Stimmen der Arbeitnehmervertreter mit einfacher Mehrheit bestellt und abberufen werden[42].

Die Frage, ob der Aufsichtsrat paritätisch oder „drittelparitätisch" zusammengesetzt war, hing also davon ab, ob der Montanumsatz eines Konzerns 50 % des Gesamtumsatzes ausmachte oder nicht. Dies führte zu dem Ergebnis, daß sich Unternehmungen durch Produktionsänderungen der qualifizierten Mitbestimmung entziehen konnten. Wurde nämlich die 50 %-Marke in zwei aufeinanderfolgenden Jahren unterschritten, so mußte bis zum Jahre 1967 nach § 16 des Mitbestimmungsergänzungsgesetzes der Aufsichtsrat wieder nach dem Betriebsverfassungsgesetz zusammengesetzt werden.

2. Die „Lex Rheinstahl"

Der Strukturwandel in der Montanindustrie, ausgelöst durch eine Welle von Fusionen, führte daher 1967 zum Erlaß der sog. „Lex Rheinstahl"[43].

Um zu verhindern, daß sich ein Konzern durch Produktionsveränderungen und Erwerb montanfreier Unternehmen der paritätischen Mitbestimmung entzieht, ordnet das Gesetz an, daß Obergesellschaften erst dann aus dem Geltungsbereich des Mitbestimmungsergänzungsgesetzes von 1956 ausscheiden, wenn in fünf aufeinanderfolgenden Geschäftsjahren der Montanumsatz des Konzerns unter 50 % des Gesamtumsatzes fällt[44].

IV. Das Mitbestimmungsgesetz 1976

Entsprechend der Ankündigung in der Regierungserklärung vom 18. 1. 1973[45] brachte die sozialliberale Bundesregierung Brandt/Scheel 1974 den Entwurf eines Gesetzes über die Mitbestimmung der Arbeitnehmer ein[46]. Dieser sah im Gegensatz zu seinem Vorgänger, dem Regierungsentwurf 1969 nicht die bloße Ausweitung der Montanmitbestimmung vor. Grund hierfür waren die wirtschafts- und verfassungsrechtlichen Bedenken gegen die Montanmitbestimmung. Vielmehr beinhaltete der Entwurf 1974 eine paritätische Mitbestimmung, in der die institutionalisierte Pattsituation ohne Lösungsmechanismus geblie-

---

42 *Boldt*, Mitbestimmungsergänzungsgesetz, S. 20, Einführung Anm. 4.

43 Gesetz zur Änderung des Gesetzes über die Mitbestimmung der Arbeitnehmer in den Aufsichtsräten und Vorständen der Unternehmen des Bergbaus und der Eisen und Stahl erzeugenden Industrie, BGBl. I, S. 505.

44 So der neugefaßte § 16 Mitbestimmungsergänzungsgesetz.

45 Abgedruckt bei *Haberland / Seiler*, Mitbestimmungsgesetz, S. 18.

46 BT-Drucksache VII/2172.

ben war. Der nach heftiger Kritik im Bundestag, in den Ausschüssen[47] und seitens der Literatur geänderte Entwurf[48] gab nun die Möglichkeit, die Entscheidungsunfähigkeit des Aufsichtsrats zu beheben[49]. Er wurde am 18. 3. 1976 vom Parlament als Gesetz angenommen[50]. Am 8. 5. 1976 wurde das Gesetz über die Mitbestimmung der Arbeitnehmer im Bundesgesetzblatt verkündet[51]. Es trat am 1. Juli 1976 in Kraft[52]. Die gegen das Gesetz gerichtete Verfassungsbeschwerde[53] hat das Bundesverfassungsgericht am 1. 3. 1979 als unbegründet zurückgewiesen[54].

Das Mitbestimmungsgesetz 1976[55] erfaßt inländische Unternehmen mit eigener Rechtspersönlichkeit[56], die in der Regel[57] mehr als 2 000 Arbeitnehmer beschäftigen[58].

Die Frage, ob ein Unternehmen der gesetzlichen Teilhabe unterliegt, hängt also nicht nur von der recht willkürlich gewählten und durch keine empirische Untersuchung gestützten[59] Zahl der Belegschaftsangehörigen ab, sondern ist auch durch die gewählte Rechtsform der Unternehmung bestimmt. Daher mag die Überlegung, aus dem Geltungsbereich des MBG 1976 durch Rechtsformenwechsel zu fliehen,

---

47 *Mestmäcker, Rupp, Zacher,* im Anhörungsverfahren vor dem BT-Ausschuß für Arbeit und Sozialordnung am 19. 12. 1974, in BT-Ausschuß Nr. 11 Sten. Prot. VII/Nr. 62.

48 *Raisch,* Mitbestimmung und Koalitionsfreiheit; *Raiser,* Grundgesetz und paritätische Mitbestimmung, insbes. S. 93 ff., 101 ff.; *Scholz,* Paritätische Mitbestimmung und Grundgesetz, insbes. S. 72 ff., 121 ff.; ausführlich dargestellt im Frankfurter Gutachten, S. 246.

49 §§ 7, 27 Abs. 2 S. 2, 29 Abs. 2 MBG 76.

50 Bei nur wenigen Gegenstimmen, vgl. *Wlotzke / Wißmann,* Das neue Mitbestimmungsgesetz, DB 1976, S. 959, 960.

51 RGBl. I, S. 1153.

52 § 41 MBG 1976.

53 Eingereicht am 28. 6. 1977.

54 BVerfG EuGRZ 1979, S. 129 ff.

55 Ausführlich neben den Kommentaren: *Reich / Lewerenz,* Das neue Mitbestimmungsgesetz, AuR 1976, S. 261 ff.; *Raiser,* Das neue Mitbestimmungsgesetz, NJW 1976, S. 1337 ff. m. w. N.; *Wlotzke / Wißmann,* DB 1976, S. 959 ff.; sowie das Frankfurter Gutachten S. 246 ff., 251 ff. und das Kölner Gutachten, S. 11 ff.; Das Mitbestimmungsgesetz in Recht und Praxis, Bad Homburger Mitbestimmungs-Symposion mit Beiträgen von Ballerstedt, Bayer, Hanau, Immenga, Luther, Lutter, Martens, Mertens, Schaub, Schneider, Werner, Westermann, Wiedemann, Wlotzke, Zöllner, abgedruckt in ZGR 1977, S. 133 bis 444.

56 AG; KGaA; GmbH, rechtskräftige bergrechtliche Gewerkschaften, Erwerbs- und Wirtschaftsgenossenschaften, Kommanditgesellschaften mit juristischen Personen als persönlich haftenden Gesellschaftern.

57 Vgl. Begründung zu § 1 RegEnt 1974, BR-Drucksache 100/74; zur Regelzahl vgl. *Wlotzke / Wißmann,* DB 1976, S. 959, 961.

58 Vgl. Liste der Unternehmen, die unter das MBG fallen; abgedruckt in GMH 1978, S. 755.

59 *Ballerstedt,* GmbH-Reform, Mitbestimmung, Unternehmensrecht, ZHR 135, S. 479, 508 ff.; *Raiser,* Das Unternehmen als Organisation, S. 117 ff.

naheliegen[60]. Die Befürchtung erscheint nicht unbegründet, wenn auch die Wahl der Rechtsform nicht einzig ihre Ursache in der Frage hat, ob Mitbestimmungsregelungen eingreifen oder nicht[61].

Bemerkenswert ist, daß andere wichtige unternehmenswirtschaftliche Daten wie Umsatz- und Bilanzsumme bereits während der Diskussion als Kriterium kaum berücksichtigt wurden[62]. Sie fanden schließlich auch im Gesetz keinen Niederschlag.

Im Verhältnis zu den gültigen Mitbestimmungsregelungen stellt sich das MBG 1976 lediglich als Teillösung dar, welche ohne Anpassung der bisherigen Gesetze neben diese gestellt wurde[63].

So bleibt die Montanmitbestimmung in Unternehmen, die den Montangesetzen unterliegen, vorrangig gültig[64], während das MBG 1976 seinerseits in der Anwendung der Drittelparitätsregelung des BetrVG vorgeht.

Das MBG 1976 siedelt die Teilhabe der Arbeitnehmer im Aufsichtsrat an, da sich der Gedanke der Beteiligung am wirkungsvollsten in dem im wesentlichen mit Kontrollaufgaben betrauten Organ verwirklichen läßt[65].

Der Aufsichtsrat wird mit der gleichen Zahl von Anteilseigner- und Arbeitnehmervertretern besetzt[66]. Der Begriff „Arbeitnehmer" ist da-

---

[60] *Ballerstedt*, GmbH-Reform, S. 510; *Meilicke / Meilicke*, Mitbestimmungsgesetz, § 43 Rdn. 27; *Naendrup*, GK-MBG, S. 110, 116 f.

[61] Beachtlich ist immerhin, daß das Bundesarbeitsministerium und der Deutsche Gewerkschaftsbund vor Erlaß des Gesetzes gemäß den Kriterien der Rechtsform des Unternehmens als AG, KGaA, GmbH, bergrechtliche Gewerkschaft sowie eGen sowie der Beschäftigtenzahl von in der Regel mehr als 2000 Arbeitnehmern ca. 600 - 650 mitbestimmungspflichtige Unternehmen registriert hatten. Nach Einführung des Gesetzes jedoch unterlagen Ende 1978 weniger als 500 Unternehmen tatsächlich der Mitbestimmung nach dem Mitbestimmungsgesetz 1976. Zwar ist nicht auszuschließen, daß die ursprüngliche Auflistung recht großzügig gehandhabt wurde. Doch verbleibt eine beachtliche Anzahl von Unternehmen, welche sich der Geltung des Gesetzes durch — grundsätzlich zulässige (vgl. *Hanau / Ulmer*, Mitbestimmungsgesetz Einl. Rdn. 28) — Umwandlung der Rechtsform und dem Abbau der Belegschaft entzogen; vgl. zahlreiche Beispiele bei: *Döding*, Aufsichtsratswahlen, GMH 1978, S. 731 ff.; *Unterhinninghofen*, Aufsichtsratswahl 1978; Erfolge und Probleme, GMH 1978, S. 654, 662.

[62] Eine Ausnahme bilden die Modelle der DAG, abgedruckt in *Stollreither*, Mitbestimmung, S. 226, der SPD a) aus dem Jahre 1950, BT-Drucksache I/1229, sowie b) dem Jahre 1968, BT-Drucksache V/3657; vgl. Modell des Sechserberichts, S. 77 ff.; vgl. Bericht der Mitbestimmungskommission, S. 114.

[63] *Arendt*, BT-Sten. Prot. VII/16080 B; *Wlotzke / Wißmann*, DB 1976, S. 959, 960; sowie Frankfurter Gutachten, S. 247.

[64] Begründet wird die Beibehaltung der Montanmitbestimmung mit der Tatsache, daß sie sich bewährt habe, vgl. Bundesarbeitsminister *Arendt*, BT-Sten. Prot. VII/S. 5299.

[65] *Müller*, Gedanken zum Entwurf des MBG, DB 1975, S. 205.

[66] § 7 MBG 1976.

bei in diesem Zusammenhang entgegen der in § 3 MBG 1976 gegebenen Begriffsbestimmung weit auszulegen. Er umfaßt neben den Vertretern der unternehmensinternen Arbeiter, Angestellten und leitenden Angestellten noch eine — wenn auch zahlenmäßig geringere[67] — Anzahl von nicht dem Unternehmen zugehörigen Gewerkschaftsfunktionären.

Die quotenmäßig festgeschriebene Hereinnahme von Außenstehenden soll einerseits eine größere Unabhängigkeit und intellektuelle Verhandlungsstärke der Arbeitnehmerseite sichern[68], andererseits das Aufkommen von Betriebsegoismus verhindern[69].

Bezüglich der Wahlmodalitäten der Arbeitnehmervertreter im Aufsichtsrat, welche um des Minderheitenschutzes willen sehr differenziert gestaltet werden, ist festzustellen, daß die Gewerkschaften bezüglich der ihnen zustehenden Arbeitnehmervertreter das alleinige Recht zur Benennung haben, ihnen aber kein Delegationsrecht zusteht[70]. Die Wahl der Arbeitnehmervertreter geht einheitlich vonstatten, so daß letztlich auch die Externen von der Belegschaft des Unternehmens legitimiert werden.

Alle Aufsichtsratsmitglieder sind in Rechten und Pflichten gemäß dem Aktiengesetz gleichgestellt.

Für die Wahl des Aufsichtsratsvorsitzenden sieht das Gesetz als Regelverfahren eine Mehrheit von zwei Dritteln vor[71]. Wird diese verfehlt, so wählen in einem zweiten Wahlgang die Vertreter der Anteilseigner den Vorsitzenden und die Vertreter der Arbeitnehmer den Stellvertreter jeweils mit einfacher Mehrheit[72].

Dem Vorsitzenden steht anders als seinem Stellvertreter ein Zweitstimmrecht zu, wenn eine Abstimmung im Aufsichtsrat mit Stimmengleichheit endet. Voraussetzung ist jedoch, daß eine erneute Abstimmung über denselben Sachverhalt wiederum zu einem Patt führte[73].

Während der Aufsichtsrat im Normalfall mit einfacher Mehrheit der abgegebenen Stimmen entscheidet, ist für die Bestellung der Mitglie-

[67] Vgl. die umgekehrte Regelung im Montan-MBG.

[68] *Schwegler*, Mitbestimmungsgespräch, S. 122, 128; *Vetter*, Das neue Mitbestimmungsgesetz: Probleme und Aufgaben für die Gewerkschaften, AuR 1976, S. 257, 258.

[69] Bericht der Mitbestimmungskommission, S. 107.

[70] § 16 MBG 1976 im Gegensatz zu § 6 Abs. 5 MontanMBG, der rein tatsächlich ein Entsendungsrecht beinhaltet. Das Nominationsrecht im MBG 1976 kommt jedoch dem Entsendungsrecht sehr nahe, da die Gewerkschaften „konkurrenzlos" benennen; *Wlotzke / Wißmann*, DB 1976, S. 959, 961.

[71] § 27 Abs. 1 MBG 1976.

[72] § 27 Abs. 2 MBG 1976; *Philipp*, Patt-Auflösung im Aufsichtsrat durch die Zweitstimme des Vorsitzenden, DB 1976, S. 195, spricht in diesem Zusammenhang von Teilaufsichtsräten; vgl. auch unten Zweites Kapitel B II.

[73] § 29 Abs. 2 MBG 1976.

der des Vorstandes in der Regel eine Mehrheit von zwei Dritteln gefordert[74]. Kommt diese nicht zustande, schließt sich ein schwieriges Beratungs- und Wahlverfahren an[75]. Führt auch dieses nicht zur Bestellung des zur gesetzlichen Vertretung des Unternehmens befugten Organs, so erhält der Vorsitzende des Aufsichtsrats bei der letztentscheidenden Abstimmung zwei Stimmen[76].

Dieser sog. Stichentscheid verhindert, daß der schwerfällige, funktionshemmende Weg der Bestellung des Vorstandes über die Einberufung der Gesellschafterversammlung[77] eingeschlagen werden muß. Die Entscheidungs- und Handlungsfähigkeit der Unternehmungen bleibt erhalten[78].

Neben der technischen Funktion des Pattlösers hatte die Einführung der doppelten Stimme nach der Begründung durch die Koalitionsparteien SPD und FDP auch die Aufgabe, der Eigentumssituation an den Unternehmen gerecht zu werden[79].

Ähnlich wie für den stark ausgeweiteten Aufsichtsrat[80] geht das MBG 1976 in Ausführung der Grundidee, die Mitbestimmung auf das geltende Gesellschaftsrecht „aufzupfropfen“[81], bezüglich des Vorstandes von den Vorschriften des Aktiengesetzes aus. Neben den zwingenden Regelungen über Bestellung und Abberufung sowie die Ausübung von Beteiligungsrechten[82] steht die obligatorische Einführung eines Arbeitsdirektors[83] als gleichberechtigtes Mitglied im Vorstand.

Grund für die Einführung des Arbeitsdirektors war, daß sich nach Auffassung der Bundesregierung in der Person des Arbeitsdirektors die Mitbestimmung für den einzelnen Arbeitnehmer am sichtbarsten verkörpert[84].

In Anlehnung an die Regelung des Montanmitbestimmungsergänzungsgesetzes und in bewußtem Gegensatz zu der des MontanMBG[85] sieht § 33 MBG 1976 vor, daß der Arbeitsdirektor nicht notwendiger-

[74] § 31 Abs. 2 MBG 1976.

[75] Vgl. § 27 Abs. 3 MBG 1976, § 31 Abs. 3 MBG 1976.

[76] § 31 Abs. 5 MBG 1976.

[77] Vgl. §§ 25 i. V. m. 11 Abs. 4 S. 3 AktG; § 8 Abs. 3 MontanMBG.

[78] *Ballerstedt,* Das Mitbestimmungsgesetz zwischen Gesellschafts-, Arbeits- und Unternehmensrecht, ZGR 1977, S. 133, 137.

[79] Vgl. BT-Abgeordneter *Schmidt-Kempten,* BT-Sten. Prot. VIII/S. 16010 B; a. A. Kölner Gutachten, S. 13.

[80] *Meilicke / Meilicke,* Kommentar zum Mitbestimmungsgesetz 1976, Einl. Rdn. 30 sprechen von unangemessener Ausweitung.

[81] Vgl. Einleitung A a. E.

[82] § 32 MBG 1976.

[83] § 33 MBG 1976.

[84] Bundesarbeitsminister *Arendt,* BT-Sten. Prot. VII/S. 16080 D und 81 D.

[85] Vgl. § 13 MontanMBG und oben Erstes Kapitel B II.

weise mit der Mehrheit der Stimmen der Arbeitnehmervertreter in den Aufsichtsrat bestellt und abberufen werden muß.

Der Arbeitsdirektor hat — wie die übrigen Vorstandsmitglieder — seine Aufgaben im engsten Einvernehmen mit dem Gesamtorgan auszuüben. Art und Umfang der Aufgaben sind zwar gesetzlich nicht geregelt. Doch besteht Einigkeit, daß Personal- und Sozialangelegenheiten als unentziehbare Aufgaben seinem Geschäftsbereich zugehören[86]. Gemäß § 33 Abs. 2 MBG 1976 ist die Festlegung des Zuständigkeits- und Tätigkeitsbereiches in der Geschäftsordnung vorzunehmen.

C. Zusammenfassung und Ausblick auf die Zukunft der Mitbestimmung

Der Überblick über die Entwicklung der Teilhaberechte der Arbeitnehmer sowie den derzeitigen Stand der Gesetzgebung zeigt, daß das System der Beteiligungsrechte kein dogmatisch sauber entwickeltes oder mit der Zeit organisch gewachsenes ist. Vielmehr handelt es sich um ein Nebeneinander von sich teils ergänzenden, teils sich überschneidenden Regelungen, die historischen, oft koalitionspolitischen Zufälligkeiten und Auffassungen entstammen.

Die Aneinanderreihung der Gesetze zeigt einmal, daß zu verschiedenen Zeiten Beteiligungsrechte auf unterschiedlichen Ebenen aus mannigfachen Motiven erstrebt wurden, zum zweiten, daß sich erst allmählich das Prinzip zweifacher Mitbestimmung und Mitwirkung in Unternehmen und Betrieb herauskristallisiert hat. Letzteres ging von der Trennung unternehmerischer und sozialschützender Belange aus, welche unterschiedliche Beteiligungsrechte der Arbeitnehmer erforderten.

Ob in der zukünftigen Entwicklung der Teilhabe neben der zu erwartenden Erweiterung der Mitbestimmung des einzelnen Arbeitnehmers auf der Ebene des Arbeitsplatzes es möglich sein wird, entsprechend den Wünschen der Gewerkschaften und der SPD[1] Mitbestimmungsrechte über das erreichte Maß hinaus einzuführen, hängt unter anderem auch davon ab, ob gleichberechtigte und gleichgewichtige Mitbestimmung im Unternehmen mit den bereits auf betrieblicher Ebene vorhandenen Regelungen des BetrVG zu kombinieren sind.

---

[86] *Arendt*, BArb Bl. 1976, S. 43, 44; *Meyer-Landrut*, Der Arbeitsdirektor im Rahmen der paritätischen Mitbestimmung, DB 1976, S. 387; *Thüsing*, Arbeitsdirektor — Neuer Art, in Der Arbeitgeber 1976, S. 598, 600; und Kölner Gutachten, S. 17; vgl. kritisch zum Arbeitsdirektor i. S. des MBG 1976: *Judith*, Erfahrungen mit dem Mitbestimmungsgesetz 1976, GMH 1978, S. 726 f.

[1] s. oben Einleitung A. Bundesarbeitsminister *Arendt*, BT-Sten. Prot. VII/S.16080 B, wonach die gesetzgeberische Gestaltungsfreiheit im Bereich der unternehmerischen Mitbestimmung nicht voll ausgeschöpft sind. *Richardi*, Mitbestimmungsgedanke, Das Arbeitsrecht der Gegenwart, 13, 1976, S. 48, der auf Ausbaumöglichkeiten der betrieblichen Mitbestimmung hinweist.

Zweites Kapitel

Vereinbarkeit von betrieblicher und unternehmerischer Arbeitnehmermitbestimmung in gleichgewichtig mitbestimmten Unternehmen

A. Zwei Arten der Teilhabe: betriebliche und unternehmerische Mitbestimmung—Ansatzpunkte und Ziele—

I. Grundsatz der Gleichgewichtigkeit — Parität als Zielvorgabe

Aufgabe der Untersuchung ist es zu klären, wie sich in einem insgesamt gleichgewichtig mitbestimmten Unternehmen zwei Arten von Teilhabe der Arbeitnehmer miteinander in Einklang bringen lassen.

1. Ausgangspunkt der Überlegungen ist die grundsätzliche Gleichgewichtigkeit der am Unternehmen beteiligten Faktoren. Dies stellt, wie bereits bei der Rechtfertigung der Mitbestimmung als Prinzip aufgezeigt wurde[1], eine Wertentscheidung dar.

Diese beinhaltet, daß Parität im Unternehmen — unabhängig vom jeweiligen institutionellen Ansatzpunkt — die rechtspolitische Zielvorgabe ist[2]. Die Gleichgewichtigkeit der Mitbestimmungsrechte der Arbeitnehmer und Anteilseigner stellt somit ein Axiom dar.

2. Vorab zu klären ist der Begriff Parität. Dieser wird vielfach sehr eng gefaßt.

Zum einen wird er beschränkt, indem nur auf die Unternehmensebene und damit die Aufsichtsratsmitbestimmung abgestellt wird. Zum zweiten wird die Teilhabe im Aufsichtsrat ausschließlich unter dem Gesichtspunkt des zahlenmäßigen Gleichgewichts beurteilt.

Letzteres führt zu einem rein *formalen,* numerischen *Paritätsbegriff*[3]. Dieser wäre anzunehmen, wenn für die Fälle der Stimmengleichheit keine Pattlösung angestrebt würde. Da Wirtschaften indes unter Ver-

---

[1] s. Einleitung D III.

[2] Vgl. ähnliche Zielvorgabe beim Regierungsentwurf für ein MBG 1974, BT-Drucksache VII/2172, S. 17.

[3] *Raiser,* Das neue Mitbestimmungsgesetz, NJW 1976, S. 1337, 1338.

zicht auf Entscheidungen nicht denkbar ist, erscheint es wirklichkeitsfremd, von einem formalen Paritätsbegriff auszugehen.

Doch selbst wenn eine Entscheidungsregelung für den Konfliktfall gefunden ist, welche vom formalen zum *qualitativen Paritätsbegriff* führt, bleibt die Beschränkung auf die aufsichtsrätliche Mitbestimmung bestehen. Diese Eingrenzung führt dazu, daß Arbeitnehmerrechte auf anderen Ebenen, die die Mitbestimmung im Aufsichtsrat ergänzen, sachwidrig vernachlässigt werden. Die Sachgerechtigkeit erfordert es nämlich, das Ineinandergreifen der vom Gesetz gewährten Befugnisse der Sozialpartner im Hinblick auf das Zustandekommen von unternehmerischen Beschlüssen und Entscheidungen als Gesamtkomplex zu analysieren.

In diesem *funktionellen Sinn* kann von *Parität* zwischen Arbeitnehmern und Arbeitgebern/Unternehmern ohne strenge Bindung an die Rechtsformen des Zusammenwirkens gesprochen werden, wenn unter Einschluß aller für die gegenseitigen Beziehungen ins Gewicht fallenden Komponenten ein Kräftegleichgewicht zwischen ihnen besteht[4].

Das Bundesverfassungsgericht[5] faßt Parität mit der im Schrifttum vorherrschenden Meinung[6] als ein Verhältnis zweier Partner auf, in dem keine Seite imstande ist, eine von ihr gewünschte Entscheidung ohne die Zustimmung der anderen Seite oder doch eines Teils von ihr zu erzwingen, in dem daher auch jede Seite die andere hindern kann, ihre Ziele (allein) durchzusetzen.

II. Betrieb und Unternehmen als institutionelle Ansatzpunkte — Abgrenzung der Begriffe —

Die beiden Arten der Beteiligungsrechte der Arbeitnehmer setzen in Betrieb und Unternehmen an. Da diese Bezeichnungen vielfach vertauscht oder gleichgesetzt werden[7], ist es geboten, sie voneinander abzugrenzen.

1. Der Begriff *„Betrieb"* stellt die Grundlage der Betriebsverfassung dar[8]. Die im Betrieb beschäftigten Arbeitnehmer unterliegen als

---

4 *Raiser*, Das neue Mitbestimmungsgesetz, NJW 1976, S. 1337, 1338.

5 BVerfG, EuGRZ 1979, S. 121, 129.

6 Vgl. zum funktionellen Paritätsbegriff, der zwischenzeitlich mehrheitlich anerkannt ist: *Richardi*, Ordnungsproblem, Die AG 1979, S. 22, 34; Frankfurter Gutachten, S. 172; Kölner Gutachten, S. 113, 114; a. A. *Maassen*, in der Begründung zur Verfassungsbeschwerde gegen das Mitbestimmungsgesetz 1976.

7 *Köhler*, Betrieb und Unternehmen in wirtschaftsverfassungsrechtlicher Sicht, JZ 1953, S. 713 ff.

8 *Dietz / Richardi*, Betriebsverfassungsgesetz, § 1 Rdn. 45; *Gamillscheg*, „Betrieb" und „Bargaining unit", ZfA 1975, S. 357, 358.

Gruppe den Regelungen des BetrVG 1972. Obwohl wegen der grundlegenden Bedeutung eine Begriffsbestimmung nahegelegen hätte[9], verzichtete der Gesetzgeber auf sie. Dies gilt für das BetrVG 1972[10], das MBG 1976[11] und die Mehrzahl der arbeits- und sozialversicherungsrechtlichen Gesetze. Die Definitionen des Tarifvertragsrechtes und des Kündigungsschutzgesetzes[12] sind nur sehr bedingt nützlich[13], da sie unterschiedliche Bedeutung haben. Ebenso fehlen Umschreibungen, aus denen allgemein auf den Begriff geschlossen werden konnte.

Rechtsprechung und Literatur[14] halten daher übereinstimmend an dem von Jacobi[15] entwickelten, vom Reichsarbeitsgericht[16] erstmals angewandten und vom Bundesarbeitsgericht[17] in ständiger Rechtsprechung wiederholten Begriff fest. Nach dieser Definition stellt der Betrieb die organisatorische Einheit dar, innerhalb derer ein Arbeitgeber allein oder mit seinen Arbeitnehmern mit Hilfe von technischen und immateriellen Mitteln bestimmte arbeitstechnische Zwecke auf eine gewisse Dauer und in nicht völlig unerheblichem Umfange verfolgt, die sich nicht in der Befriedigung von Eigenbedarf erschöpfen[18]. Die Mitbestimmungskommission folgt dieser Begriffsbestimmung, wenn sie ausführt, der Betrieb definiere sich durch den vorgegebenen Produk-

---

9 *Däubler*, Das Arbeitsrecht, S. 196.

10 *Dietz / Richardi*, § 1, Rdn. 48; *Galperin / Löwisch*, Kommentar zum Betriebsverfassungsgesetz, § 1 Rdn. 3.

11 *Meilicke / Meilicke*, Kommentar zum Mitbestimmungsgesetz 1976, § 10 Rdn. 4.

12 § 1 KSchG.

13 BAG AP Nr. 5 zu § 3 BetrVG; BAG AuR 1963, S. 222, 223.

14 *Ballerstedt*, Unternehmen, JZ 1951, S. 486, 491; *Beuthien*, StudK BGB, Anm. 11 vor § 611; *Dietz / Richardi*, § 1 Rdn. 49, 57; *Fitting / Auffarth / Kaiser*, Betriebsverfassungsgesetz, § 1 Rdn. 13; *Fitting / Wlotzke / Wißmann*, Mitbestimmungsgesetz, § 10, Rdn. 5; *Galperin / Löwisch*, § 1 Rdn. 3; *Hanau / Adomeit*, S. 90; *Hessel*, Zum Begriff des Betriebes, RdA 1951, S. 450; *Huber*, Grundgesetz und wirtschaftliche Mitbestimmung, S. 13; *Hueck / Nipperdey*, Bd. I, S. 91, Bd. III, S. 1111; *Meilicke / Meilicke*, § 10 Rdn. 4; *v. Nell-Breuning*, Unternehmensverfassung, in FS für Kronstein, S. 47 ff.; *Neumann-Duesberg*, S. 159, 181; *Nikisch*, Bd. I, S. 150; Bd. III, S. 34 ff.; *ders.*, Mitbestimmung der Arbeitnehmer, BB 1951, S. 901; *Raiser*, Das Unternehmen als Organisation, S. 123; *Schaub*, Arbeitsrechtshandbuch, S. 58; *Söllner*, Arbeitsrecht, S. 30; *Voigt*, Die Mitbestimmung der Arbeitnehmer in den Unternehmungen, in *Weddingen*, Zur Theorie und Praxis der Mitbestimmung, S. 104 ff.

15 *Jacobi*, Betrieb und Unternehmen, S. 9 u. S. 286.

16 RAG, Bensheimer Sammlung 2, S. 71, 75.

17 BAGE 1, S. 175, 178; BAGE 2, S. 91, 93; BAGE 14, S. 82, 90.

18 Vgl. § 34 Abs. 1 des Arbeitsverfassungsgesetzes vom 14. 12. 1973 der Republik Österreich. Dort wird der Betrieb definiert als „jede Arbeitsstätte, die eine organisatorische Einheit bildet, innerhalb der eine physische oder juristische Person oder eine Personengemeinschaft mit technischen oder immateriellen Mitteln die Erzielung bestimmter Arbeitsergebnisse fortgesetzt verfolgt ohne Rücksicht darauf, ob Erwerbsabsicht besteht oder nicht“.

tionsauftrag und durch die an der Erfüllung dieses Auftrages orientierte Produktionsleistung[19].

2. Für das *Unternehmen* fehlt ebenso in der Rechtsetzung, Lehre und Rechtsprechung eine allgemein anerkannte Bestimmung[20]. Das Aktiengesetz hat trotz der zentralen Bedeutung des Unternehmensbegriffes angesichts der großen tatsächlichen und rechtlichen[21] Schwierigkeiten von einer Umschreibung abgesehen[22].

Das Unternehmen unterscheidet sich vom Betrieb, der Organisation der Arbeit, in den Aufgaben. Während im Betrieb arbeitstechnische Zwecke verfolgt werden, ist das Unternehmen die rechtlich selbständige[23], organisatorische Einheit des über den arbeitstechnischen Zweck hinausgehenden, entfernteren wirtschaftlichen oder idellen Zweckes, den der Unternehmer verfolgt[24]. Der Betrieb grenzt sich demzufolge

---

[19] Bericht der Mitbestimmungskommission, S. 60; vgl. ähnlich *Wiedemann*, Grundfragen, ZGR 1975, S. 385, 404.

[20] BGH NJW 1960, S. 145; *Meilicke / Meilicke*, § 1 Rdn. 8; *Köhler*, JZ 1953, S. 713 ff.; *Raiser*, Die wirtschaftsverfassungsrechtlichen Fragen der Gestaltung der Unternehmensformen, Referat, in Verhandlungen des 39. DJT, B 57, 59.

Anders verhält es sich in der Betriebswirtschaftslehre; dort ist das Unternehmen bestimmt als eine planvoll organisierte Wirtschaftseinheit innerhalb des marktwirtschaftlichen Wirtschaftssystems; so *Wöhe*, Allgemeine Betriebswirtschaftslehre, S. 46; vgl. auch *Hax*, Betriebswirtschaftliche Bedeutung der Begriffe „Betrieb" und „Unternehmen", in FS für Kunze, S. 109.

Allgemein zum Unternehmen und Unternehmensrecht: *Ballerstedt*, Was ist Unternehmensrecht, in FS für Duden, S. 15 ff.; *ders.*, GmbH-Reform, Mitbestimmung, Unternehmensrecht, ZHR 135, S. 479 ff.; *Buchner*, Die wirtschaftsverfassungsrechtliche Bedeutung der Diskussionen um Unternehmensrecht und Mitbestimmung; *Duden*, Zur Methode der Entwicklung des Gesellschaftsrechts zum „Unternehmensrecht", in FS für Schilling, S. 309 ff.; *Jacobi*, Betrieb und Unternehmen; *Pross*, Manager und Aktionäre; Frankfurter Beiträge zur Soziologie, Bd. 15, S. 159 ff.; *Martens*, Das Unternehmen und seine Ordnung, RdA 1972, S. 269; *Nell-Breuning*, Unternehmensverfassung, in FS für Kronstein, S. 47 ff.; *ders.*, Unternehmensverfassung und Arbeitsrecht, BlSTSozArbR 1969, S. 369; *Raiser*, Das Unternehmen als Organisation; *Raisch*, Unternehmensrecht, Bd. II; *Rathenau*, Vom Aktienwesen; *Rittner*, Unternehmensverfassung und Eigentum, in FS für Schilling, S. 336; *Reinhardt*, Die gesellschaftlichen Fragen der Unternehmensreform, Referat, in Verhandlungen des 39. DJT, B 5 ff.; *ders.*, in FS für Hartmann, S. 213 ff.; *Ulmer*, Der Einfluß des Mitbestimmungsgesetzes auf die Struktur von AG und GmbH; *Westermann*, H. P., Unternehmensverfassung und Gesellschaftsrecht, in FS für H. Westermann, S. 563; *Wiedemann*, Grundfragen der Unternehmensverfassung, ZGR 1975, S. 385; *ders.*, Unternehmerische Verantwortlichkeit, in FS für Barz, S. 561; sowie der Sechserbericht.

[21] Vgl. die amtliche Begründung zu § 15 AktG, *Kropff*, Aktiengesetz 1965, S. 27, abgedruckt bei Geßler / Hefermehl / Eckardt / Kropff, AktG, § 15 Rdn. 9.

[22] *Reinhardt*, Gesellschaftsrecht, Rdn. 614.

[23] Nicht jedoch rechtsfähige Person; vgl. *Reinhardt*, Gesellschaftsrecht, Rdn. 615; Kölner Gutachten, S. 209.

[24] BAGE 1, S. 175, 178; BAG DB 1975, S. 453; *Auffarth*, Arbeitsrecht-Blattei D V F I; *Beuthien*, StudK BGB, Anm. 12 vor § 612; *Dietz / Richardi*, § 1 Rdn. 49, 58, 62; *Fitting / Auffarth / Kaiser*, § 1, Rdn. 22; *Fitting / Wlotzke / Wißmann*,

vom Unternehmen durch das Fehlen der Selbständigkeit bei der Festlegung der eigenen Zweckbestimmung ab[25]. Die Unternehmen als die eigentlich handelnden Wirtschaftssubjekte[26] sind in der Ordnung der sozialen Marktwirtschaft der Bundesrepublik Deutschland die entscheidend planerischen und gestaltenden Kräfte[27].

Zu beachten ist, daß die Begriffe Unternehmen und Gesellschaft nicht deckungsgleich sind. Das geltende Gesellschaftsrecht unterscheidet bereits im Denkansatz. Die Aktiengesellschaft betreibt ein Unternehmen, ist also nicht selbst das Unternehmen. Sie ist vielmehr der Unternehmensträger, definiert als die Gesellschaft, die als subjektive privatautonome Einheit dem Unternehmen im objektiven Sinne gegenübersteht[28].

Die Verschiedenheit Gesellschaft — Unternehmen wird am Beispiel der Mitbestimmung deutlich.

In das Unternehmen und seine Entscheidungen werden die Arbeitnehmer einbezogen. Diese sind „Nicht-Gesellschafter". Denn durch die Beteiligungsrechte werden die Arbeitnehmer nicht zu Mitgesellschaftern[29], sondern erhalten nur gesellschaftergleiche Rechte. Damit sind sie nicht mehr nur Vertragspartner des Arbeitgebers. Die bloße Vertragsebene wurde bereits durch die Teilhabe nach dem BetrVG 1972 verlassen. Durch die Beteiligung der Nicht-Gesellschafter im Unternehmensträger ohne Gesellschafterstatus wird die Nichtidentität von Gesellschaft und Unternehmen erkennbar.

Das zwar nicht rechtlich[30], aber soziologisch selbständige[31] Unternehmen ist eine interessenpluralistische Veranstaltung[32].

---

§ 1, Rdn. 4 ff.; *Hueck / Nipperdey*, Bd. I, S. 96; *Jacobi*, S. 16 ff., 20; *Koehler*, JZ 1953, S. 713, 716; *v. Nell-Breuning*, Unternehmensverfassung, in FS für Kronstein, S. 48; *Schaub*, S. 60; Bericht der Mitbestimmungskommission, S. 60.

25 *Huber*, Grundgesetz und wirtschaftliche Mitbestimmung, S. 13; Kölner Gutachten, S. 106.

26 *Köhler*, JZ 1953, S. 713, 714; *Rittner*, Die Funktion des Eigentums im modernen Gesellschaftsrecht, S. 50, 54.

27 Ähnlich der Bericht der Unternehmensrechtskommission. Diese vermeidet entgegen den Erwartungen, welche allein ihr Name hervorruft, ganz allgemein eine Bestimmung des Begriffes „Unternehmen" (vgl. Anmerkung v. *Eder* zum Bericht über die Verhandlungen der Unternehmensrechtskommission in: GmbH-Rundschau 1980, S. 104 f.).

28 *Raiser*, Grundgesetz und paritätische Mitbestimmung, S. 35; *Rittner*, Die werdende juristische Person, S. 282 ff. m. w. N.; *Ulmer*, S. 10, 19; *Wiedemann*, ZRP 1975, S. 385; Kölner Gutachten, S. 25.

29 Bericht der Mitbestimmungskommission, S. 58.

30 Vgl. *Ulmer*, S. 18; a. A. *Raiser*, Das Unternehmen als Organisation, S. 115; *ders.*, Privatautonome Mitbestimmungsregelungen, BB 1977, S. 1461, 1462 f.

31 *Duden*, Zur Methode der Entwicklung des Gesellschaftsrechts zum „Unternehmensrecht", FS für Schilling, S. 309, 312; *Kunze*, Unternehmensverband und Unternehmensrecht in FS für Duden, S. 201, S. 203, 212 ff.

Die Verselbständigung der Unternehmen hat jedoch noch nicht zu einem neuen Unternehmensrecht geführt[33]. Denn auch weiterhin werden die Unternehmen im entscheidenden Maße vom Gesellschaftsrecht bestimmt. Jedoch ist das Gesellschaftsrecht nicht mehr alleinentscheidend. Diese Veränderung hat das Mitbestimmungsrecht bewirkt. Der Auffassung, die Mitbestimmung sei in das kunstvoll gebaute Gesellschaftsrecht integriert und baue auf ihm auf[34], ist entgegenzuhalten, daß die Mitbestimmung auf das geltende Gesellschaftsrecht aufgepfropft wurde, es gesprengt hat[35].

Das Aktiengesetz von 1937 z. B. beinhaltet einen in sich geschlossenen, ausgewogenen Aufbau einer Aktiengesellschaft. Dieses organische Gefüge wurde gewaltsam durch den Einbau gesellschaftsfremder Elemente ohne Rücksicht auf das geltende Recht passend gemacht, um die Absicht des Gesetzgebers umzusetzen, zwei Prinzipien zur Deckung zu bringen, die in Konflikt miteinander stehen. Es wurde einerseits aus sozialpolitischen Gründen die Mitbestimmung der Arbeitnehmer ausgehend vom Grundsatz der Gleichberechtigung und Gleichgewichtigkeit von Arbeitnehmern und Anteilseignern ausgebaut; andererseits sollten aber weitgehend die Prinzipien des geltenden Gesellschaftsrechts — allerdings unter Beseitigung des Grundsatzes vom Gleichlauf von Kapital und Arbeit — gewahrt werden[36].

Noch weitgehender als in das Aktienrecht greift die Mitbestimmung in das Recht der GmbH, GmbH & Co KG sowie KGaA ein.

Zwar betont der Gesetzgeber im Gesetzestext selbst und in der Begründung des Gesetzes die Notwendigkeit, die vorhandenen Organisationsstrukturen der oben genannten Gesellschaften zu erhalten, doch wird die aktienrechtliche Aufsichtsratsverfassung in der durch die mit-

---

[32] *Kunze*, Bemerkungen zum Verhältnis Arbeits- und Unternehmensrecht, FS für Schilling, S. 333, 349.

[33] Vgl. Begründung zum Regierungsentwurf des MBG, BT-Drucksache VII/2172 S. 17, 33; *Hanau / Ulmer*, Mitbestimmungsgesetz, Einl. Rdn. 5; Zur Problematik des Unternehmensrechts allgemein Verhandlungen der Unternehmensrechts-Kommission.

[34] *Fitting / Wlotzke / Wißmann*, Vorb. 91 ff.

[35] *Hueck*, Alfred, Gedanken zur Reform des Aktienrechts und des GmbH-Rechts; *Richardi*, Ordnungsproblem, Die AG 1979, S. 22, 31; Kölner Gutachten, S. 46; sowie Fn. 36.

[36] BT-Drucksache VII/4845, S. 1; Kölner Gutachten, S. 209, welches ausführt, daß die erweiterte Mitbestimmung eine neue paritätische „Unternehmensverfassung“ antizipiere. Die Mitbestimmung schaffe in der äußeren Hülle des Gesellschaftsrechts eine institutionalisierte Kooperation von „Kapital“ und „Arbeit“. Insofern könne man sagen, daß erst durch die mitbestimmungsrechtlichen Institutionen das „Unternehmen“ — als partiell geordnetes Gebilde — rechtlich entstehe. Seine sozialordnungsrechtliche Struktur ist über die gesellschaftsrechtliche Organisation gestülpt.

bestimmungsbedingte Parität modifizierten Form der GmbH, GmbH & Co KG sowie KGaA „übergestülpt“[37].

Daher ist es angemessen, von einer Mischverfassung aus Gesellschaftsrecht und Unternehmensrecht zu sprechen[38].

Neben dem in weiten Teilen fortbestehenden Aktienrecht wird bruchstückhaft eine Unternehmensverfassung eingeführt[39].

Die Abgrenzung der Begriffe Betrieb und Unternehmen wird erkennbar, wenn ein Unternehmen dezentral strukturiert ist[40].

Ein solches gliedert sich in Untersysteme, die als eigenständige Organisationen in solchem Maße selbständig sind, daß in ihnen die dem Arbeitsrecht zuzuordnenden Entscheidungen getroffen werden können. Der Betrieb ist in diesem Fall ein relativ verselbständigter Teil des Unternehmens[41]. Er dient lediglich arbeitstechnischen Zwekken, die den von den Unternehmen angestrebten Zielen untergeordnet sind.

Ist ein Unternehmen zentralistisch organisiert, so sind Unternehmen und Betrieb scheinbar identisch. Arbeitstechnischer und wirtschaftlicher Zweck laufen parallel. Die Organisation ist einheitlich, so daß Identität zwischen der Eigenschaft als Unternehmen und der als Betrieb angenommen werden könnte[42].

Doch ist zu bedenken, daß auch dann, wenn Unternehmen und Betrieb soziologisch keine unterschiedlichen Organisationen darstellen, sondern sich decken, die gedankliche Trennung zwischen arbeitstechnischem und entfernterem wirtschaftlichen Zweck nicht entfällt[43]. Beide Zwecke stellen verschiedene Aspekte eines in der äußeren Erscheinungsform zusammenfallenden Gegenstandes dar[44].

---

[37] *Hanau / Ulmer*, Mitbestimmungsgesetz, Einl. Rdn. 10; *Wiedemann*, *Gesellschaftsrecht* Bd. I, S. 610.

[38] *Beuthien*, Arbeitnehmermitbestimmung, S. 320, 328/9, Fn. 20.

[39] *Richardi*, Ordnungsproblem, Die AG 1979, S. 22, 31; Kölner Gutachten, S. 209.

[40] *Dietz / Richardi*, § 1 Rdn. 46.

[41] *Dietz / Richardi*, § 1 Rdn. 50; *Galperin / Löwisch*, § 1 Rdn. 13; *v. Plessen*, S. 21; *Raiser*, Das Unternehmen als Organisation, S. 123, 128; *Richardi*, Mitbestimmungsgedanke, DAdG 13, S. 19, 45, 46 a. E.; *Rittner*, Die Funktion des Eigentums im modernen Gesellschaftsrecht in Marburger Gespräch über Eigentum — Gesellschaftsrecht — Mitbestimmung, S. 54; *Rumpff*, Mitbestimmung in wirtschaftlichen Angelegenheiten, S. 29 und S. 229; *Zöllner*, Arbeitsrecht, S. 298 f.

[42] In diesem Sinne *Dietz / Richardi*, BetrVG, § 1 Rdn. 59; *Fitting / Auffarth / Kaiser*, § 1 Rdn. 23; *Richardi*, Mitbestimmungsgedanke, *DAdG* 1975, S. 19, 45.

[43] *Däubler*, Das Arbeitsrecht, S. 196.

[44] *Galperin / Löwisch*, § 1 Rdn. 13.

III. Unterschiedliche Zielsetzung der Teilhabe

1. Wirtschaftliche Mitbestimmung im Unternehmen

Der Rückblick auf die geschichtliche Entwicklung und die ursprüngliche gesetzgeberische Absicht[45] lassen erkennen, daß sich aus der rechtlichen Stellung der Arbeitnehmer im Betrieb einerseits und im Unternehmen andererseits ein Unterschied in den Funktionen und Zielen der Sozialschutz gewährenden Teilhabe nach dem BetrVG 1972 und der unternehmerisch/wirtschaftlichen Mitbestimmung nach den Mitbestimmungsgesetzen ergibt. Bei der betrieblichen Mitbestimmung geht es um die Teilhabe am arbeitgeberischen Direktionsrecht. Die unternehmerische Mitbestimmung betrifft die unternehmerische Leitungskompetenz. Die Unterscheidung beider Leitungsrechte beruht auf der funktionsbedingten Trennung der sozialen Gebilde Betrieb und Unternehmen[46].

Die wirtschaftliche Mitbestimmung bezweckt, die Planungs-, Organisations- und Leitungsgewalt über das Unternehmen umzugestalten. Die Bestimmungsmacht soll von der das Unternehmen tragenden Gesellschaft und damit letztlich von den Anteilseignern auf gewählte Vertreter der Arbeitnehmerschaft hälftig übergeleitet werden[47]. Der Faktor „Kapital" soll sein Alleinbestimmungsrecht im Unternehmen verlieren. Die wirtschaftliche Mitbestimmung greift demzufolge in die unternehmerische Entscheidungsfunktion ein, welche bis zur Einführung der paritätischen Mitbestimmung ihre Grundlage allein im Eigentum und im Gesellschaftsrecht hat[48]. Bei der Umverteilung der unternehmerischen Leitungskompetenz geht es somit vom Grundgedanken her nicht darum, die Stellung des einzelnen Arbeitnehmers an seinem Arbeitsplatz oder im Betrieb im Über-/Unterordnungsverhältnis zwischen Arbeitgeber und Arbeitnehmer zu verbessern.

Die unternehmerische Leitungsmacht erlaubt nämlich nicht unmittelbar personenbezogene Entscheidungen über einzelne Arbeitnehmer oder Teilbereiche von Betriebsbelegschaften, sondern die wirtschaftlich/unternehmerische Entscheidung über den Faktor „Arbeit" im Unternehmen[49].

---

45 Vgl. Erstes Kapitel.

46 *Fitting / Auffarth / Kaiser,* § 1 Rdn. 26 ff.; Frankfurter Gutachten, S. 169; Bericht der Mitbestimmungskommission, S. 59; vgl. zum Begriff des Betriebes: Zweites Kapitel A II 1; vgl. zum Begriff des Unternehmens: Zweites Kapitel A II 2.

47 *Huber,* Grundgesetz und wirtschaftliche Mitbestimmung, S. 42; Frankfurter Gutachten, S. 159; Kölner Gutachten, S. 112.

48 *Huber,* S. 39 ff.

49 Bericht der Mitbestimmungskommission, S. 61.

Der Eingriff in die Bestimmungsmacht der Anteilseigner wird nicht damit gerechtfertigt, daß die unternehmerische Planungs- und Leitungsbefugnis eine Verfügungsmacht über einzelne Menschen beinhaltet.

Zwar kann nicht bestritten werden, daß der einzelne Arbeitnehmer auch die Auswirkungen der Leitungsbefugnis im Unternehmen als Teil des Faktors „Arbeit“ an seinem Arbeitsplatz spüren wird. Auch wenn der Aufsichtsrat paritätisch besetzt ist, bleibt die für die Arbeitsverhältnisse kennzeichnende Einordnung der Beschäftigten in die betriebliche Organisation und Hierarchie bestehen. Die Fremdbestimmung der Arbeit und die dies zum Ausdruck bringende, praktisch wirksam werdende Befehlsgewalt wird nicht aufgehoben[50]. Das arbeitgeberische Weisungsrecht besteht fort. Daher ist der Sozialschutz des einzelnen auch in einem mitbestimmten Unternehmen notwendig.

Doch beschränkt die wirtschaftlich/unternehmerische Mitbestimmung die Unternehmensleitung nicht in ihrer Rolle als Arbeitgeber, sondern als Unternehmer. Das Abhängigkeitsverhältnis, in welchem sich die einzelnen Arbeitnehmer im Betrieb befinden, darf nämlich nicht mit jener allgemeinen Abhängigkeit der Arbeitnehmer von der Planung und Leitung des Unternehmers gleichgesetzt werden[51].

Die wirtschaftliche Mitbestimmung bewirkt, daß die Arbeitnehmer in ihrer Gesamtheit im Unternehmen gleichberechtigt und gleichgewichtig die Macht erhalten, über das Verhalten des mitbestimmten Unternehmens am Markt mit zu bestimmen. Letztendlich kann die unternehmerische Teilhabe, sobald sie in den Großunternehmen insgesamt wirksam ist, zu einer Veränderung des Gesamtmarktes der Güter und Leistungen und damit des Grundkonzeptes der Wirtschaftsordnung führen[52]. Dies wird eintreten, falls die Unternehmen nicht mehr rein betriebswirtschaftlich ausgerichtet sind, sondern verstärkt eine soziale Rendite für den Faktor „Arbeit“ als Ziel des Wirtschaftens ansehen.

Die Betonung der sozialen Rendite eines Unternehmens wird darüber hinaus dazu führen, daß sich unter Umständen langfristig auch die Stellung des einzelnen Arbeitnehmers an seinem Arbeitsplatz und in seinem Betrieb mittelbar ändert. Denkbar sind Verbesserungen der Arbeitsbedingungen und wesentliche Verkürzungen der Arbeitszeit.

---

[50] *Konzen*, Arbeiterselbstverwaltung, S. 70; *Vollmer*, Die Entwicklung partnerschaftlicher Unternehmensverfassungen, S. 194; *Zöllner*, Die Einwirkung der erweiterten Mitbestimmung auf das Arbeitsverhältnis, RdA 1969, S. 65; Köner Gutachten, S. 107; Bericht der Mitbestimmungskommission, S. 66.

[51] *Huber*, Grundgesetz und wirtschaftliche Mitbestimmung, S. 40.

[52] Das Kölner Gutachten, S. 109, sieht dies als zwingende Folge der Einführung der paritätischen Mitbestimmung an.

Wenn letzteres unter dem Begriff des Sozialschutzes zu subsumieren ist, beinhaltet die unternehmerische Mitbestimmung trotz ihrer grundsätzlichen Marktbezogenheit und entgegen ihrem Grundgedanken quasi als „Mitbestimmungsreflexe" auch Elemente des sozialen Schutzes.

2. Sozialschützende Mitbestimmung im Betrieb

Die Mitbestimmung des Betriebsrates verfolgt ihrem Ansatz nach einen grundsätzlich anderen Zweck als die unternehmerische Mitbestimmung. Sie beruht auf einer anderen Legitimationsgrundlage, nämlich der Menschenwürde. Während die unternehmerische Mitbestimmung den Sozialschutz des einzelnen Arbeitnehmers allenfalls im Sinne eines Reflexes zum Ergebnis hat, ist der Sozialschutz der zentrale Begriff der betrieblichen Mitbestimmung. Die betrieblichen Teilhaberechte werden von einem gemeinsamen, unabhängigen Repräsentationsorgan aller Arbeitnehmer eines Betriebes ausgeübt. Diese Rechte sind nicht Ausdruck des Gedanken demokratischer Legitimation. Vielmehr sollen die einzelnen Belegschaftsangehörigen gegen die durch die unternehmerische Mitbestimmung demokratisch ausgewiesene Unternehmensmacht, welche in ihrer Funktion als Arbeitgeber auftritt, im betrieblichen Alltag geschützt werden[53]. Sinn und Zweck der betrieblichen Mitbestimmung ist es demzufolge, daß die Arbeitnehmer bei ihrer täglichen Arbeit ihre arbeitsplatz- und betriebsbezogenen Interessen wahren. Dabei steht außer Frage, daß auf ein rechtlich begrenztes, durch Arbeitsvertrag begründetes und durch die Beteiligungsrechte des Betriebsrats überwachtes Weisungsrecht des Arbeitgebers auch in der sozialstaatlich ausgestalteten Arbeitsverfassung letztlich nicht verzichtet werden kann[54]. Indem jedoch die ursprünglich uneingeschränkte Organisationskompetenz des Arbeitgebers durch die betriebliche Teilhabe eingeschränkt wird, ist das Ermessen des Vorgesetzten gegenüber dem einzelnen Arbeitnehmer zum pflichtgemäßen und gebundenen Ermessen ausgestaltet[55]. Willkürliche Maßnahmen des Arbeitgebers sind dem einzelnen Arbeitnehmer gegenüber ausgeschlossen.

Das Betriebsverfassungsgesetz ist geschichtlich betrachtet als ein von der prinzipiellen Gegenläufigkeit der Arbeitnehmer- und Anteilseignerinteressen ausgehendes Gesetz grundsätzlich ein Mittler des Sozialschutzgedankens[56].

---

[53] *Schwerdtfeger,* Zur Verfassungsmäßigkeit der paritätischen Mitbestimmung, S. 37.

[54] Vgl. *Ballerstedt,* GmbH-Reform, ZHR 135, S. 490; *Biedenkopf,* Mitbestimmung — Beiträge zur ordnungspolitischen Diskussion, S. 134; *Scholz,* S. 10.

[55] Bericht der Mitbestimmungskommission, S. 63.

Doch ist seit Einführung des BetrVG 1972[57] die idealtypische Trennung zwischen betrieblicher und unternehmerischer Mitbestimmung nicht mehr strikt durchgehalten. Die betriebsverfassungsrechtlichen Befugnisse der Arbeitnehmer betreffen nicht mehr allein die sozialschützenden sozialen und personellen Angelegenheiten. Vielmehr werden sie im unternehmerischen Bereich wirksam[58]. Doch ist die betriebliche Mitbestimmung auch heute noch in erster Linie ein sozialstaatlich gebotenes Mittel, die Fremdbestimmtheit der Arbeitnehmer im Arbeitsverhältnis einzuschränken und zu überwachen[59].

Es besteht daher nach wie vor die grundsätzlich unterschiedliche Zielsetzung beider Mitbestimmungsarten[60].

Somit ist es folgerichtig, die Beteiligungsrechte in erster Linie dort anzusiedeln, wo die jeweiligen Angelegenheiten behandelt werden[61], in wirtschaftlichen Fragen auf der Unternehmensebene, in Fragen des Sozialschutzes auf Betriebsebene.

Auf Überschneidungen der Beteiligungsarten, die infolge der Ausweitung der betriebsrätlichen Mitbestimmung des BetrVG 1972 eingetreten sind, ist gesondert einzugehen.

IV. Die Wechselbezüglichkeit der Mitbestimmungsarten

Betrieb und Unternehmen werden als soziale Gebilde bestimmt, welche unterschiedliche Aufgaben erfüllen[62]. Der andersartigen Zwecksetzung beider entsprechen verschiedene Formen der Organisation und damit auch unterschiedliche, den aufgabengemäßen Unterschieden entsprechende Formen der Organisations- und Leitungsgewalt. Daraus folgen für die Zwecksetzung institutioneller Teilhabe qualitative Unterschiede zwischen unternehmens- und betriebsbezogener Arbeitneh-

---

56 *Huber*, Grundgesetz, S. 35 ff.

57 Vgl. ausführlich Erstes Kapitel B.

58 Vgl. ausführlich Zweites Kapitel E.

59 Kölner Gutachten, S. 109.

60 Einen völlig anderen Standpunkt zum Problem der Abgrenzung wirtschaftlicher und sozialschützender Mitbestimmung nehmen die den Gewerkschaften nahestehenden Autoren ein, welche die Teilhabe grundsätzlich unter dem Gesichtspunkt des Schutzgedankens sehen. So: *Bieback / Reich*, Verfassungswidrige Umgestaltung des Unternehmensrechts durch Mitbestimmung?, AuR 1978, S. 161, 166; *Hensche*, Mitbestimmung als Kontrolle, Das Mitbestimmungsgespräch, S. 165 ff.; *Mayer*, Mitbestimmungsgesetz und Betriebsverfassungsgesetz —, BlStSozArb 1976, S. 173 ff.; *Rose*, Mitbestimmung auf Betriebsebene, GMH 1973, S. 614 ff.; *Schwegler*, Möglichkeiten und Grenzen der Unternehmensmitbestimmung, GMH 1973, S. 623 ff.; *Vollmer*, Die Entwicklung partnerschaftlicher Unternehmensverfassungen, S. 194 ff.

61 *Ballerstedt*, GmbH-Reform, ZHR 135, S. 490 f.; *Biedenkopf*, Beiträge, S. 134; Bericht der Mitbestimmungskommission, S. 99.

62 Vgl. Zweites Kapitel A II 1 u. 2.

mermitbestimmung[63]. Die unternehmerische Mitbestimmung ist ihrem Ausgangspunkt, ihrem Gegenstand, ihrem Adressaten und damit auch ihrer normativen Qualität nach von der betrieblichen Mitbestimmung verschieden[64].

Bei aller Unterschiedlichkeit ist zu beachten, daß sich die Teilhabe der Arbeitnehmer nicht beziehungslos im jeweiligen Unternehmensorgan bzw. Betrieb vollzieht. Die Teilnahme der Arbeitnehmer an der betrieblichen Leitungs- oder Organisationskompetenz und der entsprechenden unternehmerischen Kompetenz ist nicht unabhängig voneinander ausgestaltbar. Die Mitbestimmungskommission kommt daher auch im Rahmen ihrer Empfehlungen für die Gestaltung der Teilhaberechte der Arbeitnehmer zu dem Schluß:

„Das Ausmaß der Mitbestimmung der Arbeitnehmer im Unternehmen ergibt sich somit aus der Summe der zur Verfügung gestellten Mitbestimmungs- und Einwirkungsmöglichkeiten bei der Ausübung der Leitungs- und Organisationsgewalt im Unternehmen und des Direktionsrechts im Betrieb und aus ihren Wechselwirkungen untereinander[65].“

Die Kommission, welche eine innere Verknüpfung betrieblicher und unternehmerischer Mitbestimmung sieht, folgert, daß für die Gegenwart und Zukunft die gesetzlichen Teilhaberegelungen jeweils im Einzelfall die Ausgewogenheit des Gesamtsystems der Arbeitnehmermitbestimmung im Auge haben müssen. Dies bedeutet, daß bei einer Änderung der betrieblichen Mitbestimmungsregeln die Auswirkungen auf die unternehmerische Mitbestimmung beachtet werden müssen. Diese Rücksichtnahme führt indes nicht zwangsläufig bei jeder Neufassung eines Teilhabegesetzes zu einer Änderung der übrigen. So muß der Ausbau sozialschützender Maßnahmen nicht grundsätzlich zu einer Reaktion auf der Seite der unternehmensbezogenen Mitbestimmung führen.

Doch ist der rechtliche und funktionelle Zusammenhang vor allem mit Einführung des BetrVG 1972 verstärkt worden. Er wird von der Literatur durchgehend anerkannt[66].

---

[63] Bericht der Mitbestimmungskommission, S. 60 f.

[64] Bericht der Mitbestimmungskommission, S. 61.

[65] Bericht der Mitbestimmungskommission, S. 98.

[66] *Auffarth,* Zur Bedeutung der Beteiligungsrechte des Betriebsrats, RdA 1976, S. 2 ff.; *Biedenkopf,* Mitbestimmung im Unternehmen, RdA 1970, S. 129, 132; *Erdmann,* Der Weg zur Überparität, RdA 1976, S. 87 ff.; *Fitting / Wlotzke / Wißmann,* Vorbem. Rdn. 13; *Huber,* Grundgesetz, S. 17 ff.; *Mayer,* BlStSozArbR 1976, S. 173 ff.; *Löwisch,* Mitbestimmung und Arbeitsverhältnis in Böhm / Briefs, Mitbestimmung, S. 144; *Martens,* Allgemeine Grundsätze zur Anwendbarkeit des Mitbestimmungsgesetzes, Die AG 1976, S. 113, 114 f.; *Raiser,* Grundgesetz und paritätische Mitbestimmung, S. 24 ff.; *ders.,* MBG, Einl. Rdn. 55 ff.; *Richardi,* Mitbestimmungsgedanke, DAdG 13, S. 19, 42 ff.;

Auf die im Verlauf der Untersuchung zu erörternden unterschiedlichen Schlußfolgerungen, die sich aus der inhaltlichen Verknüpfung ergeben, sei hier nur hingewiesen[67].

B. Die Auswirkungen der Mitbestimmung im Unternehmen auf Struktur und Aufgaben der Gesellschaftsorgane

Bevor auf die Frage eingegangen werden kann, ob unternehmerische und betriebliche Mitbestimmung miteinander zu vereinbaren sind, ist zu klären, welche Änderungen durch die Einführung der unternehmerischen Mitbestimmung im Unternehmen eintreten. Dies ist erforderlich, da die Veränderung der Struktur der Aktiengesellschaft[1] zu einem geänderten Verhalten des Unternehmers/Arbeitgebers zur betrieblichen Mitbeteiligung führt.

I. Die Hauptversammlung und die in ihr versammelten Aktionäre

1. Mitbestimmungsfreie Hauptversammlung

Die Hauptversammlung[2] als oberstes Organ[3] der Gesellschaft bleibt mitbestimmungsfrei.

Während das unternehmerische Mitbestimmungsrecht bewirkt, daß die Aktionäre ihre Rechte nicht mehr uneingeschränkt im Aufsichtsrat ausüben können, bleiben die Befugnisse der Anteilseigner in der Hauptversammlung ungeschmälert.

Rüthers, Arbeitgeber und Gewerkschaften — Gleichgewicht oder Dominanz, DB 1973, S. 1649, 1652; *Scholz*, Paritätische Mitbestimmung und Grundgesetz, S. 67 ff., 100; *Schwerdtfeger*, Zur Verfassungsmäßigkeit der paritätischen Mitbestimmung, S. 37; *Zöllner*, Mitbestimmung, RdA 1969, S. 65, 68 ff.; Frankfurter Gutachten, S. 170; Kölner Gutachten, S. 110; Bericht der Mitbestimmungskommission, S. 61.

67 Vgl. aber Zweites Kapitel F.

1 Vgl. zur gesellschaftsrechtlichen Zuständigkeitsverteilung zwischen Hauptversammlung, Aufsichtsrat und Vorstand ausführlich: *Reinhardt*, Aktienrecht und Eigentumsordnung, in FS für Walter Schmidt, S. 23 ff.

2 Zur Stellung und Aufgaben der Hauptversammlung: *Hueck*, Gesellschaftsrecht, § 26; *Reinhardt*, Gesellschaftsrecht, Rdn. 506 ff., m. w. N.

3 *Hueck*, Mitbestimmungsrecht und Aufsichtsrat, DB 1951, S. 166, 185; *Meyer-Landrut*, in: Großkommentar AktG, Vorbem. vor § 118, die Hauptversammlung bleibt trotz der Beschneidung ihrer Rechte durch das AktG 1937 das oberste Organ der Gesellschaft. Dies ergibt sich aus der Tatsache, daß derjenige, der im mitbestimmungsfreien Unternehmen die Mehrheit in der Hauptversammlung besitzt, die herrschende Stellung in der AG einnimmt. *Ulmer*, Der Einfluß des Mitbestimmungsgesetzes auf die Struktur von AG und GmbH, S. 20; zweifelnd: *Kraft / Kreutz*, Gesellschaftsrecht, S. 205.

2. Mitbestimmungsbedingter teilweiser Entzug der Mitgliedschaft

Dennoch wirkt sich die aufsichtsrätliche Mitbestimmung zu Lasten der in der Hauptversammlung vertretenen Anteilseigner aus. Ihre Stimmrechte sind nämlich mittelbar geschmälert. Zwar kommt jeder Stimme nach wie vor das gleiche Stimmrecht zu. Doch hat die Gesamtzahl aller Stimmen der Gesellschafter an Gewicht verloren. Durch die Mitbestimmungsregelungen, welche die Stellung der Hauptversammlung verändern, indem sie diesem Organ neuartige Aufgaben zuweisen und bisherige Befugnisse nehmen, verlieren die Gesellschafter für alle mitbestimmungsbedürftigen Bereiche ihr alleiniges oder zumindest mehrheitliches Bestimmungsrecht[4].

So kann die Hauptversammlung, von der vor Einführung der Mitbestimmung die beiden anderen Organe der Aktiengesellschaft, Aufsichtsrat und Vorstand allein abhingen, nicht mehr den Aufsichtsrat nach freiem Ermessen bestellen und ihn nicht jederzeit wieder abberufen[5].

Die frühere Regelung hatte zur Folge, daß im Aufsichtsrat nur Persönlichkeiten vertreten waren, die, vom Vertrauen der Anteilseigner getragen, deren Interessen wesentlich berücksichtigten. Der an den Aktionärsinteressen ausgerichtete Aufsichtsrat bestellte seinerseits einen Vorstand seines Vertrauens, der — wenn auch mittelbar — die Mehrheit der Gesellschafter repräsentierte.

Mit Einführung der Mitbestimmung ist die Bestimmungsmacht der Anteilseigner in der Hauptversammlung über den Aufsichtsrat wesentlich geschmälert, da jener nun gleichgewichtig aus Anteilseigner- und Arbeitnehmervertretern gebildet wird. Selbst wenn dabei formal daran festgehalten wird, daß auch die Arbeitnehmervertreter von der Hauptversammlung „gewählt" werden[6], so stellt dieser Akt der bloßen Bestätigung der von Arbeitnehmerseite ausgewählten Aufsichtsratskandidaten keine freie Wahl der Aktionäre dar.

Der Verlust der Möglichkeit, seitens der Anteilseigner Aufsichtsrat und Vorstand in jeder Hinsicht nach ihren Vorstellungen optimal zu besetzen, ist unterschiedlich zu bewerten[7]. Je nachdem, ob eine Gesellschaft von einem Großaktionär beherrscht wird oder eine Publikums-

---

[4] *Mestmäcker* im Anhörungsverfahren vor dem BT-Ausschuß für Arbeit und Sozialordnung am 19. 12. 1974, Sten. Prot. VII/Nr. 62, S. 6; Kölner Gutachten, S. 34.

[5] *v. Plessen*, Qualifizierte Mitbestimmung und Eigentumsgarantie, S. 59.

[6] Vgl. § 4 MontanMBG; anders §§ 9, 10 MBG 1976, welche ein Wahlmännergremium für den Regelfall vorsehen.

[7] *Bieback / Reich*, Verfassungswidrige Umgestaltung des Unternehmensrechts durch Mitbestimmung?, AuR 1978, S. 161, 163; *Schwerdtfeger*, Zur Verfassungsmäßigkeit der paritätischen Mitbestimmung, S. 27.

aktiengesellschaft darstellt, sind die Wirkungen zu Lasten der Anteilseigner verschiedenartig.

a) Der Großaktionär

Eine Gesellschaft, die zu mitbestimmungsfreien Zeiten wesentlich von einem Großaktionär bestimmt wurde, erfährt mit Einführung der Mitbestimmung erhebliche Veränderungen. Denn dem Großaktionär, welcher bislang gewohnt war, „seine“ Unternehmenspolitik sowie „seinen“ Aufsichtsrat und Vorstand „durchzudrücken“, wird es nicht mehr möglich sein, gegen den Widerstand der Arbeitnehmervertreter im Aufsichtsrat einen Vorstand ausschließlich seines Vertrauens durchzusetzen[8]. Er, der der maßgebliche Bezugspunkt für das Handeln von Vorstand und Aufsichtsrat gewesen ist[9], wird es hinnehmen müssen, daß sich die Unternehmenspolitik, die Unternehmensziele sowie die damit eng verbundene Personalpolitik nicht mehr allein nach seinen Interessen als mächtiger Anteilseigner ausrichten. Die Mitbestimmungsregelungen greifen spürbar in die Alleinbestimmungsbefugnisse des unternehmerisch engagierten Großaktionärs ein[10].

b) Kleinaktionäre einer Publikumsaktiengesellschaft

Die Kleinaktionäre einer Publikumsaktiengesellschaft nehmen in einem mitbestimmungsfreien Unternehmen nicht aktiv an der Unternehmenspolitik teil. Sie beschränken sich in der Regel auf deren Kontrolle. Sie achten darauf, daß die Anlagesicherheit nicht gefährdet, das Anlagekapital vermehrt und eine angemessene Dividende erwirtschaftet wird[11].

Eine stärkere Einflußnahme ist den Aktionären einer Publikums-AG nicht möglich[12]. Zum einen fehlen ihnen vielfach die Kenntnisse. Ferner ist es für einen Kleinaktionär angesichts der geringen Anzahl von Aktien und der daraus resultierenden niedrigen Dividende finanziell viel zu aufwendig, persönlich auf einer Hauptversammlung zu erscheinen. Zum anderen ist die wirtschaftliche Bestimmungsmacht des einzelnen Kleinaktionärs relativ gering[13], so daß dieser im Einzelfall gar

---

8 *Schwerdtfeger*, Verfassungsmäßigkeit, S. 25.

9 Vgl. *Geßler / Hefermehl / Eckardt / Kropff*, AktG II, § 76 Anm. 22; in Anm. 19 ff. wird betont, daß die darüber hinaus erfolgende Berücksichtigung der Belange der Arbeitnehmer und Allgemeinheit, welche — da als selbstverständlich unterstellt — nicht in das AktG 1965 mehr aufgenommen wurden, nicht im Widerspruch zum vorrangigen Bezugspunkt der Aktionäre stehe.

10 Kölner Gutachten, S. 70.

11 *Schwerdtfeger*, Verfassungsmäßigkeit, S. 26.

12 *Schwerdtfeger*, Unternehmerische Mitbestimmung, S. 66 f.

13 *Huber*, Grundgesetz, S. 57.

nicht in der Lage ist, spürbaren Einfluß auf die Verwaltung der Gesellschaft auszuüben. Doch gehört es zum Wesen jeder Personengesamtheit, daß der Anteil des einzelnen Mitglieds an der gesamtgesellschaftlichen Bestimmungsmacht durch die Anteile aller übrigen beschränkt ist; in einem Zusammenschluß vieler Beteiligter ist der Anteil des Einzelnen notwendig auf ein geringes Maß an Einfluß beschränkt[14]. Gleichwohl ist es verfehlt[15], aus der relativen Geringfügigkeit des Einzelanteils zu schließen, daß die mitgliedschaftsrechtlichen Anteilsrechte an der gesamtgesellschaftlichen Bestimmungsmacht deshalb gleichsam nicht vorhanden seien.

Nicht etwa sind die Aktionärsrechte in Publikumsgesellschaften bereits „so weitgehend mediatisiert", daß die sog. Mitverwaltungs- und sonstigen Mitgliedschaftsrechte der Aktionäre durch die Einführung der Mitbestimmung nicht spürbar verringert würden[16].

Denn dabei wird verkannt, daß in der Publikums-AG wie auch in anderen großen Personenverbänden[17] den Mitgliedsrechten der Einzelnen trotz des geringen Gewichtes der einzelnen Stimme kraft der Möglichkeit der Zusammenarbeit mit anderen ein substantieller Anteil an der Bestimmungsmacht innewohnt. Daher hat in einer Publikumsaktiengesellschaft der einzelne Inhaber einer Aktie einen über seine formale Beteiligung hinausreichenden tatsächlichen Einfluß[18]. Das Mitgliedsschaftsrecht des Kleinaktionärs ist also nicht inhaltsleer[19].

Zudem ist bezüglich der Bedeutung der wirtschaftlichen Bestimmungsmacht des Kleinaktionärs zu beachten, daß dieser im Verbund mit einer Vielzahl Gleichgesinnter über die Möglichkeit der „Flucht aus der Aktie" Druck im Sinne einer negativen Abstimmung auszuüben vermag[20].

---

14 Kölner Gutachten, S. 71.

15 *Huber*, Grundgesetz, S. 57.

16 So freilich *Bieback / Reich*, AuR 1978, S. 161, 163; vgl. dazu die in §§ 134, 135 AktG erfolgreich getroffenen, ausführlichen Regelungen zur Beseitigung der Gefahr einer effektiven Mediatisierung des Kleinaktionärs durch die Depotstimmrechte der Banken.

17 Vgl. Bund, Land, Gemeinde im politischen Bereich.

18 *Huber*, Grundgesetz, S. 57, Bericht der Mitbestimmungskommission, S. 76.

19 *Huber*, Grundgesetz, S. 59 weist zu Recht auf den Widerspruch hin, daß gerade die Verfechter der erweiterten wirtschaftlichen Mitbestimmung, die die Rechte des Kleinaktionärs als äußerst gering ansehen, davon ausgehen, daß andererseits die Einführung der Mitbestimmung dem einzelnen Arbeitnehmer eine echte Teilhabe an der Bestimmungsmacht über das Unternehmen verschaffen werde, obwohl er als einzelner nur im Zusammenwirken mit vielen Einfluß ausüben kann.

20 *Rittner*, Funktion des Eigentums, S. 63; *Reinhardt*, Aktienrecht und Eigentumsordnung, in: FS für Walter Schmidt, S. 23 ff.; Frankfurter Gutachten, S. 165; Kölner Gutachten, S. 165.

Somit verlieren auch die Aktionäre einer Publikumsaktiengesellschaft mit Einführung der Mitbestimmung einen Teil ihrer Einflußmöglichkeiten. Da diese aber, was die Gewichtigkeit anbelangt, nicht so weit reichen wie bei einem Großaktionär, ist die verhältnismäßige Einbuße an Bestimmungsmacht geringer. Festzuhalten bleibt in jedem Fall der mitbestimmungsbedingte Teilentzug von mitgliedschaftlicher Kompetenz der Aktionäre in den Gesellschaften, der sich in einer Verringerung der tatsächlichen Einflußmöglichkeiten der Anteilseignerseite ausdrückt.

c) Aktionäre unterschiedlicher Interessen

Dagegen ergeben sich keine vergleichbaren Probleme bei der Einführung der Mitbestimmung in Gesellschaften, die von Großaktionären mit unterschiedlichen Interessen getragen werden[21]. Im mitbestimmungsfreien Aufsichtsrat standen sich dort verschiedene Interessenblöcke gegenüber.

Mit Einführung der Mitbestimmung ändert sich an der Stellung der Minderheitsaktionäre nichts. Diese konnten und können sich nach wie vor nicht durchsetzen, sondern sind auf die Kompromißbereitschaft der Mehrheitsaktionäre angewiesen. Der einzige rein technische, nicht aber qualitative Unterschied gegenüber der mitbestimmungsfreien Gesellschaftsverfassung besteht darin, daß die Verhandlungen der Aktionärsblöcke über mögliche Kompromißlösungen nun nicht mehr im Aufsichtsrat selbst, sondern in den die Aufsichtsratssitzung vorbereitenden Sitzungen seitens der Aktionäre geführt werden[22].

Auch die Gefahr, daß der Minderheitsaktionär mit den Arbeitnehmervertretern im Aufsichtsrat zu Lasten des Mehrheitsaktionärs koaliert, ist nicht mitbestimmungsbedingt. Schon seit Einführung der Teilhaberechte der Arbeitnehmer in Form der „Drittelparität"[23] bestand die Möglichkeit, daß eine Aktionärsgruppe aus der Front der Anteilseigner ausscherte und mit den Arbeitnehmervertretern im Aufsichtsrat stimmte. Die derart bedingte Verringerung des Einflusses der

---

[21] Vgl. ausführlich *Schwerdtfeger*, Verfassungsmäßigkeit, S. 27 f.; a. A. *Rittner*, Der Mitbestimmungsbericht und die Unternehmensverfassung, S. 182; Kölner Gutachten, S. 52, 53.

[22] *Rittner*, Der Mitbestimmungsbericht, S. 182; Kölner Gutachten, S. 52; dort wird ausgeführt, daß es auf Aktionärsseite nicht zu Vorbereitungstreffen komme. Eine Fraktionsbildung auf seiten der Anteilseigner sei ausgeschlossen, da die Aktionäre aufgrund ihrer mangelnden Homogenität und um den „bösen Anschein der Verschwörung" zu vermeiden, nicht zu Vorbesprechungen zu bewegen seien. Dem ist jedoch entgegenzuhalten, daß die Anteilseigner, soll ihnen nicht völlig von den Arbeitnehmern und Gewerkschaften das Heft aus der Hand genommen werden, sich zu einer Zusammenarbeit untereinander bereitfinden werden müssen.

[23] Vgl. §§ 76 ff. BetrVG 1952.

Anteilseigner ist nicht eigens auf die Einführung der paritätischen Mitbestimmung zurückzuführen. Sie bleibt vielmehr das Ergebnis von autonomen Entscheidungen der Anteilseigner, obschon durch die paritätische Mitbestimmung die Gefahr, daß einzelne Minderheitsaktionäre mit Hilfe der Arbeitnehmerbank Einfluß zu gewinnen suchen, größer wird. Denn bei nur drittelparitätischer Mitbestimmung werden sie auf diese Weise schwerlich die Großaktionäre majorisieren können.

II. Der Aufsichtsrat

1. Aktienrechtliche Grundkonzeption

Über die Hauptaufgaben des Aufsichtsrates herrscht Streit. Zum einen wird die Auffassung vertreten, der Aufsichtsrat sei ein reines Kontrollorgan, zum anderen wird er als Leitungs- *und* Kontrollorgan angesehen.

Daher ist die aktienrechtliche Grundkonzeption dieses Gesellschaftsorgans aufzuzeigen.

a) Der Aufsichtsrat — nur Kontrollorgan

Das Frankfurter Gutachten[24] führt im Anschluß an die überwiegende Meinung im Schrifttum[25] aus, daß der Aufsichtsrat grundsätzlich ein reines Kontrollorgan ist. Von der Mitwirkung an der Geschäftsführung sei dieses Gremium gemäß § 111 Abs. 4 S. 1 AktG ausgeschlossen. Es sei dies eine gemäß § 23 Abs. 5 AktG zwingende Regel[26].

Diese werde nur insoweit durchbrochen, als gemäß § 111 Abs. 4 S. 2 AktG bestimmte Arten von Geschäften durch die Satzung oder durch Beschluß des Aufsichtsrates von seiner Zustimmung abhängig gemacht werden könnten. Aber auch bei Zustimmungsbedürftigkeit führe der Aufsichtsrat nicht die Geschäfte, sondern kontrolliere sie nur[27]. Denn das Zustimmungserfordernis stelle noch keine Ersetzung der Vorstandstätigkeit dar. Die Zustimmungsbedürftigkeit finde daher erneut ihre Grenze dort, wo sie zur Folge hätte, die Geschäftsführung dem Aufsichtsrat zu überlassen[28].

---

24 Frankfurter Gutachten, S. 160.

25 *Hueck*, Gesellschaftsrecht, § 25 III; *Kraft / Kreuz*, Gesellschaftsrecht, S. 199 f.; *Mayer-Landrut*, in Großkomm. AktG, §§ 95 I Anm. 1, 111 Anm. 1; *v. Plessen*, Qualifizierte Mitbestimmung und Eigentumsgarantie, S. 60; *Reinhardt*, Gesellschaftsrecht, Rdn. 489; *Ulmer*, Der Einfluß des Mitbestimmungsgesetzes auf die Struktur von AG und GmbH, S. 15; *Würdinger*, Aktien- und Konzernrecht, S. 128.

26 s. Fn. 24.

27 Vgl. zustimmend *Richardi*, Ordnungsproblem, Die AG 1979, S. 29, 36.

28 Frankfurter Gutachten, S. 183 mit Bezug auf *Baumbach / Hueck*, § 111

b) Der Aufsichtsrat — Leitungs- und Kontrollorgan

Demgegenüber sind die Verfasser des Kölner Gutachtens der Auffassung, der Aufsichtsrat sei nicht, wie es vielleicht der Name meinen ließe, in erster Linie ein Kontrollorgan[29]. Er trage vielmehr einen Teil der unternehmerischen Entscheidungen, vornehmlich im Personalbereich bezüglich der Besetzung der Führungspositionen. Außerdem komme ihm die Zustimmungsbefugnis des § 111 Abs. 4 S. 2 AktG zu. Der Aufsichtsrat sei daher nicht nur Aufsichtsorgan, sondern letztinstanzliches Entscheidungsorgan in wichtigen Fragen der Geschäftsführung. Diese Bedeutung hätten auch die Gewerkschaften erkannt, weshalb sie den Aufsichtsrat als institutionellen Ansatzpunkt der Mitbestimmung stets bevorzugt hätten[30].

c) Stellungnahme

Der Aufsichtsrat ist nach geltendem Aktienrecht ein Überwachungsorgan. Dies ergibt sich zunächst aus dem klaren Wortlaut des § 111 Abs. 1 sowie Abs. 4 S. 1 AktG. Dort heißt es, daß der Aufsichtsrat die Geschäftsführung, welche ihm nicht übertragen werden darf, zu überwachen hat. Diese klare Trennung zwischen Geschäftsführung und Kontrolle wird nicht durch die Zustimmungsbefugnisse des § 111 Abs. 4 S. 2 sowie etwaige durch die Satzung eingeräumte Befugnisse aufgehoben. Zwar greift der Aufsichtsrat insoweit ähnlich wie in seiner beratenden Funktion — welche im Gegensatz ausdrücklich keine Erwähnung findet[31], in der Praxis aber eine große Rolle spielt — in den Entscheidungsprozeß der Unternehmung ein. Doch handelt es sich dabei nicht um Geschäftsführungsmaßnahmen. Vielmehr liegt eine *vorbeugende Kontrolle* der Unternehmensleitung im Stadium der Entscheidungsvorbereitungen vor. Diese vorsorgliche Überwachung soll verhindern, daß es zu Fehlentwicklungen kommt, die einer nachträglichen Überprüfung nicht standhalten.

Anm. 11; *Mertens,* in: Kölner Kommentar, § 111 Rdn. 61; *Meyer-Landrut,* in Großkomm. AktG, § 111 Anm. 15.

[29] Kölner Gutachten, S. 49; vgl. ähnlich *Müller,* Gedanken zum Entwurf des Mitbestimmungsgesetzes, DB 1975, S. 205 ff.; dieser spricht vom Aufsichtsrat als dem zentralen Steuerungsorgan der Gesellschaft.

[30] Kölner Gutachten, S. 151; ähnlich vgl. *Geßler / Hefermehl / Eckardt / Kropff,* Aktiengesetz II, § 111, Anm. 30; *Karoli,* Aufgaben und Arbeitsweisen von Aufsichtsräten und Beiräten, in FS für Oscar Möhring, S. 115, 131; beide meinen, daß rein tatsächlich auch heute noch trotz aller Grenzziehungen zwischen den Organen der Aufsichtsrat letztinstanzliches Entscheidungsorgan sei.

[31] *Mayer-Landrut,* in Großkomm. AktG, § 111 Anm. 1.

2. Mitbestimmungsbedingter Wandel der Funktion des Aufsichtsrates

a) Der Aufsichtsrat: Forum widerstreitender Gruppeninteressen — Der Verlust der Homogenität durch Fraktionsbildung

Der Aufsichtsrat einer mitbestimmungsfreien Aktiengesellschaft wird allein vom Vertrauen der Aktionäre getragen, die ihn über die Hauptversammlung mehrheitlich gewählt haben. Er stellt das Verbindungsorgan zwischen den Gesellschaftern und der im Interesse der Gesellschafter tätig werdenden Unternehmensleitung her.

Mit Einführung der Parität im Aufsichtsrat arbeitet der Aufsichtsrat als Organ nicht mehr allein im Interesse der Gesellschaft, die als Unternehmensträger der Mitbestimmung unterliegt. Vielmehr ist er zu einem Forum widerstreitender Interessen der Anteilseigner und der im Unternehmen beschäftigten Arbeitnehmer und ihrer Gewerkschaften sowie des Ausgleichs dieser Interessen geworden[32].

Im Kontrollorgan der Gewerkschaft stehen sich somit zwei gleichstarke Machtgruppen mit unterschiedlicher Interessenlage gegenüber.

Einerseits sind dort nach wie vor die Vertreter der Anteilseigner vorhanden, welche die Träger des Gesellschaftsinteresses darstellen. Sie treten für eine langfristig geplante Politik des unternehmerischen Risikos ein, welche auf lange Sicht an der Rentabilität ausgerichtet ist.

Andererseits stehen dort dem Anteilseignerinteresse die Arbeitnehmerinteressen gegenüber. Die Arbeitnehmervertreter achten bei Entscheidungen auf die kurzfristigen Folgen für Arbeitsplätze und Löhne[33].

Das Frankfurter Gutachten[34] versucht, diesen Interessengegensatz aufzuheben. Danach sollen die Arbeitnehmerinteressen an der Erhaltung von Arbeitsplätzen eng an die langfristigen Entwicklungschancen des Unternehmens gebunden sein. Damit wären die Arbeitnehmer häufig zur Einbehaltung von Gewinnen zum Zwecke der Selbstfinanzierung des Unternehmens geneigt, während die Kapitalseite häufig —

---

[32] *Buchner,* Paritätische Mitbestimmung: Der Weg zu einer neuen Unternehmens- und Arbeitsordnung, ZfA 1974, S. 147, 154; *ders.,* Die wirtschaftsverfassungsrechtliche Bedeutung der Diskussion um Unternehmensrecht und Mitbestimmung, DB 1975, S. 33, 35; *Rittner,* Der Mitbestimmungsbericht, S. 158, 182; *Seiffert,* Der Aufsichtsrat der Aktiengesellschaft nach dem Regierungsentwurf für ein Mitbestimmungsgesetz, Die AG 1974, S. 129, 131 ff.; *Westermann,* Die Rechte und Pflichten des mitbestimmten Aufsichtsrates und seiner Mitglieder, ZGR 1977, S. 219, 220 m. w. N.; *Wiedemann,* Grundfragen, ZGR 1975, S. 385, 390; Kölner Gutachten, S. 32, 33 m. w. N.; vgl. kritisch dazu *Reinhardt,* Gesellschaftsrecht, Rdn. 1023, der Unternehmen mit interessenausgleichenden Organen für die Marktwirtschaft nicht empfiehlt; a. A. *Bieback / Reich,* AuR 1978, S. 161, 162.

[33] Kölner Gutachten, S. 40.

[34] Frankfurter Gutachten, S. 149.

und in prinzipiell legitimer Weise — an der Ausschüttung dieser Gewinne interessiert sein wird, um so anderswo langfristig rentabler zu investieren.

Vermag diese Argumentation indes am grundsätzlichen Interessengegensatz der Anteilseigner und Arbeitnehmer etwas zu ändern?

Es trifft zu, daß auch die Arbeitnehmer die langfristigen Entwicklungschancen eines Unternehmens aus Sorge um die Erhaltung der Arbeitsplätze im Auge haben. Insofern herrscht noch grundsätzlich Übereinstimmung zwischen den beiden Wirtschaftsfaktoren Kapital und Arbeit, daß Ziel des gemeinsamen Wirtschaftens die Erzielung eines Überschusses und nicht Verlustmaximierung unter Vernichtung von Arbeitsplätzen ist[35]. Doch oberhalb dieser Mindestübereinkunft gehen die Interessen der Anteilseigner und Arbeitnehmer auseinander. Einem langfristigen Rentabilitätsinteresse der Kapitaleigner steht ein kurzfristiges Lohnerhöhungs- und Arbeitsplatzinteresse der Arbeitnehmer gegenüber.

Diese unterschiedlichen Interessen führen zu einer Gruppen- und Fraktionsbildung im Aufsichtsrat[36].

Die Arbeitnehmervertreter im Aufsichtsrat verstehen sich regelmäßig als geschlossene Gruppe, die in den Plenarsitzungen in der Regel einheitlich aufzutreten pflegt, und sich häufig eines Sprechers bedient[37]. Auf Anteilseignerseite wird die Fraktionsbildung nicht so offensichtlich gehandhabt[38]. Doch dürfte die Blockbildung auf der einen Seite zwangsläufig zu einer ähnlichen Bewegung auf der anderen Seite führen[39].

Die Gruppenbildung verfolgt das Ziel, auf der jeweiligen „Bank" im Aufsichtsrat zu einer einheitlichen Abstimmung zu gelangen. Dies führt dazu, daß im Aufsichtsrat nicht mehr offen diskutiert und nach sachlicher Beratung entschieden wird[40]. Vielmehr sind Diskussion und Entscheidung jeweils in „fraktionsinterne" Vorbesprechungen vorverlagert. In diesen sog. Arbeitsgesprächen werden die Standpunkte festgelegt und die gruppeneinheitliche Abstimmung sichergestellt. Die Vorabklärung bringt es mit sich, daß es schwer möglich ist, durch Dis-

---

35 *Scholz*, Paritätische Mitbestimmung und Grundgesetz, S. 17; vgl. die Erwiderung der Bundesregierung zur Verfassungsbeschwerde gegen das MBG 1976, S. 36; Bericht der Mitbestimmungskommission, S. 42 ff.

36 *Brinkmann-Herz*, Entscheidungsprozesse in den Aufsichtsräten der Montanindustrie, S. 136 ff.; *Scholz*, S. 16, 17; Bericht der Mitbestimmungskommission, S. 37; Kölner Gutachten, S. 40.

37 Bericht der Mitbestimmungskommission, S. 37.

38 *Westermann*, Rechte, ZGR 1977, S. 219, 230.

39 Vgl. Zweites Kapitel B I 2 c.

40 Kölner Gutachten, S. 51.

kussion in ein- und derselben Aufsichtsratssitzung eine Meinungsänderung und ein entsprechend gewandeltes Abstimmungsverhalten zu erreichen[41]. Dazu bedarf es womöglich beiderseits erst der erneuten Durchführung von Vorgesprächen. Diese verzögern die notwendigen Entscheidungen. Doch ist es nicht in erster Linie dieser Verzögerungsschaden, der die „fraktionsinternen" Absprachen so schädlich sein läßt. Denn verzögerte Entscheidungen haben keinesfalls denknotwendig stets einen anderen Inhalt als rechtzeitig vorgenommene. Vielmehr liegt der Schaden in dem Umstand begründet, daß im Aufsichtsrat nicht mehr um die betriebswirtschaftlich gebotene Lösung eines Problems durch den freien Austausch von Standpunkten einzelner Aufsichtsratsmitglieder gerungen wird. Statt dessen begegnen sich im mitbestimmten Aufsichtsrat zwei Bänke von Interessenvertretern, welche eingestimmt durch die jeweils interessebezogen einseitig durchgeführten Vorgespräche im Stile von gegnerischen Verhandlungsdelegationen ihre vorformulierten Standpunkte austauschen. Gegenstand der Beratung sind somit die beiderseitigen festen Vorstellungen. Eine freie Sachdiskussion eines Problems zwischen den einzelnen Aufsichtsratsmitgliedern findet nicht statt. Gibt eine Seite im Einzelfall nach, weil sie voll von der Argumentation der Gegenseite überzeugt ist, so wird sie dies nur tun, wenn ihr ein Gegengeschäft angeboten wird. So führt die Blockbildung im Aufsichtsrat zu einer inhaltlichen Entleerung und Entwertung der Aussprache[42].

Die Blockbildung kann sich als „Abblockbewegung" erweisen[43].

Dies birgt eine Gefahr für die gesetzmäßige Funktionsweise des Aufsichtsrates in sich. Die schon fast institutionellen Vorgespräche richten also größeren Schaden an, als es die Kompensation des Informations- und Erfahrungsvorsprunges der Anteilseignerseite gegenüber der Arbeitnehmerseite rechtfertigend zuließe. Eine sachgemäße Kontrolle und Beratung des Vorstandes durch den Aufsichtsrat ist angesichts der Tatsache, daß der Aufsichtsrat die Aufgabe der Interessenintegration zweier Fraktionen hat, erschwert.

---

41 Vgl. Feststellung der Mitbestimmungskommission zur Fraktionsbildung auf Arbeitnehmerseite aufgrund empirischer Untersuchungen, Bericht der Mitbestimmungskommission, S. 37.

42 Fn. 41 und Kölner Gutachten, S. 38; einschränkend dazu das Frankfurter Gutachten, S. 156; dort wird ausgeführt, daß die inhaltliche Entleerung der Aussprache im Aufsichtsrat selbst teilweise dadurch ausgeglichen wird, daß in den Ausschüssen tatsächlich Diskussionen zwischen den Ausschußmitgliedern stattfinden und gegensätzliche Auffassungen offen ausgetragen werden. Diese Behauptung vermag nicht zu überzeugen, da nicht begründet wird, weshalb die beiden Seiten im Aufsichtsrat selbst harte Blöcke bilden, in den Ausschüssen nun jedoch offene Diskussionen und Abstimmungen ohne Vorgespräche führen sollen.

43 *Hueck*, Mitbestimmungsrecht und Aufsichtrat, DB 1951, S. 166, 167, hält es für geradezu verhängnisvoll, wenn in wirtschaftlichen Angelegenheiten

Der Ausbildung von Gruppeninteressen und geschlossenen Fraktionsmeinungen ist entgegenzutreten, indem die Aussprache wieder in den Aufsichtsrat zurückgegeben wird und die Vorgespräche, an denen teilweise auch Vorstandsmitglieder teilnehmen, im Interesse des Unternehmens unterbleiben. Damit würde der Aufsichtsrat nicht etwa wieder zu einem privatautonom arbeitenden Gremium einer mitbestimmungsfreien Gesellschaft. Doch stellte er ein Organ dar, welches dem Prinzip der Parität, also des Einigungszwangs oder der Konfrontation nach freier Sachdiskussion vollinhaltlich unterstünde[44].

Demnach wird das organschaftliche Homogenitätsprinzip im Aufsichtsrat durch ein Prinzip gegengewichtiger Interessenkonfrontation abgelöst[45]. Dabei wird prinzipiell von einem Interessendualismus ausgegangen, und zwar in dem Sinne, daß in der Geltendmachung der Arbeitnehmerinteressen die primäre, die Mitbestimmung rechtfertigende Funktion der Arbeitnehmervertreter gesehen wird. Von ihr ist als der prinzipiellen Motivation der Arbeitnehmer auszugehen[46]. Dabei ist zu beachten, daß die Mitglieder des Aufsichtsrates alle die gleichen Rechte und Pflichten haben[47].

b) Die Verpflichtung auf das Unternehmenswohl

Angesichts dieser Rechts- und Pflichtengleichheit der Aufsichtsratsmitglieder stellt sich die Frage, inwieweit diese nur Vertreter der Interessen der jeweiligen Gruppe sind, die sie durch Wahl in den Auf-

Beschlüsse überhaupt vereitelt werden. Im Wirtschaftsleben sei häufig genug die Unterlassung jeder Entscheidung das „Allerunglücklichste".

44 *Rittner*, Die paritätische Mitbestimmung und das Gesellschaftsrecht, JZ 1975, S. 457, 459 f.

45 *Martens*, Das Verhältnis des Mitbestimmungsgesetzes zum kollektiven Arbeitsrecht, ZGR 1977, S. 422 ff.; vgl. dazu *Simitis*, Von der institutionalisierten zur problembezogenen Mitbestimmung, AuR 1975, S. 323, 324, der das Prinzip der Homogenität des Aufsichtsrates grundsätzlich ablehnt; *Westermann*, Rechte, ZGR 1977, S. 220 m. w. N.; vgl. a. A. *Stollreither*, Mitbestimmungsideologie oder Partnerschaft?, S. 209 f., der darauf hinweist, daß dank Vorbesprechungen zwischen den Bänken (!) im Aufsichtsrat das Entstehen harter Fronten vermieden werde. Er erweckt somit den Anschein, als besitze auch der mitbestimmte Aufsichtrat noch die Homogenität des mitbestimmungsfreien Gremiums. Hierbei handelt es sich jedoch um einen „Etikettenschwindel"; die angebliche Einmütigkeit ist das Ergebnis schwieriger Verhandlungen und Vorbesprechungen unter Einschluß des Vorstandes. Zur „Abstimmung" gelangen im Aufsichtsrat nämlich nur noch diejenigen Streitpunkte, über die in den interfraktionellen Vorverhandlungen Einigkeit erzielt wurde; vgl. auch Kölner Gutachten, S. 53, wo es heißt, daß sich der Aufsichtsrat von einem Organ offener Beratung zu einem Organ formaler Abstimmung wandelt.

46 Bericht der Mitbestimmungskommission, S. 80.

47 *Fitting / Wlotzke / Wißmann*, § 25, Rdn. 77; *Mertens*, in: Kölner Kommentar zum AktG, § 96 Rdn. 72; *Naendrup*, GK-MBG, § 25 Rdn. 168; *Ulmer*, Der Einfluß des Mitbestimmungsgesetzes auf die Struktur von AG und GmbH, S. 28.

sichtsrat gesandt hat, oder inwieweit sie dem übergreifenden Unternehmenswohl verpflichtet sind.

Die Mitbestimmungsgesetzgebung baut auf dem Aktiengesetz auf. In der mitbestimmungsfreien Aktiengesellschaft stimmen die Interessen der Gesellschafter und der Gesellschaft als Unternehmensträger überein. Sie werden durch die Hauptversammlung festgelegt, vom Vorstand unter Kontrolle und Beratung des Aufsichtsrates zu verwirklichen gesucht[48].

Wenn das Aktiengesetz von 1965 in Abweichung von seinem Vorgängergesetz, dem Aktiengesetz von 1937, und anders als das Betriebsverfassungsgesetz 1972[49] darauf verzichtete, für Vorstand und Aufsichtsrat das Unternehmenswohl als oberste Richtschnur ihres Handelns festzuschreiben, bedeutet dies nicht, daß mit dem Verzicht auf Kodifikation auch ein Verzicht inhaltlicher Art einhergeht[50]. Dies verdeutlicht bereits der Regierungsentwurf eines Aktiengesetzes von 1958. In seiner Begründung wird ausgeführt, es verstehe sich von selbst und bedürfe keiner besonderen Hervorhebung, daß bei den Maßnahmen der Leitungsorgane die Belange der Aktionäre und der Arbeitnehmer sowie auch der Allgemeinheit zu berücksichtigen seien[51]. So ist denn auch heute allgemein anerkannt, daß sich der Aufsichtsrat ebenso wie der Vorstand und sämtliche Mitglieder der Führungsebene[52] bei ihrer gesamten Tätigkeit vom Unternehmensinteresse leiten lassen müssen[53].

Schwierigkeiten bereitet jedoch die genaue Fassung dessen, was der Begriff Unternehmensinteresse bzw. Unternehmenswohl inhaltlich meint. Diese Problematik gewinnt unter der Geltung der Mitbestimmungsgesetze zunehmende Bedeutung. Mit Einführung der Mitbestimmung wird die Beteiligung der Arbeitnehmer verstärkt, so daß sich die

---

48 *Lutter*, Information und Vertraulichkeit im Aufsichtsrat, S. 98, 126, 127; *ders.*, Zum Verhältnis von Information und Vertraulichkeit im Aufsichtsrat, BB 1980, S. 291 ff.

49 Vgl. § 70 Abs. 1 AktG 1937, § 76 Abs. 5 S. 3 BetrVG 1972; *Mertens*, Kölner Komm. AktG, § 76 Rdn. 5.

50 *Baumbach / Hueck*, Aktiengesetz § 76, Anm. 1 a; *Hoffmann*, Das Unternehmenswohl bei den mitbestimmten Unternehmen, in: DAdG, Bd. 15, S. 37 ff.; im Ansatz auch *Meyer-Landrut*, in Großkomm. AktG, § 76 Anm. 9 ff.; *Raisch*, Begriff und Bedeutung des Unternehmensinteresses, in FS für Hefermehl, S. 347, 352 f.; a. A. *Geßler / Hefermehl / Eckardt / Kropff*, AktG, § 76, Rdn. 20; *Rittner*, Zur Verantwortung des Vorstandes nach § 76 Abs. 1 AktG 1969, in FS für Geßler, S. 139 ff.; *Wiedemann*, Grundfragen, ZGR 1975, S. 385, 391.

51 *Geßler / Hefermehl / Eckardt / Kropff*, Aktiengesetz, § 76 Anm. 19 m. w. N.

52 Zur Führungsebene: *Raisch*, Begriff und Bedeutung des Unternehmensinteresses, S. 347, 353.

53 *Hueck*, G., Zur Verschwiegenheit der Arbeitnehmervertreter im Aufsichtsrat, RdA 1975, S. 35, 36, m. w. N.

Organe der Unternehmen nicht mehr unverändert in erster Linie am Wohl der Gesellschaft ausrichten können, wie dies unter der Geltung des Aktiengesetzes allein mehr oder minder offen der Fall war[54]. Dieser Wandel ist das erklärte Ziel der Mitbestimmung.

War der Aufsichtsrat nach dem Aktiengesetz noch interessenmonistisch auf Anteilseignerinteressen ausgerichtet, so geht mit Einführung der Mitbestimmung ein Wandel des Anteilseignerorgans zum interessenpluralistisch ausgerichteten Unternehmensorgan einher[55].

Die bisher ergangenen Mitbestimmungsregelungen haben es versäumt, zu den inhaltlichen Entscheidungsmaßstäben, denen der Aufsichtsrat und die anderen Gesellschaftsorgane zu folgen haben, Aussagen zu machen. Einen originär mitbestimmungsrechtlichen Verhaltensmaßstab für den Aufsichtsrat gibt es demzufolge nicht.

Da jedoch das Mitbestimmungsrecht auf das Aktienrecht aufgepfropft wurde, bleibt es grundsätzlich bei den aktienrechtlichen Maßstäben.

Doch auch im Aktienrecht ist der Begriff des Unternehmenswohles sehr strittig[56]. Da das Unternehmensinteresse nicht als fest umrissene Größe vorbestimmt ist, hängt seine Ausformulierung in der mitbestimmungsfreien Gesellschaft von den im Aufsichtsrat versammelten Kapitalinteressen ab. Für eine mitbestimmte Unternehmung stellt sich nun die Frage, inwieweit die Gruppenvertreter im Aufsichtsrat die Interessen der von ihnen vertretenen Gruppen einbringen und durchsetzen dürfen. Dazu haben sich drei Auffassungen gebildet.

aa) Die These von den bloßen soziologischen Repräsentanten

Müller[57] sieht in den Vertretern der Arbeitnehmer bzw. Anteilseigner nicht mehr einseitige Interessenvertreter, sondern allenfalls „soziologische Repräsentanten“ ihrer Schichten. Dies bedeutet, daß die Aufsichtsratsmitglieder zwar einer bestimmten Gruppe entstammen, diese jedoch nicht im einzelnen in dem Sinne vertreten dürfen, daß sie in erster Linie die Interessen der Wählergruppen wahrnehmen und deren Anweisungen befolgen.

---

54 *Martens*, Paritätische Mitbestimmung und Aufsichtsratssystem, BB 1973, S. 118; *Westermann*, Unternehmensverfassung und Gesellschaftsrecht, in FS für Harry Westermann, S. 574; *ders.*, Rechte und Pflichten des mitbestimmten Aufsichtsrates und seiner Mitglieder, ZGR 1977, S. 219; *Vollmer*, S. 124 ff.

55 *Westermann*, Rechte, ZGR 1977, S. 219, 220; vgl. a. A. *Raisch*, Begriff und Bedeutung des Unternehmensinteresses, S. 347, 348, der einen anderen, allein unter dem Blickwinkel verschiedener Vermögensinteressen der Aktionäre entwickelten Begriff des Interessenpluralismus geprägt hat.

56 *Hoffmann*, S. 37 ff.; *Westermann*, Rechte, ZGR 1977, S. 219, 221.

57 *Müller*, Mitbestimmung auf Unternehmensebene, DB 1969, S. 1794 f.; *ders.*, Gedanken zum Entwurf des Mitbestimmungsgesetzes, BB 1975, S. 205, 209.

Begründet wird diese Auffassung mit dem Grundsatz der Weisungsungebundenheit der Aufsichtsratsmitglieder. Diese müßten in der Lage sein, ihr Kontrollamt unabhängig auszuüben.

Eine einseitige Parteinahme zugunsten der sie entsendenden Seite sei mit einer objektiven Amtsführung nicht vereinbar[58]. Die Aufsichtsräte hätten im Interesse des Unternehmens, d. h. der Anteilseigner, Belegschaft, Gläubiger, Schuldner und Gesamtvolkswirtschaft, nicht aber einzelner Beteiligter tätig zu werden[59].

bb) Die These von der schrankenlosen Interessenvertretung

Der aus Sorge um die Verfassungsmäßigkeit der Parität entwickelten[60] These von den soziologischen Repräsentanten steht die Auffassung von Mayer gegenüber, die Gruppenvertreter im Aufsichtsrat träfe keine Verpflichtung zur Neutralität[61]. Die Vertreter der Arbeitnehmer bzw. Anteilseigner unterlägen keinerlei Pflicht, sich bei der Wahrnehmung gruppeneigener Interessen zurückzuhalten. Vielmehr sei es gerade ihre Aufgabe, die berechtigten Interessen einseitig im Aufsichtsrat darzustellen und durchzusetzen zu versuchen.

Die Parteilichkeit im Aufsichtsrat ist nach dieser Meinung dadurch vorgegeben, daß die Mandate der Gruppenvertreter imperativen Charakter haben. Dies werde insbesondere in der jederzeitigen Abwahlmöglichkeit z. B. der Arbeitnehmervertreter durch die Belegschaft deutlich zum Ausdruck gebracht[62].

---

[58] *Scholz*, Paritätische Mitbestimmung und Grundgesetz, S. 73; *Wiedemann*, Grundfragen, ZGR 1975, S. 385, 391; sowie Fn. 57.

[59] *Müller*, Gedanken zum Entwurf eines Mitbestimmungsgesetzes, DB 1975, S. 205, 209; *Raisch*, Mitbestimmung und Koalitionsfreiheit, S. 67; ähnlich äußern sich, ohne allerdings den Begriff der soziologischen Repräsentanten zu übernehmen: *Auffahrt*, RdA 1976, S. 2, 5, der behauptet, das Unternehmensinteresse bliebe völlig unverändert; *Wiedemann*, Aufgaben und Grenzen der unternehmerischen Mitbestimmung der Arbeitnehmer, BB 1978, S. 5, 11, folgert aus der Fortgeltung des Aktienrechts in mitbestimmten Unternehmen, daß auch das mitbestimmte private Unternehmen auf erwerbswirtschaftliche Orientierung angewiesen sei. Dies bedinge den Vorrang des erwerbswirtschaftlichen Prinzips, der mit sozialstaatlichen Anforderungen vereinbar sei, da der Arbeitnehmerschutz in vielfältiger Weise, der Kapitalschutz dagegen überhaupt nicht wahrgenommen werde; ähnlich *ders.*, Unternehmerische Verantwortlichkeit, in FS für Barz, S. 561; dort hält er eine Änderung der Unternehmensziele für unzulässig.

[60] Vgl. ausführlich *Hoffmann*, S. 37 ff.

[61] *Mayer*, Mitbestimmungsgesetz und Betriebsverfassungsgesetz — Einheitliche Mitbestimmung in Betrieben und Unternehmen, BlStSozArbR, 1976, S. 173, 175.

[62] Vgl. § 23 MBG 1976; a. A. *Müller*, Gedanken zum Entwurf des Mitbestimmungsgesetzes, S. 205, 209.

cc) Gebundene Interessenvertretung

Zu prüfen ist, ob einer dieser Thesen zu folgen ist.

(1) Zunächst ist die These von den Aufsichtsratsmitgliedern als bloße „soziologische Repräsentanten" ihrer jeweiligen Gruppe zu untersuchen.

Grundsätzlich haben alle Mitglieder des Aufsichtsrates ihre Entscheidungen am wohlverstandenen Interesse des Unternehmens und aller an ihm Beteiligten auszurichten[63]. Doch können die Interessen der Kapitalbeteiligten wie auch der Arbeitsbeteiligten sowohl jeweils unter sich als auch wechselseitig untereinander sowie überdies mit dem ihnen gemeinsamen Interesse des Unternehmens und der schuldigen Rücksicht auf das allgemeine Wohl kollidieren. Die Vertreter beider Seiten sind davor zu bewahren, überfahren zu werden. Daher müssen sie die Möglichkeit haben, die sachlich begründeten und berechtigten Interessen jeweils des eigenen Lagers als echte Interessenvertreter wahrzunehmen[64]. Dies gilt für die Arbeitnehmervertreter schon deshalb, weil die Mitbestimmung, welche ein Gegengewicht zur Machtfülle der Anteilseigner darstellen soll, dazu dient, daß die Interessen der Arbeitnehmer im Unternehmen gewahrt werden. Indem den Arbeitnehmervertretern die Möglichkeit gegeben wird, ihre Vorstellungen denen der Anteilseigner kontrovers gegenüberzustellen und durchzusetzen, wird deutlich, daß sie mehr sind als zur Neutralität verpflichtete, bloße soziologische Repräsentanten. Sie sind echte Vertreter der Arbeitnehmer des Unternehmens[65]. Daher ist der These von den „soziologischen Repräsentanten" entgegenzutreten.

(2) Kann demgegenüber die These von der uneingeschränkten Interessenvertretung und damit die These vom imperativen Mandat, die mit der jederzeitigen Abwahlmöglichkeit der Vertreter begründet wird, überzeugen?

Zwar stellt die Möglichkeit der Abwahl klar, daß die Gruppenvertreter nicht zur Neutralität verpflichtet sind, sondern interessengebunden handeln dürfen. Doch ist mit ihr nicht zum Ausdruck gebracht,

---

[63] *v. Nell-Breuning,* Unternehmensverfassung und Arbeitsrecht, BlStSozArbR, 1969, S. 369, 372.

[64] *v. Nell-Breuning,* Unternehmensverfassung und Arbeitsrecht, BlStSozArbR, 1969, S. 369, 372; ähnlich *Huber,* Die erweiterte wirtschaftliche Mitbestimmung, in FS für Heinz Kaufmann, S. 24; *Geßler / Hefermehl / Eckardt / Kropff,* AktG, § 96 Anm. 61; *Seiffert,* Der Aufsichtsrat der AG nach dem Regierungsentwurf für ein Mitbestimmungsgesetz, Die AG 1974, S. 129, 131.

[65] Auch der Gesetzgeber sieht in den Unternehmervertretern im Aufsichtsrat nicht bloße soziologische Repräsentanten. Dies beweist die gesetzliche Regelung des § 32 MBG 1976. Diese wäre bei Richtigkeit der These mangels Überparität überflüssig.

daß ein Gruppenvertreter rücksichtslos einseitig im Aufsichtsrat tätig zu werden hat, da ihm anderenfalls die Abwahl droht.

Im übrigen ist es auch vom Grundsätzlichen her betrachtet unrichtig, die rechtliche Möglichkeit der Abwahl als Beweis eines imperativen Mandats anzusehen. Denn mit der Möglichkeit der Abwahl kann im Ernstfall einer Entscheidung kein unmittelbarer Einfluß auf den gewählten Vertreter ausgeübt werden. Diesem droht lediglich im Falle eines nicht wunschgemäßen Verhaltens die Strafe der Abwahl. Die These von der uneingeschränkten Interessenvertretung ist daher abzulehnen.

(3) Die Lösung des Problems könnte in der Mitte zwischen den beiden extremen Auffassungen zu finden sein.

Der mitbestimmte Aufsichtsrat ist interessenpluralistisch strukturiert. Durch die Einführung der Mitbestimmung wird er zum entscheidenden Organ des Unternehmens. Er wird von Vertretern verschiedener Interessengruppen gebildet. Anders als der mitbestimmungsfreie Aufsichtsrat, in dem sich die Anteilseignerinteressen durchsetzen konnten, stellt sich der mitbestimmte Aufsichtsrat als das Gremium dar, in welchem die gegensätzlichen Interessen der Faktoren Arbeit und Kapital aufeinanderprallen. Der Auseinandersetzung sind als äußere Begrenzungspunkte der Erhalt des Unternehmens und damit des eingesetzten Kapitals gesetzt. Oberhalb dieser Untergrenze ist beiden Seiten die Aufgabe gestellt, im gleichberechtigten Miteinander bzw. Gegeneinander ein für alle annehmbares Ziel des Wirtschaftens zu erreichen. Beiderseits einseitige Vertretung der Interessen ist dabei vom Prinzip her gewollt.

Indes kann man nicht einerseits verlangen, daß Anteilseigner und Arbeitnehmervertreter jeweils ihre Interessen geltend machen, um andererseits dieses Geltendmachen nur in den angeblich sehr engen Grenzen eines nicht näher bestimmten Unternehmensinteresses erlauben zu wollen[66].

Diese Auffassung unterstellt nämlich, daß es für ein mitbestimmtes Unternehmen festgelegte gültige Unternehmensziele gibt. Die Vertreter dieser Meinung sind, indem sie die Frage nach dem Unternehmenswohl beantworten, wieder am Ausgangspunkt ihrer eigenen Fragestellung angelangt, ohne neue Erkenntnisse gewonnen zu haben.

---

[66] So aber: *Dietz / Richardi*, § 76 Rdn. 177; *Fitting / Wlotzke / Wißmann*, § 25, Rdn. 73; *Geßler / Hefermehl / Eckardt / Kropff*, AktG, § 96, Anm. 61; *Hueck / Nipperdey*, Lehrbuch des Arbeitsrechts, Bd. II 2, S. 1518; *Martens*, Allgemeine Grundsätze zur Anwendbarkeit des Mitbestimmungsgesetzes, Die AG 1976, S. 113, 119; *Mertens*, in: Kölner Kommentar zum AktG, vor § 95, Anm. 1, 4; *Wlotzke / Wißmann*, DB 1976, S. 959, 965; *Meyer-Landrut*, in Großkomm. AktG, § 96, Anm. 1.

Daher ist davon auszugehen, daß eine grundsätzliche inhaltliche Festlegung dessen, was unter dem Begriff des Unternehmensinteresses im einzelnen zu verstehen ist, rechtlich nicht vorgegeben ist. Vielmehr ist es Aufgabe der widerstreitenden Interessengruppen im Aufsichtsrat, für ihr Unternehmen konkret das Unternehmensinteresse festzulegen[67].

Dabei kann es zur Ausbildung verschiedener Unternehmensziele kommen, je nachdem, ob sich die Vertreter der finanziellen Rentabilität im Sinne der Anteilseigner oder die der sozialen Rentabilität im Sinne der Arbeitnehmer durchzusetzen vermögen. Untere Grenze der Bestimmung des Unternehmenszieles ist die Sicherstellung des Fortbestandes des Unternehmens.

Im Ergebnis wird die Hereinnahme der gleichberechtigten Arbeitnehmervertreter in den Aufsichtsrat dazu führen, daß sich dieses Gremium bei seinen Entscheidungen stärker als in mitbestimmungsfreien Unternehmen an den Interessen der Belegschaft orientiert. Die Unternehmensziele eines mitbestimmten Unternehmens weichen von denen der mitbestimmungsfreien Unternehmen ab, welche vom Gesellschaftsinteresse geprägt waren.

III. Der Vorstand

1. Aktienrechtliche Grundkonzeption

Der Vorstand einer Aktiengesellschaft ist das mit der Leitung der Gesellschaft und des von dieser betriebenen Unternehmens betraute Organ[68]. Er wird durch den Aufsichtsrat bestellt[69] und ist jederzeit aus wichtigem Grunde abrufbar[70]. Der Vorstand führt die Geschäfte und vertritt die Gesellschaft gerichtlich und außergerichtlich[71]. Seine Geschäftsführungsbefugnis erstreckt sich auf den gesamten Geschäftsbereich der AG. Sie wird lediglich durch den satzungsmäßigen Gegenstand der Gesellschaft begrenzt[72].

Einschränkungen erfährt die Geschäftsführungsbefugnis nur in der Form, daß bestimmte Geschäfte von der Zustimmung des Aufsichtsrates abhängig gemacht werden können[73]. Der Vorstand handelt eigenverantwortlich, d. h. er ist nicht unmittelbar weisungsgebunden.

---

[67] *Reich / Lewerenz*, Das neue Mitbestimmungsgesetz, AuR 1976, S. 353, 356.

[68] § 76 Abs. 1 AktG.

[69] § 84 Abs. 1 AktG.

[70] § 84 Abs. 3 AktG.

[71] § 77, 78 AktG.

[72] *Mertens*, in Kölner Kommentar zum AktG, § 82 Anm. 11.

[73] § 111 Abs. 4 AktG.

Den Grundsatz der Eigenverantwortlichkeit führte das Aktiengesetz von 1937 ein. Dieser vom AktG 1965 übernommene Begriff bringt zum Ausdruck, daß der Vorstand in Angelegenheiten der Geschäftsführung an Weisungen des Aufsichtsrates oder der Hauptversammlung nicht gebunden ist. Den ebenfalls 1937 eingefügten Zusatz „wie das Wohl des Betriebes und seiner Gefolgschaft und der gemeinsame Nutzen von Volk und Reich es fordern" ließ der Gesetzgeber 1965 entfallen[74].

Es stellt sich die Frage, welche Bedeutung der bewußten Aufgabe dieses Halbsatzes zukommt.

Allgemein wird die Auffassung vertreten, daß § 70 AktG 1937 inhaltlich unter dem AktG 1965 weiterhin Gültigkeit hat[75]. Insoweit wird auf die Entstehungsgeschichte und insbesondere die Begründung zum Regierungsentwurf verwiesen[76], wonach es sich von selbst verstehe und keiner besonderen Hervorhebung bedürfe, daß der Vorstand bei seinen Maßnahmen die Belange der Aktionäre, Arbeitnehmer sowie auch der Allgemeinheit zu berücksichtigen habe[77]. Dies sei in einem sozialen Rechtsstaat eine selbstverständliche Pflicht. Im übrigen sei die Festlegung einer Reihenfolge der Belange nicht zweckdienlich[78]. Der Vorstand muß sich nach dieser Meinung ähnlich wie der Aufsichtsrat vom Unternehmensinteresse[79] leiten lassen.

Rittner[80] verdeutlicht diesen Standpunkt. Er ist der Meinung, eine Bindung an das gemeine Wohl[81] sei für den Vorstand unter der Geltung des § 76 AktG 1965 eigens gesellschaftsrechtlich nicht mehr gegeben. Die Unabhängigkeit des Vorstandes sowie die vom Vorstand bei seiner Arbeit zu berücksichtigende Sozialpflichtigkeit des Unternehmens beträfen zwei unterschiedliche Sachbereiche: Einmal gehe es

---

74 Im Gegensatz zum Referentenentwurf 1958, welcher in § 71 Abs. 1 eine Klausel über das Unternehmenswohl enthielt, s. o. Zweites Kapitel B II 2 b.

75 *Auffarth,* Das neue Aktienrecht unter betriebsverfassungsrechtlichen Gesichtspunkten, DB 1965, S. 1778; *Baumbach / Hueck,* AktG, § 76 Anm. 1; *Hanau,* Was bedeutet paritätische Mitbestimmung für das kollektive Arbeitsrecht?, BB 1969, S. 760; *Mertens,* in Kölner Kommentar, § 76, Rdn. 1; *Meyer-Landrut,* in Großkomm. AktG, § 76, Einl.; *Raisch,* Begriff und Bedeutung des Unternehmensinteresses, in FS für Hefermehl, S. 352; Frankfurter Gutachten, S. 130, 131.

76 Vgl. bei *Gessler / Hefermehl / Eckardt / Kropff,* AktG, § 76 Anm. 19.

77 *Reinhardt,* Gesellschaftsrecht, Rdn. 475.

78 *Mertens,* in Kölner Kommentar, § 76, Rdn. 1.

79 Zur Schwierigkeit, diesen Begriff befriedigend inhaltlich auszufüllen, s. Zweites Kapitel B II 2 c.

80 *Rittner,* Verantwortung, in FS für Geßler, S. 139 ff.; ähnlich: *Wiedemann,* Grundfragen der Unternehmensverfassung, ZGR 75, S. 385, 424 f., der eine aktienrechtliche Gemeinwohlklausel verneint, „weil die AG eine auf den Anlegerschutz eingerichtete Wirtschaftsorganisation darstellt".

81 Vgl. zu diesem Begriff: *Häberle,* Gemeinwohlindikatur und BVerfG, AöR (1970), S. 86 ff.; *ders.,* Öffentliches Interesse als juristisches Problem.

um die nach außen wirksame Sozialbindung des Eigentums, der auch die Unternehmung unterworfen sei, zum anderen gehe es um das Pflichtverhalten des Vorstandes gegenüber Aufsichtsrat und Hauptversammlung im Innenverhältnis, d. h. die Verantwortlichkeit des Vorstandes gemäß dem in der Satzung festgelegten Gesellschaftszweck gegenüber den übrigen Gesellschaftsorganen. Nur der letztere Problemkreis sei von § 76 AktG 1965 angesprochen.

Aus dem allgemeinen Grundsatz der Sozialpflichtigkeit des Eigentums könne nicht geschlossen werden, daß der in der Hauptversammlung festgelegte Unternehmenszweck geändert werde.

2. Fehlende unmittelbare Mitbestimmung im Leitungsorgan

Das Leitungsorgan einer Aktiengesellschaft ist nicht Ansatzpunkt für die unternehmerische Mitbestimmung der Arbeitnehmer. Keine der gesetzlichen Regelungen und Reformideen geht davon aus, den Vorstand als unmittelbaren institutionellen Ansatzpunkt für die Mitbestimmung zu wählen, obwohl dieser das eigentlich unternehmerisch handelnde Organ der Gesellschaft darstellt.

Da in einem unmittelbar mitbestimmten Vorstand die Gefahr der Bildung von Gruppeninteressen und damit verbundener Konflikte besteht und somit die Homogenität als Voraussetzung für die Handlungsfähigkeit des Leitungsorgans fehlt, sieht der Gesetzgeber zu Recht davon ab, den Vorstand mit Vertretern einzelner Gruppen zu besetzen[82]. Denn nur ein homogen zusammengesetzter Vorstand ist fähig, ein Unternehmen wirksam zu organisieren und zu führen.

3. Ausnahme: der Arbeitsdirektor

Vom Grundsatz, daß der Vorstand von unmittelbarer Mitbestimmung freizuhalten ist, machen die Mitbestimmungsgesetze beim Arbeitsdirektor eine Ausnahme.

Erstmals führt das MontanMBG 1951 das Mitbestimmungselement des Arbeitsdirektors ein[83].

Der Arbeitsdirektor ist neben den übrigen Vorstandsmitgliedern gleichberechtigtes Mitglied des zur gesetzlichen Vertretung berufenen Organs. Weddingen[84] hält die Einführung des Arbeitsdirektors für das

---

82 Bericht der Mitbestimmungskommission, S. 99, 100, 105.

83 Vgl. § 13 MontanMBG sowie Kommentierung bei *Baumbach / Hueck*, § 76 Rdn. 10; *Boldt*, Montanmitbestimmungsgesetz, § 13, Anm. 2 a; vgl. schon Erstes Kapitel B II.

84 *Weddingen*, Produktivitätsgefahren einer Geltungsausdehnung der qualifizierten Mitbestimmung, in: Staat und Gesellschaft, in FS für Günther Küchenhoff, S. 329.

im Montanbereich stärkste Mitbestimmungselement, da der Arbeitsdirektor nach dem MontanMBG nicht gegen die Stimmenmehrheit der im Aufsichtsrat vertretenen Arbeitnehmervertreter in den Vorstand berufen werden kann[85].

Bedingt durch dieses Wahlverfahren befindet sich der Arbeitsdirektor ständig im Spannungsverhältnis zwischen den Sozialpartnern, gleichsam auf dem Drahtseilakt zwischen Kapital und Arbeit[86]. Einerseits ist er wie jedes andere Vorstandsmitglied der unternehmerischen Aufgabe verpflichtet, andererseits hat die Arbeitnehmerseite als entscheidende Wählergruppe bestimmte, gruppenegoistische Erwartungen an „ihr" Vorstandsmitglied[87].

Um diese sichtbare Doppelverpflichtung zu beseitigen, sieht das Mitbestimmungsergänzungsgesetz[88] sowie das diesem nachgebildete MBG 1976 kein gesondertes Bestellungsverfahren für den Arbeitsdirektor mehr vor. Er wird wie jedes andere Vorstandsmitglied bestellt[89]. Er hat seine Aufgabe im engsten Einvernehmen mit dem Gesamtorgan zu erfüllen.

Dennoch hat der Gesetzgeber, auch wenn er betont[90], es handele sich nicht um einen Arbeitsdirektor nach dem Vorbild des Montanmitbestimmungsgesetzes, mit der Übernahme des Begriffs „Arbeitsdirektor" in § 33 MBG 1976 Erwartungen[91] geweckt. Diese laufen darauf hinaus, dem Arbeitsdirektor innerhalb des Vorstandes eine Sonderposition einzuräumen. Ein Kennzeichen hierfür ist das angesprochene besondere Vertrauensverhältnis[92] zwischen Arbeitnehmern und Arbeitsdirektor.

---

[85] § 13 Abs. 1, S. 2 und 3 MontanMBG.

[86] *Winter*, Drahtseilakt zwischen Kapital und Arbeit — Arbeitsdirektor in der Praxis: Nahtstelle des Wirtschaftssystems, SZ vom 11. 8. 1979, S. 17.

[87] *Ballerstedt*, Untersuchungen zur Reform des Unternehmensrechts, Bericht des Ausschusses I der Studienkommission des DJT 1955, S. 41; *Duvernell*, in: Potthoff / Blume / Duvernell, Zwischenbilanz der Mitbestimmung, S. 324; *Stollreither*, Mitbestimmung — Ideologie oder Partnerschaft?, S. 204.

[88] s. Erstes Kapitel B III 1.

[89] *Fitting / Wlotzke / Wißmann*, § 33, Rdn. 39 ff. m. w. N.; *Wlotzke*, Die Mitbestimmungskonzeption der Bundesregierung, AuR 1974, S. 235; Bericht des Ausschusses für Arbeit und Sozialordnung, BT VII/4845, S. 9.

[90] Vgl. in Fn. 89 Bericht des Ausschusses, S. 9.

[91] Kölner Gutachten, S. 20; dieses sieht in der Institutionalisierung des Arbeitsdirektors ein verdecktes mitbestimmungsrechtliches Potential bzw. eine Einflußchance.

[92] Bundesminister *Arendt*, Ausschuß für Arbeit und Sozialordnung BT-Steno.-Prot. VII/16080 D, 16051 A; MdB *Sund*, Ausschuß für Arbeit und Sozialordnung BT-Steno,-Prot. VII/16000 B; sowie *Boldt*, MitbestimmungsergänzungsG, § 13, Rdn. 7.

Daß dem Arbeitsdirektor auch ohne gesetzliche Festlegung[93] bestimmte Aufgabengebiete zukommen, ergibt sich auch nach Auffassung des Bundesverfassungsgerichts[94] aus dem Begriff „Arbeitsdirektor" und der Entstehunsgeschichte[95] des § 33 MBG 1976. Beides vermittele hinreichend Aufschluß darüber, daß diesem Mitglied des Vertretungsorgans im Schwerpunkt zumindest auch Zuständigkeiten in Personal- und Sozialfragen übertragen sein müssen[96].

4. Mittelbare Mitbestimmung

Trotz der Tatsache, daß der Vorstand abgesehen vom Sonderfall des Arbeitsdirektors nicht unmittelbar mitbestimmt ist, bleibt zu prüfen, ob und inwieweit sich die Mitbestimmung im Aufsichtsrat auf den Vorstand niederschlägt.

Der Meinungsstand ist kontrovers. Während eine Auffassung ein Durchschlagen der Mitbestimmung im Kontrollorgan auf das Leitungsorgan annimmt, behauptet die Gegenmeinung, die Unabhängigkeit des Vorstandes sei auch in einem mitbestimmten Unternehmen gewahrt.

a) Das Durchschlagen der Mitbestimmung im Aufsichtsrat auf den Vorstand

Gemäß dem Aktiengesetz wird der Vorstand einer Aktiengesellschaft vom Aufsichtsrat durch Wahl bestellt. In der ursprünglich mitbestimmungsfreien Gesellschaft wählten die von den Anteilseignern in der Hauptversammlung bestimmten Aufsichtsräte den vom Kapitalinteresse geprägten Vorstand. Dieser konnte sich vorbehaltlos im Rahmen der allgemeinen Sozialpflichtigkeit mit den Anteilseignerinteressen identifizieren. Er vermochte Arbeitgeberpositionen hart und unangefochten gegenüber der Belegschaft der Unternehmung zu vertreten.

Unter der Geltung der Mitbestimmung im Aufsichtsrat treten nach einer Meinung[97] wesentliche Veränderungen ein.

---

[93] Vgl. anders noch § 30 des Regierungsentwurfs 1974.

[94] Vgl. Mitbestimmungsurteil v. 1. 2. 1979, EuGRZ, S. 129, 144; ähnlich Kölner Gutachten S. 18.

[95] Vgl. ausführlich zur Entstehungsgeschichte des § 33 MBG das Kölner Gutachten S. 15 ff.

[96] H. M., vgl. statt aller *Fitting / Wlotzke / Wißmann*, § 33, Rdn. 35 m. w. N., 36; Zur Praxis der Einführung von etwa 480 Arbeitsdirektoren im Juni 1978 nach dem MBG 1976, vgl. *Winter*, Süddeutsche Zeitung, S. 17, dort wird darauf verwiesen, daß vor 1978 in 75 % der jetzt unter das MBG 1976 fallenden Unternehmungen Personalfragen nicht im Vorstandpersonell vertreten wurden.

[97] *Buchner*, Paritätische Mitbestimmung: Der Weg zu einer neuen Unternehmens- und Arbeitsordnung, ZfA 1974, S. 147, 154; *ders.*, Die wirtschafts-

Durch die paritätische Besetzung des Aufsichtsrates sei ein entsprechender Einfluß der Arbeitnehmerseite auch auf das geschäftsführungs- und vertretungsberechtigte Organ, das seinerseits Arbeitgeberfunktion ausübe, sichergestellt. Die exakt paritätische Zusammensetzung des Wahlorgans habe nämlich zur Folge, daß das Paritätsverhältnis des Wahlorgans in dem zu besetzenden Organ wiederkehre[98]. Die unmittelbare Mitbestimmung im Aufsichtsrat schlage auf das Leitungsorgan durch. Der Vorstand sei bei paritätischer Mitbestimmung im Aufsichtsrat bereits kollegialer Repräsentant der kombinierten Eigner- und Arbeitnehmerinteressen; er sei je zur Hälfte interessenmäßig konstituiert[99]. Er verliere damit die notwendige Geschlossenheit[100].

Die im Wahlverfahren verankerte doppelte Abhängigkeit von den Vertretern der Anteilseigner sowie der Arbeitnehmer im Aufsichtsrat werde dazu führen, daß die Mitglieder des Vertretungsorgans der Belegschaft in Zukunft näher stehen werden als bisher in der mitbestimmungsfreien Gesellschaft. Sie würden eher geneigt sein, den Wünschen der Belegschaft Rechnung zu tragen und nachzugeben[101].

b) Die Unabhängigkeit des Vorstandes

Der These vom Durchschlagen der Mitbestimmung im Aufsichtsrat auf den Vorstand, welche zur Annahme eines mittelbar mitbestimmten Vorstandes führt, steht die Auffassung gegenüber, der Vorstand bliebe mitbestimmungsfrei[102].

---

verfassungsrechtliche Bedeutung der Diskussion um Unternehmensrecht und Mitbestimmung, DB 1975, S. 33, 35; *Ebert,* S. 51, 101; *Erdmann,* Die Bedeutung der Mitbestimmung des Betriebsrats für die unternehmerische Entscheidung: Der Weg zur Überparität, RdA 1976, S. 87, 90; *Hanau:* Was bedeutet paritätische Mitbestimmung für das kollektive Arbeitsrecht?, BB 1969, S. 760, 764; *ders.,* Lösungsmöglichkeiten mitbestimmungsbedingter Interessenkonflikte, RdA 1975, S. 23, 26; *Huber,* Grundgesetz und wirtschaftliche Mitbestimmung, S. 62 f.; *Kraft / Konzen,* Die Arbeiterselbstverwaltung, S. 71; *Löwisch,* Mitbestimmung und Arbeitsverhältnis; *Müller,* Gedanken zum Entwurf eines Mitbestimmungsgesetzes, DB 1975, S. 205; *v. Plessen,* S. 69; *Raiser,* Vorstand, Aufsichtsrat und Hauptversammlung im mitbestimmten Unternehmen, FS für Raiser, S. 355; *ders.,* Mitbestimmung im Betrieb und im Unternehmen, in FS für Duden, S. 423, 436; *Rasch,* Die „Parität" im Recht der Großunternehmen, BB 1974 S. 532, 534; *Säcker,* Meinungsstreit, DRdA 1973, S. 89, 92; *Scholz,* S. 17; *Voigt,* Die Mitbestimmung der Arbeitnehmer in den Unternehmungen, in: Voigt / Weddingen, Zur Theorie u. Praxis der Mitbestimmung, S. 87 ff.; *Westermann,* Unternehmensverfassung, S. 574; *Wlotzke,* AuR 1974, S. 233; Kölner Gutachten, S. 30, 33, 57, 61, 64, 150.

98 Statt aller Kölner Gutachten, S. 57.

99 *Rüthers,* Arbeitgeber u. Gewerkschaften — Gleichgewicht oder Dominanz, DB 1973, S. 1649 ff.

100 Bericht der Mitbestimmungskommission, S. 99, 105.

101 *Raiser,* Vorstand, in FS für Duden, S. 436.

102 Vgl. die Erwiderung der Bundesregierung vom 22. 3. 1978 gegen die Ver-

Der gegenteiligen Auffassung vom „Durchschlagen" liegt nach dieser Meinung die Annahme zugrunde, daß der Aufsichtsrat bei der Bestellung von Vorstandsmitgliedern nicht in erster Linie auf deren persönliche und fachliche Qualifikation, sondern auf ihre Zuordnung zu der einen oder anderen Gruppierung im Aufsichtsrat achten werde[103]. Es sei eine unzulässige Unterstellung, daß die Arbeitnehmerseite im Aufsichtsrat bei der Vorstandswahl ihre Verpflichtung, ein geeignetes Leitungsorgan zu wählen, verletzen würde. Dem stünden zum einen die Erfahrungen der Mitbestimmungskommission[104] entgegen. Zum anderen würde das von der Gegenseite angenommene Handeln einen Amtsmißbrauch mit den damit verbundenen Schadensersatzpflichten[105] darstellen.

Daher sei im Gegenteil von einer ordnungsgemäßen Amtsführung des Aufsichtsrates auszugehen. Diese gewährleiste die Wahl eines homogenen, von Gruppeneinflüssen unabhängigen, nur nach fachlichen Gesichtspunkten arbeitenden Vorstandes. Da dieser vor den gleichen unternehmerischen Entscheidungen wie jede andere Unternehmensleitung stünde, würden die Entscheidungen unter der Mitbestimmung im Aufsichtsrat nicht anders ausfallen als in einem nicht mitbestimmten Unternehmen. Ein inhaltliches Durchschlagen auf die Vorstandsebene sei nicht gegeben. Eine lautlose am Gesetz vorbei vollzogene parteiliche Besetzung der Vorstandssitze werde nicht erfolgen[106]. Die Unabhängigkeit des Vorstandes bleibe erhalten. Eine mittelbare Mitbestimmung finde nicht statt.

c) *Stellungnahme*

Angesichts der unterschiedlichen Auffassungen ist zu prüfen, ob der Vorstand eines unter die Mitbestimmungsregelungen fallenden Unternehmens mittelbar mitbestimmt ist, ob also die Mitbestimmung im Aufsichtsrat zumindest langfristig auf den Vorstand durchschlägt.

Nach dem Aktiengesetz wird das Leitungsorgan der Gesellschaft vom Aufsichtsrat gewählt.

Setzt sich dieser nach Einführung der Mitbestimmung aus zwei gegenläufigen Interessengruppen zusammen, so findet diese Pluralität

---

fassungsbeschwerde gegen das Mitbestimmungsgesetz von 1976, S. 27; und das Frankfurter Gutachten, S. 237 ff.

103 Erwiderung der Bundesregierung, S. 27 sowie das Frankfurter Gutachten S. 137, 188.

104 *Bieback / Reich*, Verfassungswidrige Umgestaltung des Unternehmensrechts durch Mitbestimmung?, AuR 1978, S. 161, S. 163, dort wird auf den Bericht der Mitbestimmungskommission, S. 49, verwiesen.

105 Vgl. §§ 84 Abs. 3, 93 Abs. 2 AktG.

106 Frankfurter Gutachten, S. 188.

Eingang in die Entscheidungen, also auch in die Vorstandsbestellung. Es widerspräche jeglicher Erfahrung, wenn gesetzlich eingeräumte Befugnisse von den Berechtigten nicht ihren Interessen gemäß ausgeübt würden[107]. Die Arbeitnehmervertreter in den mitbestimmten Aufsichtsräten werden bei der Auswahl der Vorstandsmitglieder darauf achten, daß sie möglichst arbeitnehmerfreundliche Persönlichkeiten finden, die sie bei der Vorstandswahl durchzusetzen versuchen. Der Zwang zur Einigung zwischen Anteilseignerseite und Arbeitnehmervertretern kann bewirken, daß jede Seite eine gleiche Zahl von Vorstandsmitgliedern ausschließlich ihres Vertrauens entsendet. Dann setzt sich die interessendualistische Besetzung des Aufsichtsrates im Vorstand fort. Jedoch ist auch denkbar, daß alle Vorstandsmitglieder vom Vertrauen beider Seiten getragen werden; dann sind die gegensätzlichen Interessen im Vorstand integriert[108].

Beide Varianten bewirken, daß im Vorstand Persönlichkeiten tätig werden, die nicht nur den Anteilseignerinteressen, sondern im Sinne der Idee der Mitbestimmung gleichermaßen den Arbeitnehmerinteressen verpflichtet sind.

Die Gewerkschaften haben denn auch stets deutlich zum Ausdruck gebracht, daß der Einfluß auf die Vorstandsbestellung für die Forderung nach paritätischer Mitbestimmung im Aufsichtsrat ein entscheidender Gesichtspunkt[109] sei.

Der Versuch der Arbeitnehmervertreter im Aufsichtsrat, Einfluß darauf zu nehmen, im Vorstand arbeitnehmerfreundliche Personen zu versammeln, führt auch nicht zwangsläufig dazu, daß die Vorstandsmitglieder nicht mehr die nötig persönliche und fachliche Qualifikation aufweisen. Gerade die Arbeitnehmerseite wird darauf achten, hochqualifizierte und erfahrene Vorstandsmitglieder zu bestellen. Nicht die Ausbildung, Eignung und Persönlichkeit wird jene Vorstände von den der Kapitalseite zuzurechnenden Mitgliedern unterscheiden, sondern die stärker auf die Belange der Belegschaft ausgerichteten Interessen.

Dieses Handeln stellt keinen Amtsmißbrauch dar. Da es trotz zunehmender betriebswirtschaftlicher Erkenntnisse kein objektives Richtig oder Falsch bezüglich des Wirtschaftens von Unternehmungen gibt, kann nicht davon ausgegangen werden, daß ein Vorstandsmitglied,

---

[107] Vgl. Kölner Gutachten, S. 150; a. A. *Raiser*, Vorstand, in FS für Duden, S. 423, 436, der zwar ein Durchschlagen bejaht, aber das Unternehmensinteresse als Schranke sieht. Zum wenig aussagekräftigen Unternehmensinteresse vgl. Zweites Kapitel B II 2 b.

[108] *Schwerdtfeger*, Verfassungsmäßigkeit, S. 18; ausführlich bei *Biedenkopf*, Auswirkungen der Unternehmensverfassung, in FS für Kronstein, S. 84 f.

[109] *Schwegler*, BLStSozArbR 1976, S. 168.

welches die soziale Rentabilität eines Unternehmens stärker im Auge hat, seine Unfähigkeit zur ordnungsgemäßen Geschäftsführung beweist, bzw. sich einer groben Pflichtverletzung schuldig macht. Dies jedoch fordert § 84 Abs. 3 AktG.

Ebenso ist ein Verstoß gegen die Pflichten aus § 93 Abs. 1 AktG zu verneinen. Danach hat ein Vorstandsmitglied seine Verpflichtungen mit der Sorgfalt eines ordentlichen und gewissenhaften Geschäftsleiters zu erfüllen. Die im Einzelfall stärkere Beachtung von Interessen der Belegschaft liegt im Rahmen der gewissenhaften Geschäftsführung, solange sie nicht dazu führt, die Existenz der Unternehmung zu gefährden.

Selbst das Bundesverfassungsgericht[110] stimmt der These vom Durchschlagen letztendlich zu. Es führt zwar aus, daß bezüglich des MBG 1976 angesichts des leichten Übergewichts der Anteilseignerseite es an hinreichenden Gründen fehle, die die These eines „Durchschlagens" der Parität im Aufsichtsrat auf das Vertretungsorgan tragen. Unter der Voraussetzung der Parität jedoch sei sie sehr wohl vertretbar.

Im Ergebnis ist daher davon auszugehen, daß die Arbeitnehmerseite das bereitgestellte Mitbestimmungspotential nutzen wird, um ihre Interessen bei der Vorstandsbestellung und in der Vorstandsarbeit stärker durchzusetzen. Dieser Vorgang muß sich nicht mit einem Schlag — deshalb ist der Ausdruck „Durchschlagen" ungenau —, sondern allmählich vollziehen. Die Arbeitnehmer werden von Vorstandswahl zu Vorstandswahl versuchen, ihren Einfluß bis zur Parität auszubauen. Aufgrund dieses „Durchsickerns" mangelt es dem Vorstand an Homogenität. Langfristig ist der Vorstand mittelbar mitbestimmt.

C. Die Auswirkungen der unternehmensbezogenen Mitbestimmung auf die Führungsschicht in Unternehmen und Betrieb

Bei der Frage nach dem „Durchschlagen" der paritätischen Mitbestimmung auf das Führungspersonal in den Unternehmen und Betrieben unterhalb der Vorstandsebene handelt es sich ähnlich wie beim Problemkreis des mittelbar mitbestimmten Vorstandes im Kern darum, ob die paritätische Mitbestimmung im Aufsichtsrat auf informelle, mittelbare Weise auf die Ebene unmittelbarer betrieblicher Mitbestimmung hinabreicht. Dies ist von besonderer Bedeutung, da sich das Führungspersonal unterhalb der Vertretungsorgane, die Direktoren und Prokuristen als Betriebsleiter, tagtäglich der betriebsrätlichen Mitbestimmung gegenübergestellt sieht.

---

110 BVerfG, EuGRZ 1979, S. 121, 131.

I. Im Fortgang der Frage, ob der Vorstand mittelbar mitbestimmt ist, wird die Auffassung vertreten, daß es keinerlei Berührungspunkte der beiden Mitbestimmungsarten bezüglich der oberen Führungsschicht bzw. dem Führungsnachwuchs geben könne, da es in der Kette Aufsichtsrat — Vorstand — oberer Führungskreis schon an einem mittelbar mitbestimmten Vorstand mangele[1]. Der mitbestimmte Aufsichtsrat sei jedoch mit der Personalpolitik nicht befaßt.

II. Demgegenüber hat die Mitbestimmungskommission festgestellt, daß Führungskräfte sehr wohl von einer der beiden Parteien im Vorstand präsentiert würden. Da die Auswahl notwendigerweise auch von der Gegenseite aufgrund des Stimmengleichgewichts mitgetragen werden müsse, ergäben sich insgesamt enge Kontakte zu den Mitbestimmungsträgern. Die Betriebsleiter und die anderen Angehörigen des mittleren Management seien jedoch von ihrem Rollenverständnis geprägt. Im Vordergrund stünde für sie die wirtschaftliche Rentabilität. Verständnis für soziale Belange sei vorauszusetzen.

Insoweit seien zwar durch die Mitbestimmung neue Aufstiegschancen eröffnet, eine inhaltliche Änderung der Politik der Führungskräfte dagegen nicht gegeben. Entscheidend sei, daß dieser neue Weg zu Führungspositionen nicht systematisch mit den wirtschaftlichen Unternehmenszielen in Konflikt gerate[2].

III. Kann diesen Meinungen gefolgt werden? Ist letztlich von einem Durchschlagen der paritätischen Mitbestimmung auf das Führungspersonal auszugehen[3]?

1. Bei allen Gesellschaftsformen, bei denen führende Angestellte nicht, wie etwa bei der GmbH, von der Anteilseignerversammlung bestellt werden können[4], ist der mittelbar mitbestimmte Vorstand verantwortlich für die Auswahl des oberen Führungskreises eines Unternehmens. Die heterogene Struktur des auswählenden Gremiums wird sich bei dem auszuwählenden Führungspersonal widerspiegeln. Auch bei Bestellung dieses Personenkreises wird es entsprechend dem Proporz ein Aushandeln bezüglich jeder Position geben.

---

[1] *Bieback*, Verfassungswidrige Umgestaltung des Unternehmensrechts durch Mitbestimmung?, S. 165; Erwiderung der Bundesregierung zur Verfassungsbeschwerde gegen das MBG 1976, S. 27; Frankfurter Gutachten, S. 157, 164.

[2] Bericht der Mitbestimmungskommission, S. 50, 85; sowie Zweites Kapitel B II 2 b.

[3] Vgl. *Grasmann*, Die paritätische Mitbestimmung, DB 1975, Beilage Nr. 21, S. 4, Fn. 12 u. S. 10; *Hanau*, Was bedeutet paritätische Mitbestimmung für das kollektive Arbeitsrecht?, BB 1969, S. 760, 764; *Zöllner / Seiter*, Paritätische Mitbestimmung und Art. 9 Abs. 3 GG, ZfA 1970, S. 97, 102; Kölner Gutachten, S. 40, 63.

[4] Vgl. § 46 Nr. 7 GmbHG.

Im Alltag wird demzufolge der mittelbar mitbestimmte Vorstand bei der Bestellung einer Betriebsleitung eine mittelbar paritätisch mitbestimmte Leitung einsetzen. Diese stellt somit nicht mehr die kapitalistische Betriebsleitung alten Stils dar, da es unter dem Vorstand keine Instanz mit eigener Verantwortung und Zuständigkeit gibt[5]. Das Kräfteverhältnis im mittelbar mitbestimmten Vorstand findet in den jeweiligen untergeordneten Betriebsleitungen einen entsprechenden Niederschlag.

2. Zu beachten ist in diesem Zusammenhang, daß die Personal-Politik eines Unternehmens bezüglich der oberen Führungsschicht entscheidende Auswirkungen auf den Führungsnachwuchs hat.

Die jungen Nachwuchsführungskräfte werden sich den mitbestimmungsbedingten Gegebenheiten anpassen. Je nachdem, ob ein Vorstand das Führungspersonal hälftig unter profilierten Vertretern der dem Arbeitgeber bzw. den Arbeitnehmern nahestehenden Kandidaten verteilt, oder ob er sich für beiderseitig genehme Kompromißkandidaten entscheidet, wird der Nachwuchs taktieren. Teils werden die für Führungsaufgaben in Aussicht genommenen Personen ihre Karriere planmäßig so aufbauen, daß sie sich die besonderen Sympathien einer Aufsichtsratsbank erwerben, so daß sie als deren Kandidat laufen. Teils werden sie sich damit begnügen, bei keiner Bank Anstoß zu erregen, also den meisten heiklen Fragen ausweichen. Die Parität in Aufsichtsrat und Vorstand führt somit dazu, daß sich der Nachwuchs mehr oder minder gezwungen sieht, zwischen beiden Karriereleitern zu wählen[6], oder sich als Kandidat des Ausgleichs auszuweisen.

3. Im Einzelfall kann dies dazu führen, daß sich die Vorstände jeweils ihnen genehme Abteilungen aufbauen, so daß im Unternehmen zwei Arten von Abteilungen entstehen[7].

Wenn nun in einem der Arbeitnehmerseite nahestehenden Unternehmensbereich, welcher von einem der Arbeitnehmerseite zuzurechnenden Vorstand geleitet wird, eine Betriebsleitung mit dem Betriebsrat in Verhandlungen tritt, kommt es aufgrund der Mitbestimmung „von oben“ und „von unten“ zu dem bemerkenswerten Ergebnis, daß sich im Betrieb zwei Arbeitnehmerinteressen verpflichtete Parteien gegenübertreten.

---

5 *Hanau,* Kollektives Arbeitsrecht, S. 764.

6 Kölner Gutachten, S. 63, 64.

7 Das Kölner Gutachten, S. 64, spricht davon, daß sich „rote“ und „schwarze“ Abteilungen gegenüberstehen; vgl. den Montanbericht: dort gelten die vom Arbeitsdirektor geleiteten Unternehmensbereiche des Personalwesens als sog. „rote“ Abteilungen.

D. Veränderungen im Entscheidungsprozeß der Unternehmen sowie ihre Auswirkungen auf Rentabilität und Rendite

I. Nach Auffassung des Kölner Gutachtens[1] zeitigen die Einführung der paritätischen Mitbestimmung im Aufsichtsrat und die sich daraus ergebenden Folgen im Vorstand und oberen Führungskreis Funktionserschwerungen und Reibungsverluste im Unternehmen.

Zum einen träten auf Grund des Zwanges, widerstreitende Interessen gleichberechtigt zum Ausgleich bringen zu müssen, zeitliche Verzögerungen auf, die dem Unternehmen auf dem freien Markt die notwendige Fähigkeit, schnell und flexibel zu reagieren nähmen. Zum anderen käme es zu Reibungsverlusten. Das Unternehmen habe sich nicht mehr nur um die wirtschaftliche, sondern auch um die soziale Rentabilität zu kümmern[2].

Beide Tatbestände führten dazu, daß die Rentabilität des Unternehmens sinke. Tendenziell vermindere sich die Rendite des Aktieneigentums, da Ziel des mitbestimmten Unternehmens nicht mehr ungeteilt das Betreiben des Unternehmens zum Zweck einer möglichst hohen Rendite des Aktienkapitals sei[3].

II. Auch die Vertreter der Gegenmeinung[4] erkennen, daß die gleichberechtigte Beteiligung der Arbeitnehmer im Unternehmen zu zeitlichen Verzögerungen und einer stärkeren Ausrichtung auf die soziale Rentabilität der Unternehmen führt.

Letzteres stelle jedoch kein Problem dar. Bezüglich des Verhältnisses von wirtschaftlicher und sozialer Rentabilität käme die Übernahme sozialer Kosten lediglich im Rahmen einer gewissen Bandbreite in Betracht. Innerhalb dieser sei die wirtschaftliche Rentabilität der Unternehmen nicht gefährdet. Auch die paritätisch mitbestimmten Unternehmen könnten nur bestehen und Sozialleistungen für ihre Belegschaft erbringen, wenn in der Unternehmenspolitik der Markterfolg im Vordergrund stehe[5].

---

1 Kölner Gutachten, S. 73.

2 Vgl. den Ausdruck *Tegtmeiers,* Wirkungen der Mitbestimmung der Arbeitnehmer als Instrument gesamtwirtschaftlicher Einkommenspolitik, S. 197, der vom Abgehen von der Rentabilitätsmaxime auf eine „sozialerwerbswirtschaftliche" Maxime spricht.

3 Kölner Gutachten, S. 73.

4 *Bieback,* Verfassungswidrige Umgestaltung des Unternehmensrechts durch Mitbestimmung?, S. 161, 164; *Schwerdtfeger,* Zur Verfassungsmäßigkeit der paritätischen Mitbestimmung, S. 28 ff.; *ders.,* Unternehmerische Mitbestimmung, S. 118 f., m. w. N.; Bericht der Mitbestimmungskommission, S. 41, 42, 47, 55; Frankfurter Gutachten, S. 150 ff.

5 *Schwerdtfeger,* Verfassungsmäßigkeit, S. 30.

Im übrigen seien Reibungsverluste und Verzögerungen der Preis für das instrumentale Ziel der Mitbestimmung sicherzustellen, daß auch die sozialen Daten, d. h. die sozialen Auswirkungen unternehmerischer Initiative in den Entscheidungsgang einfließen.

Die zeitlichen Verzögerungen rührten darüber hinaus nicht nur aus der Diskussion sozialer Fragen her, sondern auch und vor allem aus der Auseinandersetzung mit unternehmerischen Belangen.

Die Erörterung wirtschaftlicher und sozialer Angelegenheiten führe häufig nach langwierigen Verhandlungen zu Koppelungsgeschäften. Die Zustimmung zu unternehmerischen Entscheidungen werde vielfach durch soziale Zugeständnisse erkauft. Dieses Verfahren sei notgedrungen zeitaufwendig[6].

Jedoch werden nach dieser Meinung die geschilderten Nachteile durch die Verbesserung des Arbeitsklimas, der Informationsabläufe, der daraus folgenden höheren Arbeitsproduktivität und das Zurückgehen der Streiktage ausgeglichen[7]. Die wirksame Einbeziehung der Arbeitnehmer in das Verfahren unternehmerischer Entscheidungen und Verantwortung eigne sich grundsätzlich sogar dazu, die Leistungsfähigkeit des Unternehmens zu steigern[8]. Die Mitbestimmungskommission[9] glaubt feststellen zu können, daß vor allem die Notwendigkeit eingehender Begründung wichtiger Entscheidungen in vielen Fällen zu einer inhaltlichen Verbesserung der Entscheidungen beitragen könne.

Somit ergäben sich keine Auswirkungen der paritätischen Mitbestimmung auf das Rentabilitätsprinzip und die Dividendenpolitik der Unternehmen. Die Rendite der Aktien, die die Verkehrsfähigkeit derselben und letztlich den Unternehmensbestand beinhaltet, bliebe erhalten. Die Kapitallenkungsfunktion der Aktie werde nicht beeinträchtigt.

III. Der Vergleich der Anschauungen verdeutlicht, daß es bei Einführung der paritätischen Mitbestimmung im Aufsichtsrat zu Veränderungen der Entscheidungsprozesse in den Unternehmen kommt. Verzögerungen und Erschwerungen treten auf, da die Entscheidungsfindung schwieriger wird, und neue soziale Gesichtspunkte zu berücksichtigen sind.

Betriebswirtschaftlich bringt die Veränderung des Entscheidungsprozesses, von Ausnahmefällen abgesehen, keine inhaltliche Verbesserung. Daß aufgrund des Prinzips des Einigungszwanges länger um eine Ent-

---

[6] Bericht der Mitbestimmungskommission, S. 41.

[7] *Kunze*, Mitbestimmung in der Wirtschaft und Eigentumsordnung, RdA 1972, S. 256, 260; *Schwerdtfeger*, Verfassungsmäßigkeit, S. 34; Bericht der Mitbestimmungskommission, S. 41; Frankfurter Gutachten, S. 150.

[8] Frankfurter Gutachten, S. 150 m. w. N.

[9] Bericht der Mitbestimmungskommission, S. 41, 49.

scheidung gerungen werden muß, steigert nicht notwendig deren Qualität. Im Gegenteil: langsame, aufgrund vieler Kompromisse zustandegekommene Entscheidungen sind meist schlechte Entscheidungen. Gerade in einer Volkswirtschaft, in der die Unternehmen dem internationalen Wettbewerb ausgesetzt sind, und die wie die deutsche vom Export abhängig ist, muß die rasche Entscheidungsfähigkeit der Unternehmensleitungen als Voraussetzung für den Fortbestand und die Weiterentwicklung der Unternehmen angesehen werden[10].

Schon im Montanbereich hat es sich gezeigt, daß wirtschaftliche Entscheidungen oftmals nur möglich waren, wenn sog. „Pakete" geschnürt wurden, d. h. den Arbeitnehmervertretern wurde die Zustimmung zu einer unternehmerisch notwendigen Entscheidung in langwierigen Verhandlungen abgerungen, indem gleichzeitig soziale Zugeständnisse gemacht wurden[11].

Folge dieser Art von Entscheidungsfindung ist eine Rentabilitätseinbuße. Diese bedeutet freilich nicht Verzicht auf jede Rentabilität, wie es das Frankfurter Gutachten darzustellen versucht[12]. Vielmehr geht es darum, eine geringere wirtschaftliche Rentabilität zugunsten verstärkter Sozialleistungen bzw. der Erhaltung unrentabler Arbeitsplätze aus sozialen Gründen[13] in Kauf zu nehmen. Die soziale Rentabilität spielt in einem mitbestimmten Unternehmen eine entscheidende Rolle.

Gewiß sind die Arbeitnehmervertreter zwar im Hinblick auf den Kapitalmarkt grundsätzlich ebenfalls an der Ausschüttung einer Dividende und damit an der Rendite für die Aktionäre interessiert. Doch ist ihr Hauptaugenmerk insoweit darauf gerichtet, die Gewinne des Unternehmens zur Selbstfinanzierung zu verwenden, statt sie an die Aktionäre auszuschütten.

Der Bericht der Mitbestimmungskommission, der keine Auswirkungen der Montanmitbestimmung auf das Rentabilitätsprinzip, die Divi-

---

[10] *Grasmann*, Die paritätische Mitbestimmung, DB 1975, Beilage Nr. 21, S. 9.

[11] s. zu den Kompensationsgeschäften Zweites Kapitel D III.

[12] Frankfurter Gutachten, S. 150 ff.

[13] Vgl. den Fall des VW-Konzerns im Jahre 1976: die Unternehmensleitung beabsichtigte die Produktion teilweise ins Ausland (USA) zu verlegen, da dies von der Kostenlage her geboten war. In Deutschland hergestellte Fahrzeuge waren für den US-Markt zu teuer geworden. Nur in USA gebaute PKW waren noch gewinnbringend zu verkaufen. Die Entscheidung für ein Werk in Übersee war eine Rentabilitätsentscheidung. Das Interesse eines Großteils der Belegschaft, deren Arbeitsplätze gefährdet waren, stand einem solchen Beschluß entgegen. Unterstützt von den „politischen" Anteilseignern Bundesrepublik Deutschland und Land Niedersachsen, welche aus politischen Gründen die Arbeitnehmerposition einnahmen, verhinderten die Arbeitnehmervertreter den Aufbau des US-Werkes im betriebswirtschaftlich sinnvollen Zeitpunkt.

dendenpolitik der Unternehmen sowie den Kapitalmarkt festgestellt haben will, ist nicht repräsentativ.

Zum einen ist die besondere Entstehung der Montanindustrie und die besondere Struktur im Montanbereich zu beachten. Dort arbeiten Unternehmen mit vielfach geringen bzw. negativen Erträgen, die sich auf einem vom Staat gesondert geförderten Wirtschaftssektor bewegen[14]. Zum anderen nutzen die Arbeitnehmervertreter trotz mehr als 25jähriger Erprobung ihre Möglichkeiten, gerade in wirtschaftlichen Bereichen tätig zu werden, bisher nur gering. Sie beschränkten sich — dies hat die Mitbestimmungskommission an anderer Stelle bezeichnenderweise herausgearbeitet[15] — vielfach noch auf den Sozialschutz, so daß insofern die Montanindustrie bezüglich Rentabilität und Rendite nicht repräsentativ ist[16].

Beide Faktoren, Verlangsamung der Entscheidungsfindung sowie die Ausrichtung der unternehmerischen Entscheidung auf die soziale *und* wirtschaftliche Rentabilität, beruhen nicht etwa auf der mangelnden fachlichen Qualifikation der Arbeitnehmervertreter[17], sondern allein auf deren Interessenausrichtung[18].

Es stellt sich jedoch die Frage, ob diese Verschlechterung gegen die Verbesserung des Arbeitsklimas und die erhöhte Produktivität aufgerechnet werden kann.

Diese vielfach vertretene These von der Aufrechenbarkeit[19] unterstellt, daß die Mitbestimmung im Aufsichtsrat das Arbeitsklima im einzelnen Betrieb grundsätzlich verbessere. Dies führe wiederum zu einer erhöhten Produktivität. Kann dem in dieser Unbedingtheit zugestimmt werden? Zum einen hängt das Arbeitsklima im einzelnen

---

14 Vgl. bezüglich der Kohle: der Bergbau ist seit Jahrzehnten straff kartelliert, die Bildung der Einheitsgesellschaft Ruhrkohle AG ist unter maßgeblicher subventionierender Beteiligung des Staates zustandegekommen; vgl. bezüglich Stahl: EG-Festpreise etc.

15 Bericht der Mitbestimmungskommission, S. 49.

16 Vgl. *Vetter*, Mitbestimmungsgesetz ohne Illusionen voll ausschöpfen, in: Die Quelle 1976, 147 ff., dort wird ein Umdenken der Gewerkschaften erkennbar; diese wollen insgesamt stärker Personalpolitik im Unternehmen betreiben; ebenso Handelsblatt, Notiz vom 16. 4. 1980, Seite 3, welche von einem Vortrag des Vorsitzenden der Arbeitsgemeinschaft des Gesamtbetriebsrats der Ruhrkohle AG, Kurt Obijou, berichtet. Obijou bestätigt, daß die Betriebsräte bisher überwiegend ihre Aufgabe darin gesehen hätten, für eine soziale Sicherung der Belegschaftsmitglieder zu sorgen. Erst in neuer Zeit beginne sich das Interesse neuen Problemen zuzuwenden, z. B. Fragen der Technik oder betrieblichen Organisation.

17 So aber: *Grasmann*, S. 9; *Janberg*, Die Auswirkungen der paritätischen Mitbestimmung in den Unternehmensorganen auf die Eigentumsrechte der Anteilseigner, die Leistungsfähigkeit der Unternehmensführung und die gesellschaftliche Ordnung, DB 1968, S. 1433, 1436.

18 Vgl. Zweites Kapitel B III 4 c.

19 Vgl. Zweites Kapitel D I - III.

Betrieb stärker von arbeitsplatznäheren Faktoren (Art und Ausstattung des Arbeitsplatzes, Kollegen, Sozialleistungen, Meistern, Betriebsrat, Betriebsleitung) als von der aufsichtsrätlichen Mitbestimmung ab.

Zum anderen lassen sich diese eher arbeitsatmosphärischen Veränderungen nicht den in Zahlen ausdrückbaren Kosten für verstärkte Sozialleistungen gegenüberstellen. Ferner ist zu bedenken, daß das System der aufsichtsrätlichen Mitbestimmung ein System der institutionalisierten Konfrontation ist, welche nicht notwendig zu einer Verbesserung des Arbeitsklimas führen muß[20]. Daher ist die These von der Aufrechenbarkeit der kurzfristigen Verschlechterung des wirtschaftlichen Ergebnisses gegen die Verbesserung des Arbeitsklimas abzulehnen[21].

E. Die unternehmensbezogene Mitbestimmung des Betriebsrats

Die Arbeitnehmermitbestimmung vollzieht sich idealtypisch betrachtet — wie dargestellt[1] — getrennt auf zwei Ebenen.

Die wirtschaftliche Mitbestimmung im Unternehmen, wahrgenommen durch die Arbeitnehmervertreter im Aufsichtsrat, zielt auf eine Umverteilung der Planungs- und Leitungskompetenz über das Unternehmen ab[2]. Sie räumt den Arbeitnehmervertretern wesentliche Entscheidungsbefugnisse bezüglich des Wirtschaftens des Unternehmens ein. Sie gewährt dem einzelnen Arbeitnehmer keinen Sozialschutz.

Die soziale Mitbestimmung, ausgeübt durch die Betriebsräte, dient hingegen dem sozialen Schutz des einzelnen Arbeitnehmers, indem sie das Direktionsrecht des Arbeitgebers einschränkt und kontrolliert.

Diese Trennung[3] der beiden Mitbestimmungsarten ist vom Denkansatz her folgerichtig, da Mitbestimmungs- und Mitwirkungsrechte dort anzusiedeln sind, wo die für die entsprechenden Angelegenheiten erheblichen Entscheidungen fallen[4].

---

20 *Grasmann*, S. 10, befürchtet sogar eine Verschlechterung des Betriebsklimas.

21 *Erdmann*, Der Mythos von der Mitbestimmung, in „der Arbeitgeber" 1966, S. 381 ff.; *Grasmann*, S. 10; *Raiser*, Grundgesetz und paritätische Mitbestimmung, S. 34.

1 s. ausführlich im Zweiten Kapitel.

2 *Huber*, Grundgesetz und wirtschaftliche Mitbestimmung, S. 42.

3 Zur grundsätzlichen Unterscheidung der „sozialen" von der „wirtschaftlichen" Mitbestimmung vgl. *Huber*, Grundgesetz, S. 35 ff.

4 *Ballerstedt*, GmbH-Reform, Mitbestimmung, Unternehmensrecht, ZHR 135, S. 479, 490 f.; *Biedenkopf*, Mitbestimmung-Beiträge zur ordnungspolitischen Diskussion, S. 134; Bericht der Mitbestimmungskommission, S. 99.

Diese Abgrenzung ist jedoch nicht mehr rein durchgehalten. Mochte das BetrVG 1952 noch im wesentlichen Ausdruck des sozialen Schutzgedankens gewesen sein, so stehen entgegen der ursprünglichen Gesetzgebungsabsicht beim BetrVG 1972 eine Anzahl von Teilhaberechten in einem unmittelbaren unternehmerischen Zusammenhang. Die Betriebsverfassung räumt dem Betriebsrat in Teilbereichen paritätische unternehmerische Mitbestimmungsrechte ein. Diese sollen nunmehr im einzelnen dargestellt und nachgewiesen werden.

I. Der begrenzte Erkenntniswert der Dreiteilung der betrieblichen Mitbestimmung

Die unternehmensbezogene Mitbestimmung des Betriebsrates ist im BetrVG 1972 keineswegs nur im Vierten Teil, Sechster Abschnitt (§§ 106 ff., 111 ff.), der unter der Überschrift „wirtschaftliche Angelegenheiten" gefaßt wurde, enthalten. Bei der Ordnung der mitbestimmungspflichtigen Angelegenheiten ist dem Gesetzgeber mehr oder minder bewußt eine Falschetikettierung unterlaufen. Denn die Gliederung der Beteiligungsrechte in soziale, personelle und wirtschaftliche Angelegenheiten[5] hat nur einen sehr geringen Erkenntniswert, um die Bedeutung der betriebsverfassungsrechtlichen Mitbestimmungsordnung innerhalb einer Unternehmensorganisation zu charakterisieren[6]. Das BetrVG 1972 räumt dem Betriebsrat in Teilbereichen der sozialen und personellen Angelegenheiten Mitbestimmungsbefugnisse ein, deren Inhalte materiell-wirtschaftlicher Art sind.

Der Betriebsrat nimmt gleichgewichtig Einfluß auf die wirtschaftlichen unternehmerischen Entscheidungen. Ohne einer eingehenden Darstellung und Prüfung dieser Angelegenheiten vorweggreifen zu wollen, sei als Beleg für die untaugliche Gesetzesgliederung genannt, daß bei den in § 87 BetrVG 1972 bezeichneten „sozialen" Angelegenheiten u. a. die Festsetzung von leistungsbezogenen Entgelten einschließlich der Geldfaktoren aufgeführt ist[7]. Hierbei handelt es sich aber eindeutig um eine materiell-wirtschaftliche Frage, die im Rahmen unter-

---

[5] Vgl. zur Einführung in die jeweils herkömmlich verwandten Begriffe: *Dietz / Richardi*, Vorbem. § 87, Anm. 1, 2, 4; Vorbem. § 92, Anm. 1 - 5; Vorbem. § 106, Anm. 1.

[6] *Richardi*, Mitbestimmungsgedanke, DAdG Bd. 13, S. 19, 46; *Rüthers*, Rechtsprobleme des Zeitlohns an taktgebundenen Produktionsanlagen, ZfA 1973, S. 399, 416; *ders.*, Ordnungsproblem, Die AG 1979, S. 29, 34; *Zöllner*, Arbeitsrecht, S. 332; Frankfurter Gutachten, S. 171; Kölner Gutachten, S. 116; vgl. ähnliche Argumentation vor allem auch im Hinblick auf kleinere und mittlere Unternehmen bei *Biedenkopf*, Anmerkungen zum neuen BetrVG, in FS für Kaufmann, S. 91, 102.

[7] Vgl. § 87 Abs. 1 Nr. 11 BetrVG.

nehmerischer Planung bezüglich der Personalplanung von Belang ist, nicht jedoch lediglich um ein Problem des Sozialschutzes.

Bei der Erörterung der Frage, ob die neben der aufsichtsrätlichen Mitbestimmung ausgeübte betriebliche Mitbestimmung im Unternehmen im Einzelfall ein Übergewicht der Arbeitnehmerseite entstehen läßt, soll daher unabhängig von der irreführenden Bezeichnung und Systematik des BetrVG 1972 auf alle die Mitbestimmungsrechte eingegangen werden, die unternehmensbezogene Gegenstände betreffen.

II. Unternehmensbezogene Mitbestimmungsrechte des Betriebsrats

1. Mitbestimmung in Angelegenheiten der vorübergehenden Veränderung der betriebsüblichen Arbeitszeit

Nach § 87 Abs. 1 Nr. 3 BetrVG hat der Betriebsrat mitzubestimmen, wenn die betriebsübliche Dauer der Arbeitszeit vorübergehend verlängert oder verkürzt werden soll[8].

Da die Einführung von Überstunden, Kurzarbeit und Feierschichten auf den kurz- und mittelfristigen Absatzerwartungen des Unternehmens gründet, welche außerhalb des jeweiligen Betriebes liegen, reicht § 87 Abs. 1 Nr. 3 BetrVG in den Bereich des Unternehmens hinein. Die Dauer der Arbeitszeit bestimmt als ein entscheidender Faktor die Produktivität. Im Hinblick auf ihre Auswirkungen wirtschaftlicher Art ist sie eine materielle Arbeitsbedingung[9]. Die Vorschrift regelt unternehmerisch-wirtschaftliche Angelegenheiten. Durch sie verliert der Arbeitgeber seine frühere Alleinentscheidungsbefugnis. Er hat vielmehr aufgrund der betriebsrätlichen Mitbestimmung eine Einigung mit dem Betriebsrat anzustreben. Für den Fall der Nichteinigung entscheidet die paritätisch besetzte Einigungsstelle[10].

Dieses Mitbestimmungsrecht beteiligt den Betriebsrat gleichberechtigt an Entscheidungen, welche die Erweiterung und Rationalisierung, letztendlich also den Bestand des Unternehmens betreffen können[11].

---

8 Ausführlich zu § 87 Abs. 1 Nr. 3 BetrVG: *Farthmann*, Die Mitbestimmung des Betriebsrats bei der Regelung der Arbeitszeit, RdA 1974, S. 65 ff.

9 *Dietz / Richardi*, § 87 Rdn. 174; *Martens*, Das Verhältnis des Mitbestimmungsgesetzes zum kollektiven Arbeitsrecht, ZGR 1977, S. 422, 427; a. A. *Erdmann / Jürging / Kammann*, § 87, Anm. 7 ff., 47, 48, die ein Mitbestimmungsrecht bei der Frage, ob und in welchem Umfang Kurzarbeit eingeführt werden soll, ablehnen und sogar für verfassungswidrig halten. Gegen diese Mindermeinung wendet sich überzeugend die h. M., vgl. *Blomeyer*, Die Entwicklung des arbeitsrechtlichen Schrifttums im Jahre 1974, ZfA 1975, S. 243, 293.

10 § 76 BetrVG.

11 Kölner Gutachten, S. 117.

Ein Beispiel mag dies verdeutlichen: Ein aufsichtsrätlich mitbestimmter Automobilkonzern sieht sich in einer Rezession größeren Ausmaßes gezwungen, Massenentlassungen vorzunehmen. Ein Viertel der Belegschaft wird unter Protest der Arbeitnehmerschaft, der Gewerkschaften und der Öffentlichkeit entlassen. Einige Betriebe werden geschlossen. Bei den Sanierungsmaßnahmen verständigen sich der mitbestimmte Aufsichtsrat und Vorstand darauf, es nicht wieder dazu kommen zu lassen, daß einem starken Aufblähen des Personalbestandes in der Phase des Aufschwunges Massenentlassungen in der nächsten Rezession folgen müßten. Konsolidierung der bestehenden Betriebe sowie des Personals wird angestrebt.

Im Zuge der Erholung der Konjunktur erreichen die Werke des Automobilunternehmens eine Auslastung ihrer Kapazitäten zu 100 Prozent. Auf dem Höhepunkt des Aufschwungs kann die kurzfristig stark gestiegene Nachfrage aufgrund der vollständigen Auslastung nicht mehr befriedigt werden. Dem Unternehmen drohen im Wettbewerb Einbußen seines Marktanteils.

In dieser Situation stehen ihm drei Wege offen.

Einmal kann das Unternehmen auf die zusätzlichen Aufträge verzichten. Es riskiert damit Wettbewerbsnachteile, die sich langfristig auf den Bestand des Unternehmens und der Arbeitsplätze auswirken.

Zum zweiten kann es versuchen, den erhöhten Produktionsanfall durch neuerlichen Ausbau der Kapazitäten und Neueinstellungen zu bewältigen. Diese Lösung erhält dem Unternehmen Marktmacht. Sie beinhaltet jedoch zugleich das Risiko, bei Rückgang der Nachfrage erneut Arbeitskräfte freistellen und Kapazitäten abbauen zu müssen.

In dieser Situation bietet sich Aufsichtsrat und Vorstand[12] als unternehmenspolitisch sinnvoller Ausweg eine dritte Lösung an: Überstunden und Sonderschichten der vorhandenen Belegschaft.

Die Verlängerung der betrieblichen Arbeitszeit bedarf jedoch gemäß § 87 Abs. 1 Nr. 3 BetrVG der Zustimmung des Betriebsrates. Dieser trifft mit seiner Ablehnung oder Zustimmung eine unternehmerische, nicht etwa nur eine sozialschützende Entscheidung, da die Bewilligung oder Verweigerung von Mehrarbeit unmittelbar materielle Folgen für das Unternehmen zeitigt.

---

[12] Entgegen der Auffassung des Frankfurter Gutachtens, S. 183, Fn. 184, ist in der Regel bei bedeutenden Maßnahmen der Kurzarbeit bzw. Sonderschichten nicht nur der mittelbar mitbestimmte Vorstand, sondern auch der paritätisch besetzte Aufsichtsrat mit der Entscheidung befaßt (vgl. die aufsichtsrätlichen Auseinandersetzungen in der Automobil- und Stahlindustrie in den Jahren 1973/1974).

Bezüglich der vorübergehenden Veränderung der betriebsüblichen Arbeitszeit verwirklicht das Mitbestimmungsrecht des Betriebsrates nach § 87 Abs. 1 Nr. 3 also die volle Parität der Arbeitnehmer in diesem unternehmerisch-wirtschaftlichen Bereich[13].

2. Mitbestimmung in Angelegenheiten der technischen Einrichtungen

Der Betriebsrat hat gemäß § 87 Abs. 1 Nr. 6 BetrVG bezüglich der Einführung und Anwendung von technischen Einrichtungen, die dazu bestimmt sind, das Verhalten oder die Leistung der Arbeitnehmer zu überwachen, mitzubestimmen[14].

Das Kölner Gutachten[15] sieht diese Mitbestimmungsrechte als unternehmensbezogene an. Die Verweigerung der Zustimmung seitens des Betriebsrates könne schwerwiegende Auswirkungen auf die Kapazität des Unternehmens haben.

Kann dieser Auffassung gefolgt werden? Die Tragweite der Rechte des Betriebsrates beschränkt sich auf die Betriebssphäre. Die betriebsrätliche Mitbestimmung ist ohne Bedeutung für das Unternehmensganze[16].

Indem eine Betriebsleitung Kontrollgeräte anbringen läßt und gebraucht, formt sie lediglich ihr Direktionsrecht aus. Als Arbeitgeber hat sie das Recht zu überprüfen, ob die Arbeitnehmer den ihnen aufgetragenen Arbeitspflichten nachkommen. Die Frage der Methoden berührt lediglich den Betrieb, nicht das Unternehmen, also nicht das Wirtschaften an sich. Die befürchteten Kapazitätseinbußen im Falle der Verweigerung der Zustimmung des Betriebsrats sind dadurch zu vermeiden, daß der Arbeitgeber seinen Kontrollrechten im Betrieb ohne Zuhilfenahme gerade dieser abgelehnten Technik nachkommt. Er hat sich auf andere Arten der Überwachung zu besinnen. Unternehmensbezogene Mitbestimmung des Betriebsrats liegt insoweit nicht vor.

---

[13] *Richardi*, Ordnungsproblem, Die AG 1979, S. 29, 35; Kölner Gutachten, S. 117, 118; vgl. beispielhaft die Kurzarbeit bei BASF im Jahre 1975. In diesem Falle verhinderte der Betriebsrat die Kurzarbeitsordnung für 4500 Arbeitnehmer. Er stimmte lediglich für eine Zahl von 1500. Gleichzeitig handelte er noch zusätzliche Kompensationsgeschäfte aus. Zit. nach *Erdmann*, Die Bedeutung des Betriebsrats für die unternehmerische Entscheidung: Der Weg zur Überparität, RdA 1976, S. 87, 88.

[14] Vgl. im einz.: *Schaefer*, Arbeitstechn. Betrachtungen zum BetrVG, BB 1972, S. 711; *Stadler*, Die Mitbestimmung des Betriebsrats in Fragen der Leistungsentlohnung, BB 1972, S. 800.

[15] Kölner Gutachten, S. 118.

[16] *Raiser*, Mitbestimmung in Betrieben und Unternehmen, FS für Duden, S. 423, 427.

3. Mitbestimmung in Angelegenheiten der Sozialeinrichtungen

Das Kölner Gutachten mißt der Vorschrift des § 87 Abs. 1 Nr. 8 BetrVG, welche das Mitbestimmungsrecht bei Fragen der betrieblichen und überbetrieblichen Sozialeinrichtung beinhaltet, einen unternehmenspolitischen Bezug bei[17].

Das Gutachten stellt fest, der Betriebsrat habe Einwirkungsmöglichkeiten auf die Vermögensanlagen im Rahmen der Unterstützungskassen und der gesamten Altersversorgungseinrichtungen, also einer wesentlichen unternehmerischen Entscheidungsmaterie. Die Bedeutung gerade dieses Mitbestimmungsgegenstandes liege in der Regel nicht auf der betrieblichen, sondern auf der Unternehmensebene. Es handele sich um einen Komplex von außerordentlichem unternehmenspolitischen Gewicht. Es fragt sich, ob dieser Aussage gefolgt werden kann.

Einerseits erstreckt sich der Wirkungskreis der Sozialeinrichtungen vielfach nicht nur auf den einzelnen Betrieb, sondern das gesamte Unternehmen bzw. den Konzern. Damit gehen die Zuständigkeiten auf Gesamtbetriebsrat[18] und Konzernbetriebsrat[19] über. Andererseits bedeutet dies jedoch nicht, daß den Arbeitnehmern in der Sache selbst Teilhaberechte von unternehmerischem Belang zustehen. Denn nach dem klaren Wortlaut des Gesetzes erfaßt das Mitbestimmungsrecht nicht den unternehmerischen Grundlagenentschluß, eine soziale Einrichtung zu errichten oder aber zu schließen[20].

Auch wenn gerade diese grundsätzlichen Entscheidungen wegen ihrer erheblichen wirtschaftlichen Auswirkungen für die Unternehmen zu den gemäß § 111 Abs. 4 S. 2 AktG zustimmungspflichtigen Geschäften zu zählen sind, berühren sich dennoch betriebliche und aufsichtsrätliche Befugnisse nicht. Während die Arbeitnehmervertreter gemeinsam mit den Anteilseignern im Aufsichtsrat gleichgewichtig über das „Ob" der Sozialeinrichtung entscheiden, zielt die betriebsrätliche Mitbestimmung im Betrieb, Unternehmen oder Konzern auf gleichberechtigte Teilhabe der Arbeitnehmer über die Form, Ausgestaltung und Verwaltung der Sozialeinrichtung, die in ihren Einzelheiten vom Aufsichtsrat regelmäßig nicht erörtert werden[21].

---

17 Kölner Gutachten, S. 118.

18 § 50 BetrVG.

19 § 58 BetrVG.

20 Vgl. BAG AP Nr. 8 zu § 56 BetrVG 1952, „Wohlfahrtseinrichtung"; *Dietz / Richardi*, § 87 Rdn. 238, 242, 257; *Fitting / Auffarth / Kaiser*, § 87, Rdn. 38; *Galperin / Löwisch*, § 87, Rdn. 170; *Wiese*, GK — BetrVG, § 87, Rdn. 118; *Raiser*, Mitbestimmung, S. 429; *Schaub*, Arbeitsrechtshandbuch, S. 931.

21 *Raiser*, Mitbestimmung, S. 429.

4. Mitbestimmung in Angelegenheiten der betrieblichen Lohngestaltung

Gemäß § 87 Abs. 1 Nr. 10 BetrVG hat der Betriebsrat in allen Fragen der betrieblichen Lohngestaltung, insbesondere bei der Aufstellung von Entlohnungsgrundsätzen, sowie der Einführung und Anwendung neuer Entlohnungsmethoden und deren Änderung mitzubestimmen[22].

Auch wenn man die Auffassung vertritt, daß zu den Fragen der Lohngestaltung nicht die lohnpolitische Entscheidung über die Lohn- und Gehaltshöhe gehört, sondern nur die Strukturformen des Entgelts einschließlich ihrer Methoden angesprochen sind[23], handelt es sich um Mitbestimmungsbefugnisse von unternehmerisch-wirtschaftlicher Bedeutung[24]. Da für die allgemeine Personalgewinnung der Unternehmen von entscheidender Wichtigkeit ist, wie in einem Unternehmen Löhne und Gehälter gestaltet sind, und auf welche Art und Weise sie ermittelt werden, hat der mitbestimmende Betriebsrat eine starke Rechtsstellung. Dieser kommt in der Unternehmensplanung Gewicht zu.

Aber nicht nur bezüglich des noch zu gewinnenden Personals, sondern auch für die bereits vorhandene Unternehmensbelegschaft bedeutet beispielsweise der Übergang vom Zeitlohn zum Leistungslohn einen Ansporn zu erhöhter Arbeitsleistung. Diese schlägt sich für das Unternehmen in einer beabsichtigten Produktionssteigerung nieder. Damit wird erkennbar, daß dem Betriebsrat materielle unternehmensbezogene Mitbestimmungsbefugnisse eingeräumt worden sind.

5. Mitbestimmung in Angelegenheiten der leistungsbezogenen Entgelte

Mit § 87 Abs. 1 Nr. 11 BetrVG wird eine wichtige Fallgruppe aus dem Gesamtbereich der Nr. 10 des § 87 Abs. 1 BetrVG herausgenommen[25]. Entgegen dem Wortlaut des ursprünglichen Regierungsentwurfs zu

---

[22] Vgl. *Gester / Isenhardt*, Das Initiativrecht des Betriebsrats zur Regelung materieller Lohnbedingungen, RdA 1974, S. 80; *Hanau*, Aktuelle Probleme der Mitbestimmung über das Arbeitsentgelt gemäß § 87 I Nr. 10 BetrVG, BB 1977, S. 350; *Köke*, Inhalt und Grenzen des Mitbestimmungsrechtes des Betriebsrates in Fragen der betrieblichen Lohngestaltung (§ 87 Abs. 1 Nr. 10); *Richardi*, Die Mitbestimmung des Betriebsrats bei der Regelung des Arbeitsentgeltes, ZfA 1976, S. 1; *Rumpff*, Das Mitbestimmungsrecht des Betriebsrats bei Entgeltfragen, insbesondere beim Leistungslohn, AuR 1972, S. 65; *Stadler*, BB 1972, S. 800.

[23] BAG AP Nr. 1 zu § 87 BetrVG, So ferner *Dietz / Richardi*, § 87, Rdn. 280, m. w. N.: nicht Lohnpolitik, sondern Lohnfindung unter dem Gesichtspunkt der Lohngerechtigkeit regele Nr. 10 des § 87 Abs. 1. Ausführlich: *Richardi*, vgl. Fn. 22; a. A. *Holl*, Die Mitbestimmung des Betriebsrats beim Entgelt.

[24] *Erdmann / Jürging / Kammann*, § 87, Rdn. 7; *Raiser*, Mitbestimmung, S. 423, 429; *Richardi*, Mitbestimmungsgedanke, DadG 13, S. 19; 47; *ders.*, Ordnungsproblem, Die AG 1979, S. 29, 30; Kölner Gutachten, S. 118.

[25] Vgl. *Schaefer*, BB 1972, S. 711, 713.

§ 87 Abs. 1 Nr. 11 und der dazu abgegebenen Begründung[26], wonach sämtliche leistungsbezogenen Entgelte von dieser Regelung erfaßt werden sollten, handelt es sich nach der verschärften und eingeengten gültigen Gesetzesfassung um Entgelte, die Akkord und Prämie vergleichbar sind[27].

Entsprechend der Teilhaberechte der Nr. 10 hat auch die Festsetzung der Akkord- und Prämiensätze und vergleichbarer leistungsbezogener Entgelte einschließlich der Geldfaktoren wirtschaftlich-unternehmerische Bedeutung. Die Mitbestimmung des Betriebsrates ist unternehmensbezogen. Die Arbeitnehmervertreter bestimmen im entscheidenden Maße in der Personalplanung mit.

Dem Arbeitgeber sind in Fragen, welche unmittelbar wirtschaftlich-unternehmerische Belange berühren, die Hände gebunden. Er kann nur im Einvernehmen mit dem Betriebsrat bzw. aufgrund des die Zustimmung ersetzenden Spruchs der Einigungsstelle zu einer Entscheidung gelangen. Volle Parität ist verwirklicht[28].

Diese Rechtsüberlegung, welche im Kern zu einer Berührung der Mitbestimmungsebene führt, mag der Tarifvorbehalt des § 87 Abs. 1 BetrVG entgegengehalten werden, wodurch das betriebsrätliche Mitbestimmungsrecht wesentlich an Bedeutung verliere. Doch lehrt die Praxis, daß die Unternehmen von den in den Tarifverträgen bezüglich der Leistungslöhne enthaltenen Tariföffnungsklauseln nach § 77 Abs. 3 BetrVG Gebrauch machen. Damit ist gerade den mitbestimmten Unternehmen die Möglichkeit einer eigenen, unternehmensbezogenen, kollektiv durch Betriebsvereinbarung normierten Lohnpolitik eröffnet[29]. Somit ist die Bedeutung der betriebsrätlichen Mitbestimmung im alltäglichen Wirtschaftsleben nicht geschmälert.

Am Beispiel einer mitbestimmten Aktiengesellschaft, welche die Akkordsätze erhöhen will, soll die Verzahnung von Unternehmens- und Betriebsebene mit ihren jeweiligen Mitbestimmungsregelungen aufgezeigt werden.

Auf Unternehmensebene setzt der mittelbar mitbestimmte Vorstand[30] unter Mitwirkung des in der Regel gemäß der Satzung zur Zustimmung berufenen paritätisch mitbestimmten Aufsichtsrats die neuen, erhöhten Akkordsätze fest. Dieser unter den Gesichtspunkten

---

[26] Bericht des Ausschusses für Arbeit- und Sozialordnung, BT-Drucksache VI/2729, S. 39.

[27] Vgl. LAG Düsseldorf, DB 1976, S. 1438.

[28] Kölner Gutachten, S. 118.

[29] Kölner Gutachten, S. 118.

[30] Vgl. zum Problem des Durchschlagens der Mitbestimmung auf den Vorstand Zweites Kapitel B III 4 a - c.

der Parität gefaßte Beschluß wird alsdann gemäß § 87 Abs. 1 Nr. 11 BetrVG der gleichberechtigten Mitbestimmung des Betriebsrates in sog. sozialen Angelegenheiten[31] anheimgestellt. Dies bedeutet, daß eine ihrem Inhalt nach wirtschaftlich-unternehmerische Angelegenheit ein zweites Mal mit der Arbeitnehmerseite verhandelt werden muß[32].

Von entscheidender Bedeutung ist in diesem Zusammenhang das umstrittene, vom BAG[33] jedoch bestätigte Initiativrecht des Betriebsrates bezüglich der Einführung neuer Entlohnungsmethoden. Dadurch ist gewährleistet, daß der Betriebsrat nicht nur auf Entlohnungsinitiativen des Arbeitgebers gleichberechtigt reagieren darf, sondern auch von sich aus bezüglich der Arbeitsentgelte und damit auch der Personalgewinnung tätig werden kann. Freilich stört nicht schon die Ausübung des Initiativrechts die unternehmerischen Entscheidungen, sondern erst das Ergebnis der Ausübung[34].

Das BAG begründet das grundsätzliche Initiativrecht des Betriebsrates neben dem des Arbeitgebers damit, daß Mitbestimmung schon rein begrifflich beiden Teilen gleiche Rechte einräumt[35].

6. Mitbestimmung bei Änderungen der Arbeitsplätze, des Arbeitsablaufs und der Arbeitsumgebung

Die §§ 90, 91 BetrVG behandeln die Teilhaberechte des Betriebsrates in den Angelegenheiten, welche Einfluß auf die Gestaltung des Arbeitsplatzes, des Arbeitsablaufs und der Arbeitsumgebung haben[36]. Bezüglich dieser im Gesetz abschließend geregelten Materien kommen dem Betriebsrat schon im Planungsstadium umfassende Unterrichtungs- und Beratungsrechte zu. Dies soll sicherstellen, daß bei den unternehmerischen Entscheidungen die Belange der Arbeitnehmerschaft in den Betrieben hinreichend unter Zugrundelegung der gesicherten Kenntnisse der Arbeitswissenschaft berücksichtigt werden[37]. Hierbei ist je-

---

[31] Vgl. zur Untauglichkeit der Dreigliederung der betrieblichen Mitbestimmung, Zweites Kapitel E I.

[32] Bezüglich der Rolle der Einigungsstelle im Konflikt Arbeitgeber—Betriebsrat s. Zweites Kapitel F III 4.

[33] BAG AP 1 zu § 87 BetrVG 1972; BAG EzA § 87 BetrVG 1972, Nr. 2 Initiativrecht.

[34] Vgl. *Blomeyer*, Die Entwicklung des arbeitsrechtlichen Schrifttums im Jahre 1974, ZfA 1975, S. 243, 294.

[35] BAG, Fn. 33.

[36] Ausführlich: *Auffarth*, AR-Blattei, D. Betriebsverfassung XIV G, Arbeitsplatz, Arbeitsablauf und Umgebung; *Natzel*, Mitwirkung und Mitbestimmung des Betriebsrats bei der menschengerechten Gestaltung der Arbeit, DB 1972, Beilage 24; *Schaefer*, BB 1972, S. 711; *Zöllner*, Mitbestimmung und menschengerechte Arbeitsgestaltung, RdA 1973, S. 212.

[37] *Dietz / Richardi*, § 90, Rdn. 1; *Schaub*, Arbeitsrechtshandbuch, S. 1074.

doch zu berücksichtigen, daß die betriebsrätlichen Rechte auf Unterrichtung und Beratung gemäß § 90 BetrVG zwar stärker ausgeprägt sind als bloße Anhöhrungsrechte. Doch verbleibt dem Arbeitgeber die Freiheit der Entscheidung. Damit sind dem Betriebsrat diesbezüglich keine Mitbestimmungsrechte, sondern lediglich Mitwirkungsrechte eingeräumt[38].

a) Diese Auffassung vertritt insoweit auch das Kölner Gutachten[39]. Doch weist es auf die seiner Meinung nach weit darüber hinausreichende praktische eigentums- und verfassungsrechtliche Bedeutung dieser Mitwirkungsrechte für die unternehmerische Entscheidungsfreiheit hin, welche nicht aus der isolierten Betrachtung der §§ 90, 91 BetrVG heraus beurteilt werden dürfe. Vielmehr ergäbe sich die Gewichtigkeit dieser Teilhabe aus dem funktionellen Zusammenhang mit den übrigen, teils erzwingbaren Mitbestimmungsrechten.

Aufgrund der Verpflichtung des Unternehmers, den Betriebsrat im frühen Planungsstadium von bevorstehenden Veränderungen zu unterrichten, ergebe sich für die Unternehmensleitung ein Begründungszwang. Dieser werde oft bereits zu einer inhaltlich veränderten Entscheidung führen. Außerdem seien die Planungstatbestände meist Vorstufen späterer mitbestimmungspflichtiger Entscheidungsvorgänge[40], „wodurch die Unterrichtungs- und Beratungsrechte als in einer Art Vorauswirkung der späteren erzwingbaren Befugnisse des Betriebsrates ‚faktische' Mitbestimmungsrechte erhebliches Gewicht" gewönnen[41].

Das Kölner Gutachten versucht am Beispiel einer Betriebsänderung seine These zu verdeutlichen. Nach der Regelung des Betriebsverfassungsgesetzes habe der Arbeitgeber/Unternehmer den Betriebsrat unter zweierlei Gesichtspunkten an der Planung zu beteiligen. Einmal bestehe das Unterrichtungs- und Beratungsrecht nach § 111 BetrVG.

Zum anderen wirke sich die Betriebsänderung regelmäßig auf die Gestaltung von Arbeitsplätzen aus, wodurch die Teilhaberechte nach §§ 90, 91 BetrVG Platz griffen.

b) Demgegenüber vertritt Raiser[42] die Auffassung, daß sich die aufsichtsrätliche und die betriebsrätliche Mitbestimmung gemäß §§ 90, 91 BetrVG nicht berühren.

---

[38] *Dietz / Richardi*, § 90, Rdn. 10.

[39] Kölner Gutachten, S. 121.

[40] Als Beispiele werden personelle Einzelmaßnahmen, Einführung eines anderen Entlohnungssystems, Einführung neuer technischer Anlagen genannt.

[41] Kölner Gutachten, S. 121.

[42] *Raiser*, Mitbestimmung in Betrieb und Unternehmen, in FS für Duden, S. 423, 430.

Zwar schließt er nicht aus, daß Vorgänge, welche eine die wesentlichen Teile des Unternehmens erfassende Neuordnung zum Inhalt haben, im Aufsichtsrat entschieden würden.

Doch stünden den aufsichtsrätlichen Mitbestimmungsrechten der Arbeitnehmer auf der Betriebsebene nur eng begrenzte Rechte des Betriebsrates zur Seite. An der eigentlichen Entscheidung, ob eine Änderung überhaupt durchzuführen sei, wirke der Betriebsrat nicht mit. Auch auf das „Wie" bezöge sich sein Mitbestimmungsrecht gemäß § 91 BetrVG grundsätzlich nicht. Eine Ausnahme stelle lediglich der Fall dar, daß die Unternehmensleitung eine Entscheidung zu fällen beabsichtige, die den gesicherten arbeitswissenschaftlichen Erkenntnissen über die menschengerechte Gestaltung der Arbeit offensichtlich widerspreche und die Arbeitnehmer außergewöhnlich belaste. Nur in diesem Falle könne der Betriebsrat angemessene Maßnahmen zur Abwendung, Milderung oder zum Ausgleich der Belastung verlangen.

Da derartige Beschwerden die Zuständigkeit des Aufsichtsrates nicht beträfen, komme eine Berührung mit der Unternehmensmitbestimmung nicht in Betracht.

c) Beide Auffassungen sind im Hinblick darauf, ob ihnen gefolgt werden kann, zu überprüfen.

aa) § 90 S. 1 BetrVG trägt dem Arbeitgeber bezüglich der Planung von Baumaßnahmen bei Betriebsstätten, bei technischen Anlagen, Arbeitsverfahren und der Arbeitsplätze auf, den Betriebsrat rechtzeitig von den Vorhaben zu unterrichten. Die Planungen sind im Hinblick auf ihre Auswirkungen auf die Art der Arbeit und die Anforderungen an die Arbeitnehmer mit dem Betriebsrat zu beraten.

Das Mitbestimmungsrecht setzt ein, sobald die Planung des Unternehmers zu einer gewissen Reife gelangt ist, d. h. sobald der Unternehmer sich im Grundsatz entschlossen hat, eine Maßnahme — allerdings vorbehaltlich der Bemühungen um eine Einigung mit dem Betriebsrat — durchzuführen.

Es fragt sich, ob der vom Kölner Gutachten vertretenen These vom Mitbestimmung verwirklichenden Begründungszwang, der häufig zu einer Änderung der Planung führen werde, zugestimmt werden kann.

Diese These beinhaltet den Vorwurf, daß geplante Unternehmensentscheidungen, welche dem Betriebsrat gegenüber nicht begründet werden müssen, in der Regel ohne auch für die Arbeitnehmer einsehbare Begründung gefaßt werden. Da dem aber selbst nach der Meinung des Kölner Gutachtens im Regelfall nicht so ist, und da zudem dem Betriebsrat neben dem Recht auf Begründung jeglicher Anspruch auf Mitbestimmung fehlt, führt der Begründungszwang zu keinerlei

Veränderung. Dem Arbeitgeber steht die Entscheidung des „Ob“ und „Wie“ einer geplanten Maßnahme völlig frei, auch wenn der Betriebsrat ernsthafte Bedenken gegen die beabsichtigten Veränderungen angemeldet hat.

Den Mitbestimmungsrechten gemäß § 90 BetrVG kann auch nicht dadurch ein höheres Gewicht beigemessen werden, daß in ihnen „faktische“ Mitbestimmungsrechte infolge Vorauswirkung von später erzwingbaren Befugnissen des Betriebsrates gesehen werden[43]. Denn es ist nicht möglich, die Erzwingbarkeit eines Teilhaberechts auf ein nicht erzwingbares überzuleiten, indem aus einem im Einzelfall möglicherweise einmal gegebenen zeitlichen Hintereinander zweier Rechte darauf geschlossen wird, daß ein zeitlich früher auszuübendes Mitwirkungsrecht dadurch zu einem Mitbestimmungsrecht wird, daß ein zeitlich nachfolgendes Mitbestimmungsrecht auf das Mitwirkungsrecht ausstrahlt. Solchermaßen konstruierte „faktische“ Mitbestimmungsrechte kennt das Mitbestimmungsrecht nicht.

Der These vom Begründungszwang, welcher für sich allein bereits zur Verwirklichung der Mitbestimmung führt, ist daher zu widersprechen.

bb) Um die Arbeitnehmer bezüglich der Gestaltung von Arbeitsplatz, Arbeitsablauf und Arbeitsumgebung vor völlig unzumutbaren Veränderungen zu schützen, hat der Gesetzgeber das „korrigierende“ Mitbestimmungsrecht[44] des § 91 BetrVG geschaffen.

Diese Vorschrift räumt dem Betriebsrat Mitbestimmungsrechte für den Fall ein, daß die Arbeitnehmer durch Änderungen der Arbeitsplätze, des Arbeitsablaufs oder der Arbeitsumgebung, die den gesicherten arbeitswissenschaftlichen Erkenntnissen über die menschengerechte Arbeit offensichtlich widersprechen, in besonderer Weise belastet werden.

Grundsätzlich gilt, daß die Wirksamkeit eines Mitbestimmungsrechts von dessen Handhabbarkeit abhängt.

Schon die Voraussetzungen für das Recht des Betriebsrates, tätig werden zu dürfen, sind zahlreich und vom Inhalt her nur schwer eindeutig auszufüllen. Was ist unter arbeitswissenschaftlichen Erkenntnissen, was unter „gesichert“[45], was unter „menschengerecht“ zu verstehen, wann ist der Widerspruch „offensichtlich“?

---

[43] So das Kölner Gutachten, S. 121.

[44] *Dietz / Richardi*, § 91, Rdn. 1.

[45] Vgl. *Fitting / Auffarth / Kaiser*, § 90, Rdn. 11, stellen auf die h. M. ab; ebenso *Schaub*, S. 1075: „Mehrheit der Fachleute“; a. A. *Dietz / Richardi*, § 91 Rdn. 5.

Doch selbst wenn alle die Voraussetzungen für das Tätigwerden des Betriebsrates im Einzelfall vorliegen mögen, kann dieser vom Arbeitgeber lediglich angemessene Maßnahmen zur Abwendung, Milderung oder zum Ausgleich der Belastung verlangen.

Mitgestaltungsrechte aufgrund der Möglichkeit der eigenen Initiative, wie sie § 87 BetrVG bietet, kennt § 91 BetrVG nicht.

Insofern ist bezüglich der in §§ 90, 91 BetrVG geregelten Materie keine Parität auf Betriebsebene erreicht. Die letztendliche Machtlosigkeit des Betriebsrates wird vollends deutlich, wenn die Rechtsfolge betrachtet wird, die eine unterlassene Unterrichtung zeitigt. Das Unterlassen bewirkt nicht etwa, daß die Maßnahmen unwirksam sind. Vielmehr begeht der Arbeitgeber lediglich eine Ordnungswidrigkeit gemäß § 120 BetrVG. Ebenso kann gegen ihn nach § 23 Abs. 3 BetrVG vorgegangen werden.

Der vom Kölner Gutachten festgestellte starke unternehmensbezogene Einfluß des Betriebsrats würde nur dann auftreten, wenn dem Betriebsrat gleichberechtigte und gleichgewichtige Mitbestimmung unter Einschluß des Initiativrechts bezüglich menschenwürdiger Arbeitsverhältnisse zugestanden würde. In diesem Falle könnte es zu den bei § 87 BetrVG beschriebenen Rentabilitätsverlusten kommen, falls z. B. große Rationalisierungsmaßnahmen zur Erhaltung der Wettbewerbsfähigkeit unterblieben, um menschenwürdige Arbeitsplätze veralteter Art zu retten, welchen der Betriebsrat gegenüber den neu zu schaffenden, stark automatisierten Arbeitsplätzen den Vorzug gibt[46].

Unter der Geltung des § 91 BetrVG jetziger Fassung ist davon auszugehen, daß die Teilhaberechte des Betriebsrates auf den einzelnen Arbeitsplatz und Betrieb, nicht jedoch auf das Unternehmen bezogen sind. Es handelt sich somit nicht um wirtschaftlich-unternehmerische Mitbestimmung, sondern um Fragen des Sozialschutzes. Es kann daher nicht zu Berührungspunkten mit der aufsichtsrätlichen Mitbestimmung kommen.

7. Mitbestimmung in Angelegenheiten allgemein personeller Art

a) Im Gegensatz zum BetrVG 1952, welches dem Betriebsrat Teilhaberechte lediglich bezüglich personeller Einzelmaßnahmen einräumte, gewährt das BetrVG 1972 auch in Fragen der Personalplanung Beteiligungsrechte[47].

---

[46] Als Beispiel mag hier die Modernisierung der Druckindustrie mittels der Lichtsatztechnik stehen. Unter einer erweiterten Mitbestimmung i. S. des § 91 BetrVG wäre diese zu Lasten der Rentabilität der Unternehmen mit einiger Wahrscheinlichkeit unterblieben. Dies hat der lange und harte Druckerstreik deutlich gemacht.

Gemäß § 92 BetrVG hat der Arbeitgeber den Betriebsrat über die Planung des Personalbedarfs, der Personalbeschaffung, der Freisetzung von Personal sowie über die sich daraus ergebenden personellen Maßnahmen rechtzeitig und umfassend zu unterrichten. Ferner ist eine gemeinsame Beratung über Art und Umfang der erforderlichen Maßnahmen vorgeschrieben, wie Härten vermieden werden können.

Zweck des Unterrichtungsrechts und des auf diesem aufbauenden Beratungsrechts ist es, dem Betriebsrat Einfluß auf die personellen Grundsatzentscheidungen zu geben, damit er bei den später folgenden personellen Einzelmaßnahmen nicht kurzfristig vor Entscheidungen gestellt wird[48]. Wegen der vorentscheidenden Bedeutung der Personalplanung für die personelle Einzelentscheidung soll durch die Beteiligung des Betriebsrates gewährleistet werden, daß die Personalplanung nicht nur unter wirtschaftlicher Zielsetzung erfolgt, sondern auch die Interessen der Arbeitnehmer an sicheren und qualifikationsgerechten Arbeitsplätzen berücksichtigt werden[49]. Indem dem Betriebsrat Einflußmöglichkeiten auf die Personalplanung[50] zukommen, erstrecken sich seine Befugnisse auf einen unternehmerisch-wirtschaftlichen Bereich, der grundsätzlich von der Unternehmensleitung bestimmt wird. Denn Entscheidungen über Steigerung oder Verringerung der Produktionskapazität sind ohne Berücksichtigung der personellen Seite nicht möglich.

Dennoch handelt es sich bei der Teilhabe des Betriebsrats nach § 92 BetrVG nicht um unternehmensbezogene Mitbestimmung, sondern lediglich unternehmensbezogene Mitwirkung. Dem Betriebsrat sind keine erzwingbaren Rechte eingeräumt. Der Arbeitgeber/Unternehmer bleibt in seinen Entscheidungen völlig frei. Er kann sich über die Stellungnahme des Betriebsrates hinwegsetzen. Die Unternehmensleitung bleibt ausschließlich verfügungsbefugt. Daher schließt die Vorschrift des § 92 BetrVG für sich betrachtet eine Berührung zweier paritätischer Mitbestimmungsarten in Betrieb und Unternehmen aus.

b) Zu prüfen bleibt, ob sich in der Zusammenschau mit § 95 BetrVG[51] etwas anderes ergibt.

---

[47] *Hunold*, Die Mitbestimmung des Betriebsrats in allgemeinen personellen Maßnahmen, DB 1976, S. 78; *Rehhahn*, Die Personalplanung nach dem BetrVG 1972, AuR 1974, S. 65.

[48] *Schaub*, S. 1077.

[49] *Dietz / Richardi*, § 92, Rdn. 5; *Rehhahn*, AuR 1974, S. 65 ff.

[50] Die Personalplanung i. S. des § 92 BetrVG wird in der Literatur und Praxis als „Betriebliche Personalplanung" bezeichnet. Dies ist ein technischer Begriff für Personalplanung im Rahmen der Unternehmensplanung. Keinesfalls ist damit nur die Personalplanung auf der Ebene des Betriebes gemeint. Vgl. *Dietz / Richardi*, § 92, Rdn. 3 m. w. N., u. Rdn. 8.

[51] Vgl. ausführlich *Hanau*, Praktische Fragen zur Neuregelung der Mitbestimmung in personellen Angelegenheiten, BB 1972, S. 451; *Rehhahn*, Aus-

Diese Norm gewährt gewichtige Mitbestimmungsrechte. Sie beteiligt den Betriebsrat an der Erstellung von Richtlinien über die Auswahl bei personellen Veränderungen. § 95 BetrVG hat zum Ziel, einmal die Personalführung durchschaubarer zu machen und somit Streitigkeiten zu vermeiden[52], zum anderen ein einheitliches, stetiges Verhalten der Personalabteilung sicherzustellen[53]. Dem Betriebsrat sind je nach Betriebsgröße Zustimmungsrechte bzw. Initiativrechte zugestanden worden.

Durch diese Gestaltung der Beteiligungsrechte hat der Betriebsrat nach Auffassung von Richardi „die Stellung eines Unternehmensorgans erhalten, die unter Beschränkung auf den Personalbereich die paritätische Mitbestimmung vorwegnimmt“[54]. Nach Rüthers[55] ist der Betriebsrat zum personalpolitischen Mitunternehmer geworden.

c) Zwar ist zu bezweifeln, ob der Betriebsrat Unternehmensorgan geworden ist. Denn dies setzte voraus, daß das Unternehmen sich rechtlich verselbständigt hat. Diese Auffassung wurde bereits abgelehnt[56]. Genauso ist fraglich, ob mit dem Begriff des Mitunternehmers etwas gewonnen ist. Dieser Begriff geht davon aus, daß der Betriebsrat an der Leitung des Unternehmens teilhat. Genau wie im Betrieb[57] ist auch im Unternehmen die Führung den Arbeitnehmervertretern des Betriebes verwehrt. Richtig ist jedoch, daß eine Personalpolitk ohne das Einverständnis des Betriebsrats nicht möglich ist. Dies gilt für Unternehmen mit Großbetrieben[58], da dort dem Betriebsrat das volle Mitbestimmungsrecht einschließlich Initiativrecht zusteht. Dies hat aber auch für Unternehmen mit kleineren Einheiten Gültigkeit. Zwar wurden dem Betriebsrat insoweit nur Zustimmungsrechte zugestanden. Daher kann der Betriebsrat nicht von sich aus die Aufstellung von Auswahlrichtlinien verlangen. Doch kann ein Unternehmen, auch wenn es unter keinem rechtlichen Zwang steht, aus sachlichen Gründen nicht darauf

---

wahlrichtlinien nach dem Betriebsverfassungsgesetz, BetrR 1972, S. 491; *ders.*, Die Aufstellung von Auswahlrichtlinien nach dem Betriebsverfassungsgesetz, MBGespr. 1973, S. 30; *Richardi*, Die Mitbestimmung des Betriebsrats in personellen Angelegenheiten, ZfA-Sonderheft 1972, S. 1.

52 *Fitting / Auffarth / Kaiser*, § 95, Rdn. 1.

53 *Rehhahn*, Die Aufstellung von Auswahlrichtlinien, MBGespr. 1973, S. 30.

54 *Dietz / Richardi*, § 95, Rdn. 2; ähnlich: *Erdmann*, Die Bedeutung der Mitbestimmung des Betriebsrats für die unternehmerische Entscheidung: Der Weg zur Überparität, RdA 1976, S. 87, 88; *Erdmann / Jürging / Kammann*, § 92, Rdn. 2; *Hanau*, Arbeitsrechtliche Probleme der paritätischen Mitbestimmung, BB 1969, S. 1497, 1498 f.

55 *Rüthers*, Arbeitsrecht und politisches System, S. 151; ähnlich *Erdmann*, vgl. Fn. 54.

56 s. Zweites Kapitel A II 2.

57 s. Zweites Kapitel A III 1 und Zweites Kapitel E III.

58 Dies sind Betriebe mit mehr als 1000 Betriebsangehörigen.

verzichten, Auswahlrichtlinien aufzustellen[59]. Nur auf diesen als Grundlage ist eine einheitliche, sachliche Personalpolitik im Unternehmen durchführbar.

Daher hat der Betriebsrat eines mitbestimmten Unternehmens in der Praxis paritätische Mitbestimmungsrechte im Personalbereich. Diese Rechte heben die personalpolitische, gestalterische Entscheidungsfreiheit der Unternehmensleitung zugunsten der gleichberechtigten und gleichgewichtigen Beteiligung des Betriebsrates auf.

Die Mitbestimmungsrechte haben unternehmerisch-wirtschaftliche Bedeutung. Eine vorausschauende, auf nachprüfbaren Auswahlkriterien beruhende Personalplanung ist eine unternehmerische Aufgabe.

Im Ergebnis berühren sich daher bezüglich der Personalplanung die unternehmerischen und die betrieblichen Mitbestimmungsebenen.

8. Mitbestimmung in Angelegenheiten personeller Einzelmaßnahmen

In Angelegenheiten personeller Einzelmaßnahmen[60] räumt der Gesetzgeber dem Betriebsrat bei Einstellungen, Um- und Eingruppierungen, Versetzungen gemäß § 99 BetrVG Teilhaberechte ein.

Doch ähnlich der früheren weitaus engeren Regelung des § 61 BetrVG 1952 kommt dem Betriebsrat ein Mitbestimmungsrecht nur in der Weise zu, daß er einer vom Arbeitgeber geplanten Maßnahme, über die er vorher umfassend zu unterrichten war, unter Angabe von im Gesetz erschöpfend aufgeführten Gründen[61] seine Zustimmung verweigert. Dieses Recht stellt kein bloßes Einspruchrecht dar, sondern wurde in der Form eines positiven Konsensprinzips gestaltet[62].

Der Betriebsrat kann jedoch nicht von sich aus eine personelle Maßnahme initiieren oder gar durchsetzen[63].

Die Arbeitnehmervertreter haben in den Betrieben aufgrund der Ausgestaltung ihres Beteiligungsrechtes keine Möglichkeit, die Zusammensetzung der Belegschaft positiv zu beinflussen. Ein Vorschlagsrecht

---

[59] Kölner Gutachten, S. 123.

[60] Vgl. ausführlich: *Boewer*, Die Auswirkungen der §§ 99, 100 BetrVG auf die individualrechtliche Stellung des Arbeitnehmers, RdA 1974, S. 72; *Hanau*, Praktische Fragen zur Neuregelung der Mitbestimmung in personellen Angelegenheiten, BB 1972, S. 451; *Hunold*, DB 1976, S. 1965; *Richardi*, Die Mitbestimmung des Betriebsrats in personellen Angelegenheiten, ZfA Sonderheft 1972, S. 1; *ders.*, Das Widerspruchsrecht des Betriebsrats bei personellen Maßnahmen nach §§ 99, 100 BetrVG, DB 1973, S. 378 u. 428; *ders.*, Änderungskündigung und Versetzung nach neuem Betriebsverfassungsrecht, DB 1974, S. 1285 u. 1335.

[61] § 99 Abs. 2 BetrVG.

[62] *Dietz / Richardi*, § 99, Rdn. 1.

[63] *Dietz / Richardi*, § 90, Rdn. 76; *Fitting / Auffarth / Kaiser*, § 99, Rdn. 33.

kommt ihnen nicht zu. Die Auswahl der Kandidaten bleibt im alleinigen Belieben des Arbeitgebers, der dem Betriebsrat Kandidaten ausschließlich nach seiner Wahl vorschlagen wird. Der Arbeitgeber kann Bewerber, welche z. B. eine stark gewerkschaftsorientierte Haltung bereits demonstriert haben bzw. im Einstellungsgespräch erkennen lassen, bei seiner „Vorauswahl" aussortieren und statt dessen einen Kandidaten benennen, der seinen Vorstellungen eher entspricht. Doch erscheint es fraglich, ob es angesichts der großen Zahl aller Einstellungen wirklichkeitsnah ist anzunehmen, ein Arbeitgeber habe sowohl vom Arbeitsmarkt her als auch vom Zeitaufwand her die Möglichkeit, die jeweilige gesellschaftspolitische Einstellung des Bewerbers als Grundlage seiner Entscheidung heranzuziehen.

Somit ist die Personalhoheit des Arbeitgebers nicht nur insoweit begrenzt, als er im Einzelfall „seinen" Mann aufgrund der verweigerten Zustimmung des Betriebsrates nicht durchsetzen kann. Vielmehr ist sein Vorauswahlrecht im alltäglichen Betrieb angesichts der Tatsache, daß es ihm — wie geschildert — unmöglich ist, ausschließlich Kandidaten mit ihm genehmer gesellschaftspolitischer Einstellung dem Betriebsrat jeweils vorzuschlagen, nicht allzu hoch zu bewerten.

Daher vertritt Richardi die Ansicht, dieses eingeschränkte Mitbestimmungsrecht biete dem Betriebsrat die Möglichkeit, entscheidend auf die Belegschaft einzuwirken[64]. Er könne vor allem durch sein Beteiligungsrecht die Personalgewinnung erheblich erschweren, weil er einer Einstellung oder Versetzung bereits mit der Begründung widersprechen könne, daß „die durch Tatsachen begründete Besorgnis besteht, daß infolge der personellen Maßnahmen im Betrieb beschäftigte Arbeitnehmer gekündigt werden oder sonstige Nachteile erleiden, ohne daß dies aus betrieblichen Gründen gerechtfertigt ist" (§ 99 Abs. 2 Nr. 3 BetrVG). Für die unternehmerische Planung und Organisation habe die Personalauswahl unmittelbare, wirtschaftlich-unternehmerische Bedeutung. Ähnlich ist die Sicht des Kölner Gutachtens[65]. Zwar gibt es zu erkennen, daß die Beteiligung des Betriebsrates in erster Linie sozialen Zwecken dient. Doch wird zugleich betont, daß bei § 99 BetrVG die sozialen und die unternehmerischen Entscheidungsaspekte untrennbar ineinander übergingen[66].

Dieser Auffassung ist beizutreten. Die Mitbestimmung in Angelegenheiten personeller Einzelmaßnahmen kommt ähnlich der bezüglich der Aufstellung allgemeiner Personalrichtlinien unternehmerische Qualität zu.

---

[64] *Richardi*, Ordnungsproblem, Die AG 1979, S. 29, 35; *ders.*, Mitbestimmungsgedanke, DAdG 13, S. 19, 47.

[65] Kölner Gutachten, S. 124.

[66] Ähnlich argumentiert *Schaub*, Arbeitsrechtshandbuch, S. 1083.

9. Mitbestimmung in Angelegenheiten der betrieblichen Berufsbildung

Nach der Argumentation des Kölner Gutachtens sind Elemente unternehmerischer Mitbestimmung im betrieblichen Berufsbildungswesen enthalten[67].

Literatur und Rechtsprechung gehen mit dem Gutachten einig, daß der Betriebsrat ein erzwingbares Mitbestimmungsrecht bei der Durchführung betrieblicher Berufsbildungsmaßnahmen habe. Er könne auf die Auswahl der Teilnehmer sowie die Bestellung und Abberufung der Ausbilder entscheidend einwirken[68].

Es ist zu untersuchen, ob den Arbeitnehmern entscheidende wirtschaftliche/unternehmerische Mitbestimmungsbefugnisse eingeräumt worden sind.

Zu berücksichtigen ist, daß die Arbeitnehmerseite nicht verlangen kann, daß eine Bildungsmaßnahme durchgeführt werde. Auch die Einrichtung einer solchen Maßnahme ist noch mitbestimmungsfrei. Lediglich die Durchführung von Schulungen ist der vollen Mitbestimmung unterworfen. Dies zusammengenommen hat zur Folge, daß der Arbeitgeber auch in Zukunft die Eingangsvoraussetzungen für eine betriebliche Fortbildungsmaßnahme nach Beratung gemäß § 97 BetrVG mit dem Betriebsrat einseitig bestimmen kann[69].

Damit wird deutlich, daß die Teilhabe in Angelegenheiten der Berufsbildung aus sozialen Gründen gewährt wurde. Wirtschaftlich-unternehmerische Belange werden z. B. durch die Abberufung eines Ausbilders, der den jungen Führungsnachwuchs schult, nicht berührt. Die Struktur der Führung und ebenso die Qualifikation der Führungsschicht werden durch derartige Einzelmaßnahmen nicht betroffen. Kommt man wie das Kölner Gutachten zu einem anderen Ergebnis, so wären sämtliche Mitbestimmungsbefugnisse letztendlich wirtschaftlich-unternehmerisch, da stets irgendwelche Auswirkungen am Rande z. B. auf die Kosten im Unternehmen, die Führungsstruktur etc. auszumachen wären.

Im Ergebnis hat die Mitbestimmung des Betriebsrates in Angelegenheiten der betrieblichen Berufsbildung keine wirtschaftlich-unternehmerische Qualität.

---

[67] Kölner Gutachten, S. 123.

[68] § 98 Abs. 1 - 5 BetrVG; vgl. ausführlich zur Teilhabe in Angelegenheiten der Berufsbildung: *Meisel,* Die Mitwirkung und Mitbestimmung des Betriebsrats in personellen Angelegenheiten, S. 45 ff.

[69] *Schaub,* Arbeitsrechtshandbuch, S. 1082.

10. Mitbestimmung in wirtschaftlichen Angelegenheiten

Die Teilhabe der Arbeitnehmer in wirtschaftlichen Angelegenheiten[70] nach dem Betriebsverfassungsgesetz vollzieht sich auf zweifache Art mittels unterschiedlicher, die Arbeitnehmerseite vertretender Gremien. In der Zusammenschau stellen diese aufeinander teils aufbauenden, teils sich überlappenden Bereiche wirtschaftliche Beteiligung dar[71].

a) Gemäß §§ 106 ff. BetrVG kommen dem Wirtschaftsausschuß[72] Unterrichts- und Beratungsrechte in wirtschaftlichen Angelegenheiten zu.

Es stellt sich die Frage, ob sich die §§ 106 - 110 BetrVG eindeutig als wirtschaftliche Mitgestaltungsrechte in der Richtung verstehen lassen, daß die Arbeitnehmer aufgerufen sind, Aktionen in Betrieb und Unternehmen zu veranlassen und mit zu tragen, um auf diese Weise frühzeitig auch das Wohl der Arbeitnehmer zu fördern, oder ob die Tätigkeit des Wirtschaftsausschusses ausschließlich soziale Schutzfunktionen erfüllt.

aa) Letztere Auffassung vertreten Galperin / Löwisch[73]. Die Unterrichtungs- und Beratungsrechte dienen danach dem sozialen Schutz der Arbeitnehmer, nicht jedoch dem Zweck, die betriebsverfassungsrechtlichen Arbeitnehmervertreter an der Leitung des wirtschaftlichen Unternehmens zu beteiligen. Zur Begründung wird auf § 77 Abs. 1 S. 2 BetrVG verwiesen, der eine solche Teilhabe für den Bereich der Betriebsverfassung ausschließe.

§ 77 Abs. 1 S. 2 BetrVG meint jedoch etwas völlig anderes, wenn er ausführt: „Der Betriebsrat darf nicht durch einseitige Handlungen in die Leitung des Betriebes eingreifen." Diese Bestimmung besagt, daß der Betriebsrat nicht eigenmächtig die Leitung des Betriebes in Teilbereichen an sich ziehen darf. Er muß sich vielmehr an die Betriebs-

---

[70] Vgl. ausführlich: *Fabricius*, GK-BetrVG, Vorbem. vor § 106, Rdn. 32 ff., welcher auf die einschränkende Auslegung des Begriffs im BetrVG hinweist; *Föhr*, Vorlage von Unterlagen des Arbeitgebers an Betriebsrat und Wirtschaftsausschuß, DB 1976, S. 1378; *Hanau*, Probleme der Mitbestimmung des Betriebsrats über den Sozialplan, ZfA 1974, S. 89; *Kehrmann / Schneider*, Die wirtschaftliche Mitbestimmung nach dem neuen Betriebsverfassungsgesetz, BlStSozArb 1972, S. 60; *Rumpff*, Mitbestimmung in wirtschaftlichen Angelegenheiten.

[71] *Dietz / Richardi*, Vorbem. vor § 106, Rdn. 2; *Rumpff*, Die Mitwirkung der Arbeitnehmervertretungen in wirtschaftlichen Angelegenheiten, BB 1972, S. 325.

[72] *Boldt*, Organisation und Aufgaben des Wirtschaftsausschusses nach dem Betriebsverfassungsgesetz, Die AG 1972, S. 299; *Gege*, Die Funktion des Wirtschaftsausschusses im Rahmen der wirtschaftlichen Mitbestimmung; *Wisskirchen*, Der Wirtschaftsausschuß nach dem Betriebsverfassungsgesetz 1972, DadG 13, S. 73.

[73] *Galperin / Löwisch*, Vorbem. vor § 106, Rdn. 1 - 3 und § 106, Rdn. 9.

leitung wenden, falls diese Vereinbarungen mit dem Betriebsrat nicht durchgeführt oder eine Maßnahme einseitig trifft, die der Mitwirkung und Mitbestimmung des Betriebsrats unterliegt. Das Beteiligungsrecht gibt demnach kein Mitdirektionsrecht[74].

Daraus läßt sich jedoch nicht herleiten, daß den Arbeitnehmervertretern eine Teilhabe an den wirtschaftlich-unternehmerischen Entscheidungen allgemein verwehrt sei. Bezeichnenderweise halten Galperin / Löwisch ihre Argumentation vom sozialschützenden Charakter betriebsrätlicher Mitbestimmung selbst nicht durch. Bezüglich der Personalplanung, welche eine Hauptaufgabe der Unternehmensleitung darstellt, wird der wirtschaftlich-unternehmerische Aspekt der betriebsrätlichen Mitbestimmung gesehen, bloßer Sozialschutzcharakter zu Recht abgelehnt.

Aufschlußreich ist diesbezüglich, daß § 106 Abs. 2 a. E. BetrVG gerade auf die sich aufgrund der wirtschaftlichen Angelegenheiten ergebenden Auswirkungen auf die Personalplanung hinweist.

bb) Entgegen der These vom Sozialschutz vertritt die herrschende Meinung in der Literatur die Auffassung, daß dem Arbeitnehmer gemäß §§ 106 ff. BetrVG funktionell Teilhaberechte von unternehmerisch-wirtschaftlicher Art zustehen[75]. Die Unterrichtungs- und Beratungsrechte des Wirtschaftsausschusses[76] seien auf das Unternehmen und seine unternehmerische Entscheidungsebene, nicht auf den einzelnen Betrieb bezogen. Der Wirtschaftsausschuß sei daher auf der Ebene des Unternehmens, nicht — wie etwa der Betriebsrat — auf Ebene des einzelnen Betriebes eingerichtet und tätig. Daher sei es folgerichtig, daß das Gesetz im Abschnitt der §§ 106 ff. BetrVG nicht von Arbeitgeber und Betrieb, sondern vom Unternehmer und Unternehmen spreche. Auch wenn Arbeitgeber und Unternehmer notwendig identisch seien, so sei diese begriffliche Unterscheidung dennoch von Bedeutung. Sie mache sichtbar, daß es bei den wirtschaftlichen Maßnahmen um Entscheidungen der Unternehmensleitung gehe, und der Unternehmer

---

[74] *Dietz / Richardi*, § 77, Rdn. 8 m. w. N.; *Fitting / Auffarth / Kaiser*, § 77, Rdn. 4, m. w. N.

[75] *Boldt*, Die AG 1972, S. 299, 301; *Dietz / Richardi*, Vorbem. vor § 106. Rdn. 6; *Fabricius*, GK-BetrVG, § 106, Rdn. 25 - 27; *Fitting / Auffarth / Kaiser*, § 106, Rdn. 7, 13 ff.; *Raiser*, Mitbestimmung im Unternehmen und Betrieb, in FS für Duden, S. 423, 431; *Rumpff*, Mitbestimmung in wirtschaftlichen Angelegenheiten, S. 19, 20, 108 ff.

[76] Dieser ist seit der Neufassung des BetrVG 1972 kein paritätisch mitbestimmtes Unternehmensorgan mehr. Sein Vorgänger, der gemäß § 68 Abs. 2 und 3 BetrVG 1952 gebildete Wirtschaftsausschuß, war noch hälftig aus Vertretern der Arbeitnehmer sowie des Unternehmens besetzt. Er sollte institutionell die Zusammenarbeit in wirtschaftlich-unternehmerischen Fragen zwischen Betriebsrat und Unternehmen fördern. Vgl. *Dietz / Richardi*, § 106, Rdn. 1.

als Inhaber des Unternehmens und nicht als Arbeitgeber in seinen Beziehungen zu den Arbeitnehmern und der Belegschaft im Vordergrund stehe[77].

Der insoweit überzeugenden herrschenden Meinung ist beizutreten. Der Katalog des § 106 Abs. 3 Nr. 1 - 10 BetrVG[78] macht deutlich, daß die Mitwirkungsrechte der Arbeitnehmervertreter sich auf den gesamten unternehmerisch-wirtschaftlichen Bereich erstrecken.

cc) Entscheidend ist jedoch, daß diese unternehmerische Teilhabe den Arbeitnehmern keine Mitbestimmungsmacht gibt. Der Wirtschaftsausschuß besitzt kein Mitbestimmungsrecht bei wirtschaftlichen Entscheidungen des Unternehmers. Seiner Aufgabe nach handelt es sich um ein bloßes Beratungsorgan, dessen Mitglieder die wirtschaftliche Entwicklung des Unternehmens mit dem Unternehmer zu erörtern und daran anschließend den Betriebsrat über die Diskussion in Kenntnis zu setzen haben. Der vom Kölner Gutachten[79] dem Wirtschaftsausschuß aufgrund umfassender Information und Beratung beigemessene wenigstens mittelbare Einfluß auf die unternehmerischen Entscheidungsprozesse bleibt unterparitätisch.

b) Dem Mitwirkungsrecht des Wirtschaftsausschusses stehen die Teilhaberechte des Betriebsrats in wirtschaftlichen Angelegenheiten gemäß §§ 111 ff. BetrVG zur Seite. Diese werden auf der Ebene des Betriebes ausgeübt und betreffen Betriebsänderungen.

Die Beteiligung des Betriebsrats bezieht sich auf zwei unterschiedliche Mitwirkungs- und Mitbestimmungskomplexe: § 112 unterscheidet zwischen dem Interessenausgleich über die Betriebsänderung[80] und der Einigung über den Ausgleich oder die Milderung der wirtschaftlichen Nachteile, welche die Arbeitnehmer infolge der geplanten Betriebsänderung zu gewärtigen haben. Diese Einigung wird als Sozialplan bezeichnet. Trotz dieser Unterscheidung handelt es sich insgesamt jedoch nicht um zwei völlig voneinander getrennte Vorhaben[81].

aa) Der Interessenausgleich nach § 112 Abs. 1 S. 1 BetrVG betrifft die unternehmerisch-wirtschaftliche Entscheidung als solche, die Frage also, ob, wann und wie eine vom Unternehmer geplante Betriebsände-

---

77 *Dietz / Richardi*, Vorbem. vor § 106, Rdn. 9; *Fabricius*, GK-BetrVG, § 111, Rdn. 14.

78 Ausführlich hierzu: *Wisskirchen*, DAdG 13, S. 73, 79.

79 Kölner Gutachten, S. 125.

80 Die Regelung bezüglich des Interessenausgleichs sehen als abschließend an: *Dietz / Richardi*, § 111 Rdn. 9; *Hanau*, Probleme der Mitbestimmung des Betriebsrats über den Sozialplan, ZfA 1974, S. 89, 93; a. A. *Fitting / Auffarth / Kaiser*, § 111 Rdn. 5.

81 *Matthes*, Das Mitbestimmungsrecht des Betriebsrats bei Betriebsänderungen, DB 1972, S. 286, 291.

rung vorgenommen werden soll. Die Teilhaberechte beschränken sich demnach nicht auf den betrieblichen Bereich, sondern werden auf der Unternehmensebene wahrgenommen[82]. §§ 111 ff. BetrVG stellen klar, daß Verhandlungspartner des Betriebsrats nicht der Arbeitgeber, sondern der Unternehmer ist, welcher die Änderung in einem Teilbereich des Unternehmens, die sog. Betriebsänderung, durchzuführen entschlossen ist. Der Interessenausgleich ist von seiner Funktion her als Mitbeteiligung an der Unternehmensleitung bezüglich einer unternehmerischen Entscheidung anzusehen. Ziel des Interessenausgleichs ist es, den Betriebsrat nicht nur hinsichtlich der Auswirkungen einer Betriebsänderung teilhaben zu lassen, sondern bereits die unternehmerische Frage des Ob und Wie einer geplanten Maßnahme zur Erörterung und Beratung zu stellen.

Zu beachten ist jedoch, daß die Rechte des Betriebsrats zwar unternehmensbezogen, jedoch nicht erzwingbar sind. Denn es bleibt dem Betriebsrat verwehrt, im Rahmen der Verhandlungen um einen Interessenausgleich die Entscheidungsfreiheit des Unternehmers zu begrenzen. Der Betriebsrat kann nach der gesetzlichen Regelung den Unternehmer weder zwingen, eine geplante unternehmerische Maßnahme zu unterlassen, noch dazu, eine vom Betriebsrat initiierte durchzuführen[83]. Das wirtschaftliche Beteiligungsrecht des Betriebsrats ist lediglich als Anhörungs- und Beratungsrecht, nicht als Mitentscheidungsrecht ausgestaltet[84]. Nur auf dem Wege der Überzeugung kann es zu einer Einigung bezüglich eines Interessenausgleiches zwischen Betriebsrat und Unternehmer kommen.

bb) *α*) Mitbestimmungsrechte dagegen hat der Gesetzgeber in § 112 Abs. 1 S. 2 BetrVG dem Betriebsrat bezüglich des Sozialplanes eingeräumt. Dessen Erstellung kann der Betriebsrat erzwingen.

β) Fraglich ist, ob die betriebsrätliche Mitbestimmung die Ebene der Unternehmensentscheidung berührt.

αα) Grundsätzlich ist Gegenstand des Sozialplans nicht die wirtschaftliche Unternehmensentscheidung, sondern der Ausgleich und die Milderung der wirtschaftlichen Nachteile, welche den Arbeitnehmern infolge einer Betriebsänderung zur Last fallen[85]. Ziel des Strebens des

---

[82] *Biedenkopf*, Anmerkungen zum neuen Betriebsverfassungsgesetz, in FS für *Kaufmann*, S. 91, 101; *Dietz / Richardi*, Vorbem. vor § 106, Rdn. 6, 9; *Fitting / Auffarth / Kaiser*, § 1, Rdn. 28; *Hanau*, Unklarheiten im Regierungsentwurf des Betriebsverfassungsgesetzes, BB 1971, S. 485; *Hueck / Nipperdey*, Lehrbuch des Arbeitsrechts, Bd. II/2, S. 1457; *Neumann-Duesberg*, S. 598; *Söllner*, Arbeitsrecht, S. 165.

[83] *Fitting / Auffarth / Kaiser*, § 1 Rdn. 28, § 112 Rdn. 2, 3.

[84] *Raiser*, Mitbestimmung, S. 431; *Zöllner*, Arbeitsrecht, S. 352.

[85] *Dietz / Richardi*, § 112, Rdn. 18; *Fabricius*, GK-Bericht, § 112, Rdn. 20, 29 ff.

Betriebsrats ist es, bei grundsätzlicher Anerkennung der bisherigen Unternehmensstruktur nach Möglichkeit Arbeitsplätze zu sichern und den sozialen Besitzstand der Arbeitnehmer zu erhalten. Es geht letztlich um einen Härteausgleich[86]. Nach dem insoweit klaren Wortlaut der §§ 112 f. BetrVG erstreckt sich das Mitbestimmungsrecht nicht auf das Ob der unternehmerischen Entscheidung, sondern lediglich auf deren soziale und personelle Folgen. Dies ist jedenfalls die weitaus herrschende Meinung[87].

ββ) Diese Ansicht ist in Zweifel zu ziehen. Zwar lassen Wortlaut und Entstehung des § 112 BetrVG erkennen, daß der Gesetzgeber keine Eingriffe in die unternehmerische Entscheidung seitens des Betriebsrats bei Betriebsänderungen beabsichtigte[88]. Doch zeigt die Praxis, daß dieser Grundgedanke im Rahmen der §§ 111 ff. BetrVG nur bei vordergründig formaler Betrachtung durchgehalten wurde. Denn tatsächlich vermag der im Streitfall von der Einigungsstelle verbindlich festgelegte Sozialplan entscheidenden Einfluß auf die beabsichtigte unternehmerische Maßnahme selbst auszuüben. Nicht selten hängt die Möglichkeit, eine Betriebsänderung durchzuführen, unmittelbar von ihren finanziellen Auswirkungen ab[89]. Die Kosten eines Sozialplans sind nämlich bereits im Rahmen der Kalkulation bei der Planung und Entscheidung des „Ob" einer jeden Betriebsänderung entscheidend zu berücksichtigen[90]. Damit wird die Unternehmensbezogenheit der Mitbestimmung bezüglich des Sozialplans deutlich. Dieses Mitbestimmungsrecht gibt dem Betriebsrat mittelbar unternehmerische Mitentscheidungsmacht. Von der Ausübung dieses Rechts ist das Unternehmen bei seinem Bemühen, sich am Markt auszurichten, abhängig. Für Biedenkopf[91] ist es bei dieser Sachlage unzweifelhaft, daß die „sozialen" Kompetenzen des Betriebsrates auf den Inhalt der unternehmerischen Entscheidung zurückwirken[92]. Als Beispiel mag eine betriebswirtschaftlich und somit unternehmerisch gebotene Betriebsänderung gelten, welche unterbleibt, wenn das Unternehmen den damit einhergehenden Belastungen eines Sozialplanes zwar noch standhalten kann, die derart aufwendige

---

86 *Fitting / Auffarth / Kaiser*, § 112, Rdn. 11; *Däubler*, Arbeitsrecht, S. 265.

87 *Dietz / Richardi*, Vorbem. vor § 106, Rdn. 6, 9; *Fabricius*, vgl. Fn. 85; *Fitting / Auffarth / Kaiser*, § 112, Rdn. 1, 12; *Raiser*, Mitbestimmung, S. 431; *Schaub*, Arbeitsrechtshandbuch, S. 1109; *Söllner*, S. 166; a. A. s. Fn. 90 - 92.

88 Vgl. Begründung des Regierungsentwurfs, BT-Drucks. VI/1786, S. 31.

89 *Wisskirchen*, DAdG 17, S. 73.

90 Kölner Gutachten, S. 125.

91 *Biedenkopf*, Anmerkungen zum neuen Betriebsverfassungsgesetz, in FS für Kaufmann, S. 91, 101; *ders.*, Anmerkungen zum neuen Betriebsverfassungsgesetz, BB 1972, S. 1513, 1516.

92 Ähnlich *Erdmann*, Die Bedeutung der Mitbestimmung des Betriebsrats für die unternehmerische Entscheidung. Der Weg zur Überparität, RdA 1976, S. 87, 89.

Änderung wirtschaftlich betrachtet jedoch ohne Sinn bleibt[93]. Somit vermag ein Betriebsrat unternehmerisch-wirtschaftlichen Einfluß auf eine betriebliche Veränderung zu nehmen, indem er die Soziallasten derart „verteuert", daß das Unternehmen aus wirtschaftlichen Überlegungen auf die unternehmerische Entscheidung verzichtet.

(2) Die These von der „Mitbestimmung durch Verteuerung" wird allerdings unter Hinweis auf die §§ 111, 112 Abs. 4 Satz 2, 113 BetrVG angegriffen. Diesen Vorschriften komme bezüglich der Erstellung eines Sozialplanes Maßstabsfunktion zu.

(a) § 113 BetrVG stellt für die Festlegung eines Sozialplanes jedoch keine Begrenzung nach oben dar[94].

Zwar legt § 113 BetrVG Höchstwerte für den Fall fest, daß eine Betriebsänderung ohne Einschalten des Betriebsrats oder einem vereinbarten Interessenausgleich zuwider vorgenommen wird. Doch werden damit entgegen der Ansicht von Dietz / Richardi[95] und Rumpff[96] nicht zugleich die Grenzen des § 113 BetrVG in den § 112 BetrVG aufgenommen. Deren Auffassung, es sei nicht vorstellbar, daß der Gesetzgeber im Falle der Verletzung des Mitbestimmungsrechts des Betriebsrats weniger harte Sanktionen anzuordnen bereit war als bei Beachtung des Mitbestimmungsrechts des Betriebsrats durch den Unternehmer, scheint zwar auf den ersten Blick in sich stimmig. Doch berücksichtigt diese Argumentation nicht, daß ein Sozialplan auch noch nach einer Betriebsänderung erstellt werden kann[97].

Zweck des § 113 BetrVG ist also lediglich eine Sanktion für die Verletzung eines Mitbestimmungsrechtes. Wird nämlich eine Betriebsänderung entgegen den Vorschriften des Betriebsverfassungsgesetzes durchgeführt, so vermag sowohl der einzelne Arbeitnehmer den Anspruch aus § 113 BetrVG geltend zu machen, als auch der Betriebsrat zusätzlich noch die Erstellung des Sozialplanes zu verlangen. Somit kann ein gesetzestreuer Unternehmer, der den Betriebsrat ordnungsgemäß beteiligt, im für ihn ungünstigsten Falle demjenigen Unterneh-

---

[93] *Böhm*, Konkurrenz von Ansprüchen aus dem Sozialplan mit dem gesetzlichen Abfindungsanspruch, BB 1973, S. 1077, 1078; *Rüthers*, Arbeitsrecht und politisches System, S. 153.

[94] LAG Hamm, AP. Nr. 1 § 112 BetrVG 1972; *Fabricius*, GK-BetrVG, § 112, Rdn. 61 ff.; *Fitting / Auffarth / Kaiser*, § 112, Rdn. 12; *Gnade / Kehrmann / Schneider*, § 113, Rdn. 7.

[95] *Dietz / Richardi*, § 112, Rdn. 34.

[96] *Rumpff*, Mitbestimmung in wirtschaftlichen Angelegenheiten, S. 291.

[97] Vgl. Beschluß des LAG Hamm vom 1. 3. 1972, DB 1972, S. 356 ff.; *Dietz*, Verfahrensrecht der Betriebsverfassung, AuR 1973, S. 353, 364; *Dietz / Richardi*, § 112 Rdn. 16; *Fabricius*, GK-BetrVG, § 112, Rdn. 23, 35; *Fitting / Auffarth / Kaiser*, § 112, Rdn. 11; *Schaub*, Arbeitsrechtshandbuch, S. 1109.

mer, der den Betriebsrat völlig übergeht, gleichgestellt werden; nicht jedoch vermag er eine Schlechterstellung zu erleiden[98].

Ferner drohen dem gesetzesuntreuen Unternehmer, der den Betriebsrat vorsätzlich nicht beteiligt, Bestrafungen gemäß § 23 Abs. 3, 119 Abs. 1 Nr. 2 und 3 sowie 121 Abs. 2 BetrVG. Diese Bußgelder, welche nicht den benachteiligten Arbeitnehmern zufließen[99], bewirken, daß der sich betriebsverfassungswidrig verhaltende Unternehmer wirtschaftlich nicht besser, sondern schlechter gestellt ist als ein gesetzestreuer.

Für den Sanktionscharakter des § 113 Abs. 3 BetrVG und damit gegen eine Begrenzung der Leistungen eines Sozialplanes spricht auch die Entstehungsgeschichte dieser Norm. Der Deutsche Bundestag hat sich dem vom Bundesrat in dessen Stellungnahme zum Regierungsentwurf[100] gemachten Vorschlag, die Entscheidungsmacht der Einigungsstelle in der Höhe entsprechend § 113 BetrVG zu beschränken, nicht angeschlossen. Damit wurde auf die Verschiedenheit der Zielsetzung der Bestimmungen der §§ 112 und 113 BetrVG hingewiesen[101].

(b) Der These von der „Mitbestimmung durch Verteuerung" wird regelmäßig entgegengehalten, daß die finanzielle Obergrenze des Sozialplanes durch die wirtschaftliche Vertretbarkeit für das Unternehmen abgesteckt sei. Auch wenn es grundsätzlich Aufgabe von Betriebsrat und Arbeitgeber sei, diesen Begriff inhaltlich auszufüllen, dürfe der Sozialplan nicht zu derartigen Belastungen führen, daß dadurch die verbliebenen Arbeitsplätze in Gefahr gebracht würden. Diese Auffassung stützt sich auf § 112 Abs. 4 S. 2 BetrVG. Diese Norm enthält neben Beschränkungen, die sich aus der Zwecksetzung des Sozialplanes, dem Ausgleich und der Milderung der Folgen einer Betriebsänderung zu dienen, selbst ergeben, die wichtigsten Anhaltspunkte für die Entscheidung der Einigungsstelle[102]. Die Einigungsstelle hat sowohl die sozialen und personellen Belange der betroffenen Arbeitnehmer als auch die wirtschaftliche Vertretbarkeit ihrer Entscheidung für das Unternehmen in eine Interessenabwägung einzustellen. Der Einigungsstelle ist somit in § 112 Abs. 4 S. 2 BetrVG eine besondere Abwägungsklausel an die Hand gegeben. Faßt die Einigungsstelle ihre Beschlüsse

---

98 So aber: *Dietz / Richardi*, § 112 Rdn. 16; *Rumpff*, vgl. Fn. 96.

99 Dies kritisiert *Rumpff*, vgl. Fn. 96, S. 291, 292 zu Unrecht, da den benachteiligten Arbeitnehmern schon §§ 113, 112 Abs. 1, S. 2 BetrVG den erstrebten wirtschaftlichen Ausgleich bringen.

100 BT-Drucksache VI/1786, S. 66.

101 *Fabricius*, GK-BetrVG, § 112, Rdn. 62 ff.; *Hanau*, Probleme der Mitbestimmung des Betriebsrats über den Sozialplan, ZfA 1974, S. 89, 104; a. A. *Dietz / Richardi*, § 112, Rdn. 34.

102 Ausführlich zur besonderen Abwägungsklausel des § 112 Abs. 4 S. 2 BetrVG (insbesondere für Sozialpläne im Konkurs): *Beuthien*, Sozialplan und Unternehmensverschuldung, S. 14.

gewöhnlich gemäß § 76 Abs. 5 S. 3 BetrVG unter angemessener Berücksichtigung der Belange des Betriebes und der betroffenen Arbeitnehmer, so wird diese allgemeine Abwägungsklausel für den Sozialplan durch die besondere Abwägungsklausel des § 112 Abs. 4 S. 2 BetrVG ersetzt. Dabei fällt auf, daß in § 112 Abs. 4 S. 2 BetrVG im Gegensatz zu § 76 Abs. 5 S. 3 BetrVG nicht von Billigkeit die Rede ist. Vielmehr hat eine Einigungsstelle, die einen Sozialplan aufstellt, sowohl nach § 112 Abs. 4 S. 2 BetrVG die oben genannten Belange der Arbeitnehmer zu berücksichtigen als auch auf die wirtschaftliche Vertretbarkeit ihrer Entscheidung für das Unternehmen zu achten. Die Einigungsstelle darf ihre Sozialplanentscheidung nicht aufgrund allgemeiner Billigkeitserwägungen treffen. Vielmehr sind Inhalt und Grenzen ihres Entscheidungsspielraums kraft Gesetzes umschrieben, und zwar enger als in § 76 Abs. 5 S. 3 BetrVG[103].

Einem übermäßigen Verteuern setzt grundsätzlich die wirtschaftliche Vertretbarkeit Grenzen, d. h. das Unternehmen darf durch einen über die Maßen großzügigen Sozialplan nicht wirtschaftlich überfordert werden. § 112 Abs. 4 S. 2 BetrVG stellt im Gegensatz zu § 76 Abs. 5 S. 3 BetrVG[104] nicht auf den Betrieb, sondern auf das Unternehmen ab. Dies ist konsequent. Da wirtschaftlich-unternehmerische Mitbestimmung der Arbeitnehmer im Unternehmen als dem Ort der wirtschaftlichen Entscheidungen ansetzt, muß Bezugspunkt für die Belastungsfähigkeit im Rahmen der Erstellung eines Sozialplanes ebenfalls das Unternehmen sein.

Anderenfalls läge es in der Hand des Unternehmers, den zur Entscheidung einer Betriebsänderung anstehenden Betrieb wirtschaftlich so „abzumagern", daß die wirtschaftliche Vertretbarkeit für den Betrieb gegen Null ginge.

Sinn der Betriebsänderung samt Sozialplan ist es im Regelfall, daß nach Durchführung der Maßnahmen das Unternehmen, ausgestattet mit hinreichenden finanziellen Mitteln, die insbesondere für Investitionen verwandt werden sollen, weiterarbeiten kann. Absolute Grenze eines Sozialplans ist der Fortbestand der übrigen Unternehmensteile sowie der dort angesiedelten Arbeitsplätze. Dies bedeutet, daß ein Sozialplan nicht über den Rand der Belastbarkeit eines Unternehmens hinausreichen darf[105]. Insoweit herrscht Einigkeit. Es stellt sich jedoch die

---

[103] *Beuthien*, Sozialplanzwangsschlichtung und Konkursgläubigerschutz, FS für Gerhard Müller, S. 13, 18. a. A. *Fabricius*, GK-BetrVG, § 112, Rdn. 84, der davon spricht, daß § 76 Abs. 5 S. 3 BetrVG in § 112 Abs. 4 S. 2 BetrVG „inhaltsgleich konkretisiert" sein soll; ähnlich äußern sich: *Dietz / Richardi*, § 112, Rdn. 68; sie erkennen in § 112 Abs. 4 S. 2 BetrVG „Elemente des billigen Ermessens".

[104] Nach Auffassung von *Rumpff*, S. 292 soll § 112 Abs. 4 S. 2 BetrVG nur § 76 Abs. 5 S. 3 BetrVG konkretisieren.

Frage, ob die Erkenntnis, daß ein Sozialplan ein Unternehmen nicht in seinem Bestand gefährden darf, geeignet ist, die These vom wirtschaftlichen Einfluß des Betriebsrates durch „Verteuern eines Sozialplanes" zu widerlegen.

Auch wenn ein „Verteuern" bis an die Existenzgrenze unzulässig ist und ein Sozialplan im Grundsatz nicht dazu beitragen soll, daß als wirtschaftlich notwendig erkannte Entscheidungen unterbleiben, besteht auf dem Weg vom unternehmerisch Wünschenswerten zur Grenze des unternehmerisch absolut Notwendigen ein weites Feld, auf welchem der Betriebsrat Entscheidungen verteuern kann. Dieser wirtschaftlich-unternehmerische Einfluß kennt nicht die Grenze des § 112 Abs. 4 S. 2 BetrVG.

Zu beachten ist in diesem Zusammenhang vor allem die kaum zu lösende Schwierigkeit, die wirtschaftliche Vertretbarkeit für ein Unternehmen festzulegen, d. h. es ist fraglich, ob die erarbeitete letzte Grenze bei der Erstellung eines Sozialplanes inhaltlich etwas auszusagen vermag[106].

Am Beispiel eines Elektrokonzerns mit einer Vielzahl von Betrieben im gesamten Bundesgebiet soll das Problem verdeutlicht werden.

Das Unternehmen besteht aus zwanzig Werken bzw. Betrieben. Die Gesamtertragslage ist gut. Lediglich ein Betrieb im ungünstig gelegenen Zonenrandgebiet Nordbayerns arbeitet seit Jahren unrentabel. Er stellt als einziger Betrieb des Unternehmens elektronische Kleinteile der Unterhaltungsbranche her. Die Produkte können aufgrund der hohen Personalkosten mit den Waren aus Billigexportländern nicht mehr konkurrieren. Da eine Umstellung des im übrigen veralteten Werkes auf andere Produkte angesichts der übrigen, nicht zu 100 Prozent ausgelasteten Betriebe nicht lohnend erscheint, beschließt die mitbestimmte Unternehmensleitung im Interesse der Erhaltung der übrigen Betriebe, das unrentable Werk zu schließen und die Belegschaft freizusetzen.

In der Folge der Entscheidung verhandeln die Unternehmensleitung und der Betriebsrat über einen Sozialplan. Nun wird deutlich, daß beide nur von zwei festen Werten ausgehen können. Einmal von den durch die Betriebsänderung den Arbeitnehmern entstehenden Nach-

---

105 Vgl. *Beuthien*, Sozialplan und Unternehmensverschuldung, S. 14.

106 a. A. *Beuthien*, Sozialplan und Unternehmensverschuldung, S. 64 - 66, der in der Bemessungsgröße des § 10 KSchG eine Leitlinie für alle Sozialplanabfindungen sieht, da § 113 Abs. 1 BetrVG auf § 10 KSchG verweist. Demgegenüber vertritt *Grunsky* in der Besprechung von *Beuthien*, Sozialplan und Unternehmensverschuldung, BB 1980, S. 1167, 1168, die Ansicht, daß ein fester Maßstab dafür, was die Arbeitnehmer über den Sozialplan abschöpfen dürfen und was den übrigen Gläubigern verbleiben muß, nicht ersichtlich ist.

teilen. Diese sind angesichts der Entlassung der Gesamtbelegschaft hoch anzusetzen. Der andere „Festpunkt" ist die wirtschaftliche Vertretbarkeit für das Unternehmen nach § 112 Abs. 4 S. 2 BetrVG. Auch wenn dieser Wert nur sehr schwer genau festzulegen ist[107], kann davon ausgegangen werden, daß das gesunde Gesamtunternehmen durch die Zahlung der Kosten des Sozialplanes nicht in seinem Bestand bedroht ist.

Doch außerhalb dieser Grenze mag es für das Unternehmen unter Umständen kostengünstiger sein, den unrentablen Betrieb weiterzuführen, als einen in Verhandlungen mit dem Betriebsrat verteuerten Sozialplan durchzuführen.

Selbst für den Fall, daß die Einigungsstelle[108] die Kosten für den Sozialplan festsetzt[109], ist nicht sichergestellt, daß diese niedriger als in unmittelbaren Verhandlungen zwischen der Unternehmensleitung und dem Betriebsrat ermittelt ausfallen. Denn angesichts der gewaltigen Nachteile der von der Schließung des einen Betriebes betroffenen Arbeitnehmer kommen auf das Gesamtunternehmen hohe Aufwendungen zu, ohne daß die Grenze der wirtschaftlichen Vertretbarkeit des Sozialplanes für das insgesamt ertragreiche Unternehmen erreicht wird. Dies hat die Einigungstelle zu berücksichtigen.

Insgesamt wird deutlich, daß dem Sozialplan, der seinem Ursprung nach Ausfluß des Sozialschutzgedanken ist, in der Praxis wirtschaftlich-unternehmerische Qualität zukommt. Da der Betriebsrat gleichberechtigt und gleichgewichtig diesbezüglich mitzuentscheiden hat, wird sichtbar, daß sich die Ebenen der aufsichtsrätlichen und der betriebsrätlichen Mitbestimmung berühren.

11. Mitbestimmung durch Betriebsvereinbarungen

Zu untersuchen ist schließlich, ob und inwieweit im paritätisch mitbestimmten Unternehmen der Einfluß der betriebsrätlichen Mitbestimmung, ausgeübt durch Betriebsvereinbarungen, auf wirtschaftlich-unternehmerische Bereiche reicht.

---

107 Vgl. Zweites Kapitel E II 10 b bb.

108 Beachte das Problem der überparitätisch besetzten „Paritätischen Einigungsstelle". Vgl. Zweites Kapitel F III 4. Auch von daher ist eine angemessene Berücksichtigung der Arbeitgeberbelange nicht gewährleistet.

109 Es ist festzustellen, daß weder bei den Unternehmensleitungen noch bei den Betriebsräten eine gesteigerte Neigung besteht, die Einigungsstelle zu bemühen. Viel häufiger wird versucht, bei Verhandlungen über mitbestimmungspflichtige Angelegenheiten sog. „Pakete" zu schnüren, d. h. vielfach werden Entscheidungen unternehmerischer Art durch verstärkte Sozialleistungen „erkauft".

Der Abschluß von Betriebsvereinbarungen[110] ist die wichtigste und zahlenmäßig bedeutsamste Form der Wahrnehmung von Teilhaberechten. Zwar können grundsätzlich gemäß § 77 Abs. 3 S. 1 BetrVG Arbeitsentgelte und sonstige materielle Arbeitsbedingungen, die durch Tarifvertrag geregelt sind oder üblicherweise geregelt werden, nicht Gegenstand einer Betriebsvereinbarung sein. Doch wird im Alltag fast regelmäßig von der Öffnungsklausel des Satzes 2 Gebrauch gemacht. Indem auf diese Art und Weise fast sämtliche bedeutenden Angelegenheiten der betrieblichen Mitbestimmung geregelt werden können, geht der Einfluß der einzelnen Betriebsvereinbarung genau in dieselbe Richtung und genauso weit wie das der Betriebsvereinbarung als Regelungsmaterie zugrunde liegende Teilhaberecht[111].

Das besagt, daß der Betriebsvereinbarung selbst keine eigenständige unternehmensbezogene mitbestimmungsrechtliche Bedeutung beizumessen ist. Vielmehr ist ihr jeweiliger Einfluß von den erläuterten Teilhaberechten[112] abhängig.

III. Unternehmensbezogene Mitbestimmungsrechte von Gesamt- und Konzernbetriebsrat

Zu klären ist schließlich, ob und welche unternehmerischen Mitentscheidungsfunktionen dem Gesamt- und dem Konzernbetriebsrat im Rahmen der Betriebsverfassung eingeräumt worden sind[113].

Nach dem BetrVG ist der Betriebsrat mehrfach an Entscheidungsprozessen beteiligt, die nicht im Betrieb als der arbeitstechnischen Einheit, sondern im Unternehmen selbst ablaufen. Dies wirft in Unternehmen, welche in mehrere Betriebe mit jeweils eigenständigem Betriebsrat gegliedert sind, zuweilen Probleme auf.

Der Gesetzgeber hat daher selbständige, betriebsverfassungsrechtliche Vertretungsorgane auf der Ebene des Unternehmens sowie auf der Ebene konzernmäßiger[114] Unternehmenszusammenschlüsse geschaffen, die Gesamtbetriebsräte[115] und die Konzernbetriebsräte[116].

---

110 Vgl. Begriffsbestimmung von *Nipperdey* in Hueck / Nipperdey, Lehrbuch des Arbeitsrechts, Bd. II/2, § 65.

111 Wie hier: *Kraft / Konzen*, Die Arbeiterselbstverwaltung im Spannungsverhältnis von Gesellschafts- und Arbeitsrecht, S. 72.

112 Vgl. Zweites Kapitel E II Nr. 1 - 10.

113 Vgl. allgemein: *Müller*, Die Stellung des Gesamtbetriebsrates und des Konzernbetriebsrates nach dem neuen BetrVG, in FS für Küchenhoff, I, S. 283 ff.

114 Vgl. § 18 Abs. 1 AktG.

115 § 47 Abs. 1 BetrVG.

116 § 54 Abs. 1 BetrVG.

Beide Gremien regeln Angelegenheiten, die zum einen jeweils den Gesamtbetrieb bzw. den gesamten Konzern betreffen, deren Inhalt zum anderen auf der jeweils darunter angesiedelten Ebene durch die dort zuständigen Räte nicht regelbar ist.

a) Das Kölner Gutachten[117] stellt fest, daß dadurch eine unternehmens- bzw. konzernbezogene Konzentration der Wahrnehmung von Mitbestimmungsrechten entstünde. Der Unternehmens- und Konzernleitung werde ein für den gesamten Unternehmens- oder Konzernbereich zuständiges Mitbestimmungsorgan gegenübergestellt, welchem jeweils grundsätzlich die gleichen Mitbestimmungsbefugnisse wie dem Betriebsrat auf betrieblicher Ebene zukäme. Genau wie letzterer übten Gesamt- und Konzernbetriebsrat im Rahmen der erzwingbaren Mitbestimmungsrechte unternehmerisch-wirtschaftliche Mitbestimmung aus; sie verwirklichten — was besonders anschaulich sei — als Organ auf der Unternehmensebene paritätische Mitbestimmung.

b) Der Aussage des Kölner Gutachtens tritt das Frankfurter Gutachten[118] entgegen. Es führt aus, daß die Gegenseite den Eindruck vermittele, die Verlagerung von Befugnissen auf zentralere, der Unternehmensstruktur angepaßte Instanzen bewirke eine Bündelung und damit eine Verstärkung der Mitbestimmungsrechte der Arbeitnehmer.

Nach dieser Auffassung verfolgt das Betriebsverfassungsrecht von seiner Anlage her genau die gegenteiligen Ziele. Während das Aktienrecht eine Zusammenfassung von Unternehmensleitungen in § 18 AktG für zulässig erkläre, sei es Grundgedanke des Betriebsverfassungsgesetzes, Entscheidungsprozesse auseinanderzuziehen[119].

Der einzelne Betriebsrat sei stets bezüglich Angelegenheiten zuständig, die auf Betriebsebene beraten und entschieden werden könnten. Daher sei es folgerichtig, daß das Gesetz ausdrücklich feststelle, daß Gesamt- und Konzernbetriebsrat den einzelnen Betriebsräten nicht übergeordnet seien[120]. Es bestehe weder ein Leitungs- noch ein Weisungsrecht.

Im Gegenteil seien die Arbeitnehmer an eine gesetzliche Regelung gebunden, die bewußt und gezielt Gesamt- und Konzernbetriebsrat als geschwächte Betriebsräte begriffe. Die primäre Zuständigkeit läge ausschließlich beim einzelnen Betriebsrat.

Gesamt- und Konzernbetriebsrat seien ausschließlich zuständig, wenn der einzelne Betriebsrat objektiv außerstande sei, seine Rechte wahr-

---

117 Kölner Gutachten, S. 128.

118 Frankfurter Gutachten, S. 176 ff.

119 Frankfurter Gutachten, S. 177 m. w. N.

120 §§ 50 Abs. 1 Satz 2, 58 Abs. 1 S. 2 BetrVG.

zunehmen. Nicht das bloße Interesse an der Einheitlichkeit von Regelungen, erst recht nicht die Gesichtspunkte der Koordination auf Seiten des Arbeitgebers, der Zweckmäßigkeit oder Bequemlichkeit vermöchten ihre Zuständigkeit zu begründen. Beispielsweise gehörten die Mitbestimmungsrechte des § 87 Abs. 1 BetrVG dort, wo sie unternehmensbezogen sein, ausschließlich in die Zuständigkeit des Einzelbetriebsrates[121]. Auch die Mitbestimmungsrechte bezüglich Sozialeinrichtungen würden grundsätzlich immer auf dem Hintergrund einer spezifischen, einzelbetrieblichen Situation ausgeübt. Deren Besonderheiten seien deshalb ebenfalls für die Reaktionen der Arbeitnehmervertretung maßgeblich.

Nach Meinung der Autoren des Frankfurter Gutachtens verbieten es Gesetz und Wirklichkeit daher, von grundsätzlich gleichen Mitbestimmungsbefugnissen vom Einzelbetriebsrat und Gesamt- bzw. Konzernbetriebsrat zu sprechen. Ebenso sei es unzulässig anzunehmen, daß die Existenz von auf das Unternehmen zugeschnittenen Mitbestimmungsinstanzen stärkeren Druck auf die Unternehmerseite ausübe, als ihn ein Einzelbetriebsrat entwickeln könne.

c) Bei der Frage nach der unternehmensbezogenen Mitbestimmung von Gesamtbetriebsrat und Konzernbetriebsrat ist festzustellen, daß die Wahrnehmung von Mitbestimmungs- und Mitwirkungsrechten durch ein einziges Organ eine Konzentrationswirkung zeitigt. Die vom Kölner Gutachten daraus abgeleitete und vorsichtig zum Ausdruck gebrachte Folgerung, diese Zusammenlegung von Befugnissen führe zu einer Stärkung der Teilhaberechte, ist jedoch nicht zwingend.

Zwar sind Gesamt- und Konzernbetriebsrat als Organe auf der Unternehmensebene angesiedelt. Jedoch steht die Mitwirkungs- und Mitbestimmungsmacht beider grundsätzlich der der Einzelbetriebsräte gleich. Denn sowohl die gesetzlichen Bestimmungen als auch die daraus herrührenden Aufgaben sind gleichgeblieben. Eine Ausweitung der Teilhaberechte der Arbeitnehmer tritt nicht ein[122].

Auch ist der Gesamt- bzw. Konzernbetriebsrat den Einzelbetriebsräten bzw. Gesamtbetriebsräten nicht übergeordnet[123]. Der Gesamtbetriebsrat ist nicht die vorgesetzte Instanz der Einzelberiebsräte. Er hat mithin kein Weisungsrecht gegenüber jenen und kann daher außerhalb der ihm zukommenden Befugnisse eine einheitliche Gestaltung

---

[121] Frankfurter Gutachten, S. 178 unter Hinweis auf *Kittner*, in der Urteilsanmerkung zu BAG EzA Nr. 1 zu § 50 BetrVG.

[122] *Dietz / Richardi*, § 50, Rdn. 1 u. 20; *Fitting / Auffarth / Kaiser*, § 50, Rdn. 12; *Galperin / Löwisch*, § 50, Rdn. 2; *Kammann / Hess / Schlochauer*, § 50, Rdn. 21.

[123] § 50 Abs. 1 S. 2 BetrVG, § 58 Abs. 1 S. 2 BetrVG.

und Ordnung der Betriebe nicht erzwingen[124]. Dies schließt jedoch nicht aus, daß der Gesamtbetriebsrat in Fragen, für die er nicht zuständig ist, als Koordinationsorgan zwischen den einzelnen Betriebsräten — allerdings ohne bestimmende Einflußnahme — tätig werden kann[125].

Unterschiede weisen Gesamt- und Konzernbetriebsrat gegenüber den Einzelbetriebsräten bezüglich der Zuständigkeit auf. Erstere haben von den Einzelbetriebsräten getrennte, eigenständige Zuständigkeitsbereiche.

Wie dargelegt ist der Gesamtbetriebsrat in über den einzelnen Betrieb hinausgreifenden, also überbetrieblichen Fragen zuständig, soweit diese Angelegenheiten durch die einzelnen Betriebsräte innerhalb ihrer Betriebe nicht geregelt werden können.

Entsprechend ist der Konzernbetriebsrat zuständig bei Angelegenheiten, die zum einen mehrere Konzernunternehmen betreffen, und die zum anderen durch die einzelnen Gesamtbetriebsräte bzw. die nach § 54 Abs. 2 BetrVG zuständigen Betriebsräte innerhalb ihrer Unternehmen nicht befriedigend behandelt werden können.

Problematisch ist, wie diese Einschränkungen zu verstehen sind.

Auf der einen Seite begründet die bloße Zweckmäßigkeit einer einheitlichen, gemeinsamen Regelung ebensowenig wie das Koordinierungsinteresse des Unternehmers[126] die Zuständigkeit von Gesamt- und Konzernbetriebsrat, da von einem „Nichtregelnkönnen" nicht die Rede sein kann. Andererseits kann man nicht fordern, daß eine betriebliche Regelung objektiv undurchführbar sei. Zwischen den Einzelbetrieben wären dann nämlich stets inhaltlich übereinstimmende Regelungen denkbar, so daß der Gesamtbetriebsrat keine Zuständigkeit mehr besäße[127]. Daher ist die Zuständigkeit immer dann zu bejahen, wenn sich bei vernünftiger Würdigung eine sachliche Notwendigkeit für eine einheitliche Regelung der betreffenden Angelegenheit innerhalb des Unternehmens bzw. Konzerns ergibt und sich aus der Natur der Sache aufdrängt[128]. So ist beispielsweise der Gesamtbetriebsrat stets zuständig, wenn eine gemeinsame oder einheitliche Regelung aus produktionstechnischen, sozialen oder wirtschaftlichen Gründen sinnvoll und

---

124 *Galperin / Löwisch*, § 50, Rdn. 2.

125 *Fitting / Auffarth / Kaiser*, § 50, Rdn. 6.

126 BAG AP Nr. 1 zu § 50 BetrVG 1972 mit Anmerkung von Löwisch = EzA § 50 BetrVG 1972 Nr. 1 mit kritischer Anmerkung von Kittner.

127 BAG, vgl. Fn. 126; *Dietz / Richardi*, § 50, Rdn. 5; *Fitting / Auffarth / Kaiser*, § 50, Rdn. 9; *Galperin / Löwisch*, § 50, Rdn. 6; *Müller*, Stellung, FS für Küchenhoff I, S. 290.

128 *Fitting / Auffarth / Kaiser*, § 50, Rdn. 11 m. w. N.; *Galperin / Löwisch*, § 58, Rdn. 5.

nützlich, erstrebenswert, ja notwendig ist[129]. Die Zuständigkeit von Gesamt- und Konzernbetriebsrat läßt erkennen, daß beiden Gremien volle, nicht — wie das Frankfurter Gutachten ausführt — abgeschwächte Mitbestimmungs- und Mitwirkungsrechte zukommen. Allerdings können beide nur in eng begrenzten Aufgabenbereichen tätig werden. Dies mag ein Beispielsfall verdeutlichen.

Die Aufstellung von Entlohnungsgrundsätzen und die Einführung und Anwendung neuer Entlohnungsmethoden im Unternehmen unterliegt der Mitbestimmung des Gesamtbetriebsrates, wenn eine einheitliche Regelung wegen der Gleichartigkeit der Struktur, Aufgaben und Tätigkeit von einzelnen Betrieben des Unternehmens geboten erscheint[130]. § 87 Abs. 1 Nr. 10 BetrVG räumt unternehmerisch-wirtschaftliche Mitbestimmungsrechte ein[131], welche für die Arbeitnehmer vom Gesamtbetriebsrat wahrgenommen werden.

Zwischenergebnis:

Die Untersuchung einzelner Teilhaberechte der Arbeitnehmer hat ergeben, daß das Betriebsverfassungsgesetz in der Fassung des Jahres 1972 entgegen seiner Grundkonzeption von der reinen Betriebsbezogenheit dem Betriebsrat, Gesamtbetriebsrat sowie Konzernbetriebsrat einzelne paritätische unternehmerisch-wirtschaftliche Mitbestimmungsrechte zuerkannt hat. Diese unternehmensbezogene, erzwingbare Mitbestimmung hat dazu geführt, daß unternehmerische Entscheidungen des Arbeitgebers/Unternehmers, die dieser ursprünglich auf Grund seines Direktionsrechtes und seiner Dispositionsbefugnis eigenständig treffen konnte, nicht mehr möglich sind. An die Stelle der Alleinentscheidung ist die Einigung mit dem Betriebsrat und im Falle des Streites der Spruch der Einigungsstelle getreten.

F. Die Verträglichkeit der unternehmerischen Mitbestimmungsrechte in Unternehmen und Betrieb

Im Rahmen der Untersuchung der Verträglichkeit der unternehmerischen Mitbestimmungsrechte in Unternehmen und Betrieb ist nunmehr zu klären, ob die beiden Mitbestimmungsarten in der Weise miteinander in Konkurrenz treten, daß die Arbeitnehmerschaft einseitig in Richtung Überparität begünstigt wird.

---

[129] BAG, vgl. Fn. 126; *Dietz / Richardi*, § 50, Rdn. 7; *Fitting / Auffarth / Kaiser*, § 50, Rdn. 11; *Galperin / Löwisch*, § 50, Rdn. 7.

[130] *Dietz / Richardi*, § 50, Rdn. 11; *Fitting / Auffarth / Kaiser*, § 50, Rdn. 13; *Galperin / Löwisch*, § 50, Rdn. 9.

[131] Vgl. Zweites Kapitel E II 4.

I. Kumulation unternehmerischer Mitbestimmung bei Verschiedenartigkeit der Verwirklichung

Das Problem, ob betriebsbezogene und unternehmensbezogene Mitbestimmung nebeneinander unverändert in voller Ausprägung, sich gegenseitig ergänzend, bestehen können, oder ob es zu einer Kumulation von Arbeitnehmerbefugnissen kommt, wird außerordentlich gegensätzlich gesehen.

1. Die These von der Unterschiedlichkeit der Ansätze und Zwecksetzung

a) Eine Meinung[1] vertritt den Standpunkt, die ursprüngliche Absicht des Gesetzgebers, betriebsrätliche und aufsichtsrätliche Mitbestimmung klar voneinander abzusondern, sei auch nach einer Einführung vollparitätischer Mitbestimmung im Aufsichtsrat und unter Beibehaltung der Teilhabe nach dem BetrVG 1972 gültig. Die beiden Arten der Mitbestimmung und Mitwirkung der Arbeitnehmer vollzögen sich auf grundsätzlich verschiedenen Ebenen. Nach wie vor spiegele sich in der sorgfältigen Trennung der beiden Ansatzpunkte die Überzeugung wieder, verschiedene Regelungsziele verfolgen zu müssen[2].

Ausgangspunkt der betrieblichen Mitbestimmung bleibe das Direktionsrecht des Arbeitgebers.

Nach diesem richteten sich infolgedessen Aufgaben und Rechte des Betriebsrats, welche dieser in der Arbeits- und Produktionseinheit „Betrieb" ausübe[3]. Das Betriebsverfassungsrecht betreffe das Verhältnis des Arbeitgebers zur Betriebsbelegschaft, habe für die Arbeitnehmer vor allem Schutzfunktion und sei dem Arbeitsrecht zuzuordnen[4]. Die betriebsrätliche Teilhabe solle die Machtbefugnisse des Arbeitgebers bezüglich des Aufbaus und der Zusammensetzung der

---

[1] *Auffarth*, Zur Bedeutung der Beteiligungsrechte des Betriebsrats nach dem Betriebsverfassungsgesetz 1972 für die Unternehmen, für die eine paritätische Mitbestimmung der Arbeitnehmer auf Unternehmensebene besteht, RdA 1976, S. 2 ff.; *Farthmann*, Betriebsverfassung und Unternehmensrecht, Arb. u. Soz. Pol. 1970, S. 380, 382; *Fitting / Wlotzke / Wißmann*, Vorbem. Rdn. 14 - 20; *Raiser*, Mitbestimmungsgesetz, Einl. Rdn. 54; *ders.*, Mitbestimmung, in FS für Duden, S. 423, 427; *Richardi*, Mitbestimmungsgedanke, DAdG 13, S. 19, 49; *Schwegler*, Möglichkeiten und Grenzen der Unternehmensmitbestimmung, GMH 1973, S. 623; *Schwerdtfeger*, Verfassungsmäßigkeit, S. 37; *Vollmer*, Die Entwicklung partnerschaftlicher Unternehmensverfassungen, S. 194 ff.; Frankfurter Gutachten, S. 168 ff.; Stellungnahme der Bundesregierung zur Verfassungsbeschwerde gegen das MBG 1976, S. 38.

[2] Frankfurter Gutachten, S. 169.

[3] Vgl. die Ausnahme des Gesamtbetriebsrates, Konzernbetriebsrates und des Wirtschaftsausschusses.

[4] *Fitting / Wlotzke / Wißmann*, Vorbem. Rdn. 14.

Belegschaft, der Organisation des Betriebes und der Arbeitsabläufe begrenzen, ohne jedoch die unternehmerischen Entscheidungen als solche zu berühren.

Von der Betriebsebene losgelöst ziele dagegen die Mitbestimmung auf der Unternehmensebene darauf ab, an der Organisations-, Planungs- und Leitungsgewalt des Unternehmens gleichberechtigt teilzuhaben. Die Mitbestimmung im Aufsichtsrat bezöge sich auf die wirtschaftliche Einheit des Unternehmens; sie beträfe nur allgemein unternehmerische Fragen und grenze die Entscheidung des Unternehmens ein. Den Arbeitnehmern sei im Aufsichtsrat vorsorgend-kontrollierender Einfluß auf die grundlegenden unternehmenspolitischen Entscheidungen eingeräumt. Dagegen ginge es bei der betriebsrätlichen Mitbestimmung darum sicherzustellen, daß bei der Umsetzung getroffener unternehmenspolitischer Entscheidungen in die innerbetriebliche Praxis die sozialen Belange der Arbeitnehmer im Sinne eines besonderen Gruppen- und Minderheitenschutzes angemessen berücksichtigt würden[5].

Da die unternehmerische Mitbestimmung und die betriebliche Teilhabe rechtlich nebeneinander bestünden, sei eine Kumulation von Beteiligungsrechten nicht gegeben. Zum einen seien Betriebsrat und Aufsichtsrat ihrer ganzen Struktur und Funktion nach grundverschieden[6]. Zum anderen würden im Grundsatz die Teilhaberechte des Betriebsrats rechtlich durch die Einführung der paritätischen Mitbestimmung im Aufsichtsrat genauso wenig berührt wie andererseits die aufsichtsrätliche Mitbestimmung mit der betriebsrätlichen rechtlich kollidiere, da Beteiligungsrechte von nicht vergleichbarem und nicht auswechselbarem Inhalt zusammenträfen. Auch vom sozialpolitischen Standpunkt betrachtet machten sich die Mitbestimmungssysteme nicht entbehrlich, da sie als Teilsysteme auf unterschiedlichen Ebenen angesiedelt sich gegenseitig sinnvoll ergänzten, nicht etwa verdoppelten. Dies ergäbe sich aus den unterschiedlichen, teils gegenläufigen Arbeitnehmerinteressen im Betrieb und auf Unternehmensebene. Eine gegen-

[5] *Vollmer*, S. 194. Vgl. zur idealtypischen Abgrenzung der Mitbestimmungssysteme schon Zweites Kapitel A III; sowie *Auffarth*, RdA 1976, S. 2; *Biedenkopf*, Anmerkungen zum neuen Betriebsverfassungsgesetz, in FS für Kaufmann, S. 91; *Buchner*, Das wirtschaftliche Mitbestimmungsrecht nach dem Betriebsverfassungsgesetz in seinem Verhältnis zur Forderung nach qualifizierter Mitbestimmung, Die AG 1970, S. 127; *Erdmann*, Die Bedeutung der Mitbestimmung des Betriebsrats für die unternehmerische Entscheidung: Der Weg zur Überparität, RdA 1976, S. 87; *Farthmann*, Arb. u. Soz. Pol. 1970, S. 380; *Fitting / Auffarth / Kaiser*, § 76 Rdn. 2; *Hanau*, Das Verhältnis des Mitbestimmungsgesetzes zum kollektiven Arbeitsrecht, ZGR 1977, S. 397; *Raiser*, Mitbestimmung, in FS für Duden, S. 423, 428; *ders.*, Mitbestimmungsgesetz, Einl. Rdn. 54 ff.; *Richardi*, Mitbestimmungsgedanke, DAdG 13, S. 19, 49.

[6] *Auffarth*, RdA 1976 S,. 2; *Richardi*, Mitbestimmungsgedanke, DAdG 13, S. 49; Frankfurter Gutachten, S. 181.

seitige Verstärkung der Mitbestimmungsverfahren finde nicht statt[7]. So werde die unternehmerische Entscheidungsfreiheit durch die Aufspaltung und das Nebeneinander der Mitbestimmungsbefugnisse nicht stärker beeinträchtigt, als es durch die paritätische Mitbestimmung im Aufsichtsrat allein der Fall sei[8].

Schwegler[9] geht in seiner Argumentation noch einen Schritt weiter, wenn er von einer notwendigen Ergänzung der beiden Mitbestimmungsarten spricht. Nach seiner Auffassung läßt erst die hinzutretende Parität im Aufsichtsrat die Ausübung der betrieblichen Mitbestimmung wirksam werden. Schwegler gibt für seine weitreichende These jedoch keine rechtliche Begründung, sondern verweist statt dessen auf nicht näher bezeichnete Untersuchungen der Gewerkschaften zur Betriebsverfassung und Unternehmensverfassung im Montanbereich.

b) Die Vertreter der These von der Nicht-Kumulation der Mitbestimmungsarten begnügen sich jedoch nicht mit der Feststellung des berührungslosen, ergänzenden Nebeneinanders der Teilhabesysteme.

Sie weisen gleichsam hilfsweise für den Fall, daß ausnahmsweise Berührungspunkte im tatsächlichen Bereich vorliegen mögen, darauf hin, daß formelle Überschneidungen nur dort auftreten könnten, wo dem Aufsichtsrat gemäß § 111 Abs. 4 AktG das Recht vorbehalten sei, einzelne Maßnahmen der Geschäftsführung von seiner Zustimmung abhängig zu machen, die zugleich unter die Mitbestimmungsmacht der Betriebsräte fielen. Die Zahl rechtlicher Überschneidungen sei sehr begrenzt. Zum einen entscheide der Aufsichtsrat nur das Grundsätzliche und müsse sich dabei vom Wohl des Unternehmens leiten lassen[10]. Zum anderen sei ein Zustimmungsvorbehalt des Aufsichtsrats nach allgemeiner Auffassung nur bei Geschäften von besonderer Bedeutung zulässig. Das Betriebsverfassungsgesetz beziehe sich dagegen regelmäßig nicht auf unternehmerische Grundsatzentscheidungen, sondern in erster Linie auf die Einzelheiten ihrer Ausgestaltung[11]. Richtschnur des Handelns des gemäß dem Betriebsverfassungsgesetz zuständigen Betriebs-

---

7 Bundesminister *Arendt*, BT VI/S. 8666 A; vgl. *Auffarth*, RdA 1976, S. 2, der von Ergänzung der aufsichtsrätlichen Mitbestimmung durch das sachnähere Instrumentarium der betrieblichen Mitbestimmung spricht. Erwiderung der Bundesregierung zur Verfassungsbeschwerde gegen das MBG 1976, S. 38; Frankfurter Gutachten, S. 195.

8 *Raiser*, Mitbestimmung, in FS für Duden, S. 423, 428; Frankfurter Gutachten, S. 184.

9 *Schwegler*, Möglichkeiten und Grenzen der Unternehmensmitbestimmung, GMH 1973, S. 623.

10 *Fitting / Wlotzke / Wißmann*, Mitbestimmungsgesetz, Vorbem. Rdn. 17.

11 *Raiser*, Mitbestimmung, in FS für Duden, S. 423, 427; *Richardi*, Ordnungsprobleme, Die AG 1979, S. 29, 35.

rates sei das Wohl des betreffenden Betriebes und der dort beschäftigten Arbeitnehmer.

Als Ergebnis hält diese Meinung fest, daß zwar die Möglichkeit, Arbeitnehmerbelange sowohl im Aufsichtsrat als auch durch den Betriebsrat geltend zu machen, geeignet sei, die Verhandlungsposition der Arbeitnehmerseite insgesamt zu stärken. Ernstzunehmende formelle Überschneidungen träten jedoch nicht auf[12].

c) Auf gänzlich anderem Wege gelangt Stein[13] zu einer Ablehnung der Kumulation von betriebs- und unternehmensbezogenen Mitbestimmungsrechten der Arbeitnehmer. Er sieht den wahren Gegensatz in Unternehmen und Betrieb nicht in der Beziehung von Arbeit und Kapital, also zwischen Arbeitnehmern und Anteilseignern, sondern im Verhältnis von Management einerseits und Kapital und Arbeit andererseits[14]. Im Unternehmensbereich werde der Einfluß der Arbeitnehmer und Anteilseigner von dem des Managements übertroffen. Letzterer werde in der Regel in den Überlegungen vernachlässigt, weil das vom Aufsichtsrat und damit von den darin vertretenen Anteilseignern abhängige Management der Kapitalseite zugerechnet werde. Dabei werde jedoch nicht auf die Stellung und die Machtbefugnisse des Managements im Alltag des Unternehmens geachtet. Entscheidend sei, wie sich die rechtliche Abhängigkeit tatsächlich äußere. Die Praxis der letzten Jahre habe gezeigt, daß sich das Management immer weitgehender verselbständigt habe, daß die Abhängigkeit des Managements von den Anteilseignern sich dermaßen abgeschwächt habe, daß das Management nicht länger als eigenständiger Einflußfaktor im Unternehmen vernachlässigt werden dürfe. Eine das Management einbeziehende Betrachtungsweise mache ersichtlich, daß es weder bei der betrieblichen noch bei der unternehmerischen Mitbestimmung in erster Linie um die Abgrenzung des Einflusses von Arbeitnehmern und Anteilseignern gehe, sondern um die Begrenzung und Kontrolle des Managements[15]. Eine die Arbeitnehmer einseitig bevorteilende, die Anteilseigner schädigende Kumulation von Arbeitnehmermitbestimmung könne nicht auftreten. Die Zielsetzung des Arbeitnehmereinflusses im Aufsichtsrat eines paritätisch mitbestimmten Unternehmens verliefe nicht entgegengesetzt zu der des Anteilseignereinflusses, sondern weitgehend parallel. Denn beide Arten von Einfluß hätten zur Aufgabe, die Geschäftsführung zu überwachen. Wie die Erfahrungen im Montanbereich gezeigt hätten, habe sich das Nebeneinander von betriebsrätlicher und aufsichtsrätlicher Mitbestimmung be-

---

12 *Raiser*, Mitbestimmungsgesetz, Einl. Rdn. 57; *ders.*, Mitbestimmung, in FS für Duden, S. 423, 428 - 431.

13 *Stein*, Qualifizierte Mitbestimmung unter dem Grundgesetz.

14 *Stein*, S. 77, 78.

15 *Stein*, S. 78.

währt. Es liege keine Kumulation von Arbeitnehmereinflüssen vor, sondern eine Ergänzung der Kontrollmöglichkeiten des Aufsichtsrats durch die Teilhabe des Betriebsrates auf Gebieten, die vom Aufsichtsrat weder vor noch nach Einführung der betriebsverfassungsrechtlichen Mitbestimumng kontrolliert werden könnten[16].

Boldt[17] vertritt die Meinung, daß die zweifache Teilhabe nicht zu einer Kumulation zweier auf den gleichen Zweck ausgerichteten Beteiligungen führe, sondern in der verschieden ausgeprägten Stellung der Organe begründet liege. Der Betriebsrat sei Interessenvertreter der Arbeitnehmer, während die Arbeitnehmervertreter im Aufsichtsrat bewußt und gewollt dies gerade nicht seien, sondern ein von den Weisungen der sie entsendenden Arbeitnehmer unabhängiges Unternehmensorgan.

In dieselbe Richtung zielt die Argumentation Farthmanns[18], welcher trotz zweifacher Mitbestimmung die These von der Kumulation ablehnt. Nach seiner Auffassung zielen die betriebsrätlichen Beteiligungsrechte des BetrVG 1972 auf den Schutz der Arbeitnehmer durch den Betriebsrat, da die Mitbestimmung im Aufsichtsrat die natürlichen Interessengegensätze in Unternehmen und Betrieb nicht beseitigen könne.

2. Die These von der Verdoppelung der Mitbestimmung im Unternehmen

Der These vom Erhalt der idealtypischen Trennung der betriebsrätlichen und der aufsichtsrätlichen Teilhabe widerspricht eine gewichtige Meinung[19]. Diese behauptet, die Einführung paritätischer Mitbestim-

---

16 *Stein,* S. 80. Mit der Argumentation Steins darf nicht die des Frankfurter Gutachtens, S. 190 gleichgesetzt werden, welches ebenfalls eine Verselbständigung des Managements festzustellen glaubt. Der Unterschied beider Ansatzpunkte liegt darin, daß Stein das verselbständigte Management in allen Unternehmungen als gegeben ansieht, während das Frankfurter Gutachten die Verselbständigung erst nach Einführung und aufgrund der paritätischen Mitbestimmung anzutreffen meint.

17 *Boldt,* Mitbestimmungsgesetz, § 2 Rdn. 3, zur Subsidiaritätsklausel des § 2 MontanMBG.

18 *Farthmann,* Betriebsverfassung und Unternehmensrecht, Arb. u. Soz. Pol. 1970, S. 382.

19 *Badura,* Der Regierungsentwurf eines Mitbestimmungsgesetzes, ZfA 1974, S. 357, 366; *Biedenkopf / Säcker,* Grenzen der Mitbestimmung im kommunalen Versorgungsunternehmen, ZfA 1971, S. 211, 231, Fn. 13; *Buchner,* Paritätische Mitbestimmung: Der Weg zu einer neuen Unternehmens- und Arbeitsordnung, ZfA 974, S. 147, 179, 180; *Erdmann,* Die Bedeutung der Mitbestimmung des Betriebsrats für die unternehmerische Entscheidung: Der Weg zur Überparität, RdA 1976, S. 87; *Grasmann,* Die paritätische Mitbestimmung, DB 1975, Beilage Nr. 21; *Hanau,* Was bedeutet paritätische Mitbestimmung für das kollektive Arbeitsrecht?, BB 1969, S. 760; *ders.,* Arbeitsrechtliche Probleme der paritätischen Mitbestimmung, BB 1969, S. 1497; *ders.,* Unklarheiten im Regierungsentwurf des Betriebsverfassungsgesetzes, BB 1971, S. 485; *ders.,* Lösungsmöglichkeiten mitbestimmungsbedingter Interes-

mung im Unternehmen bei unverändert aufrechterhaltener betriebsrätlicher Mitbestimmung nach dem BetrVG 1972 führe zu einer Kumulation von entscheidungserheblichen Teilhaberechten auf Seiten der Arbeitnehmer. Die betriebsrätliche und die aufsichtsrätliche Mitbestimmung stünden in engem funktionellen Zusammenhang[20]. Der Gesetzgeber habe im BetrVG 1972 dem Betriebsrat unternehmerisch-wirtschaftliche Mitentscheidungsbefugnis zugestanden. Dadurch habe sich die rechtspolitische Gewichtung und rechtssystematische Zuordnung der beiden Mitbestimmungsarten qualitativ stark verändert[21]. Man müsse beachten, daß angesichts schon bestehender Regelungen nicht unbesehen neue Kompetenzen erteilt werden könnten. Paritätische Mitbestimmung von oben und von unten ließen sich nicht beliebig kombinieren. Beide Formen seien nur alternativ, nicht kumulativ zulässig, soweit sie sich auf dieselben Gegenstände bezögen[22]. Die Mitbestimmungsrechte des Betriebsrats mit unternehmerisch-wirtschaftlichem Gehalt seien nicht ausschließlich auf den einzelnen, auch weiterhin schutzwürdigen Arbeitnehmer bezogen. Sie bezweckten also nicht mehr nur die Eingrenzung der Kontrolle des Direktionsrechts des Arbeitgebers. Vielmehr zielten die angesprochenen Mitbestimmungsrechte auf gleichberechtigte Teilhabe an der Organisations-, Planungs- und Leitungsgewalt des Unternehmers. Der Betriebsrat übe insofern paritätische unternehmerische Mitentscheidungsgewalt aus. Wenn in ein und derselben Angelegenheit verschiedenen Mitbestimmungsträgern der Arbeitnehmerseite funktionell paritätische unternehmerisch-wirtschaftliche Mitbestimmungsrechte zugestanden würden, entstünde durch die mehrfache Ausübung der Teilhabe eine fragwürdige Kumulation[23]. Wenn davon auszugehen sei, daß durch die paritätische Besetzung des Aufsichtsrates

---

senkonflikte, RdA 1975, S. 23; *Kraft / Konzen*, Die Arbeiterselbstverwaltung im Spannungsverhältnis von Gesellschafts- und Arbeitsrecht, S. 68 ff.; *Löwisch*, Mitbestimmung und Arbeitsverhältnis in Böhm / Briefs, Mitbestimmung-Ordnungselement oder politischer Kompromiß, S. 131 144; *Müller*, Mitbestimmung durch Vertretung der Arbeitnehmer im Aufsichtsrat und allgemeiner Kündigungsschutz, BB 1951, S. 339; *ders.*, Die beiden Arten des Mitbestimmungsrechts, BB 1953, S. 329, 331; *ders.*, Gedanken zum Entwurf des Mitbestimmungsgesetzes, DB 1975, S. 205, 209; *Raiser*, Grundgesetz und paritätische Mitbestimmung, S. 26; *Rüthers*, Arbeitgeber und Gewerkschaften — Gleichgewicht oder Dominanz, DB 1973, S. 1653; *ders.*, Mitbestimmung und Eigentumsstruktur der Arbeitgeber 1972, S. 926, 928; *Scholz*, Paritätische Mitbestimmung und Grundgesetz, S. 71; *Schwerdtfeger*, Mitbestimmung und Grundgesetz, S. 86, Fn. 207; *Zöllner*, Die Einwirkung der erweiterten Mitbestimmung auf das Arbeitsverhältnis, RdA 1969, S. 65, 69; Kölner Gutachten, S. 129 ff.

20 *Erdmann*, RdA 1976, S. 87.

21 Kölner Gutachten, S. 129.

22 *Erdmann*, RdA 1976, S. 87, 90; *Hanau*, Probleme, BB 1969, S. 1497, 1500; *ders.*, Lösungsmöglichkeiten, RdA 1975, S. 23 ff.; *Kraft / Konzen*, S. 68, 69.

23 Kölner Gutachten, S. 129, 130.

gleichberechtigte Teilhabe der Arbeitnehmer bezüglich Angelegenheiten der Planung, Leitung und Organisation im Unternehmen verwirklicht werde, müsse die Frage gestellt werden, warum die Entscheidung der Unternehmensleitung, bei der institutionell schon Arbeitnehmer- und Kapitalinteressen zum Ausgleich gebracht werden, auf betrieblicher Ebene gegenüber dem Betriebsrat nochmals zur Abstimmung gestellt werde[24].

Der Anteilseignerseite stünde lediglich einmal die Möglichkeit zu, Einfluß zu nehmen. Dies geschehe bezüglich zustimmungspflichtiger Angelegenheiten bei der Abstimmung im Aufsichtsrat. In den übrigen Fällen sei der Einfluß der Kapitalseite durch die gleichberechtigte Bestellung des Vorstandes sichergestellt. Dieser trage bei seinen Entscheidungen neben den Interessen der Arbeitnehmer auch denen der Gegenseite Rechnung[25]. Demgegenüber sei es der Arbeitnehmerseite möglich, den auf Unternehmensebene gefundenen Kompromiß in derselben Angelegenheit nochmals der gleichberechtigten Teilhabe im Betrieb anheimzugeben. Neben der Einflußnahme im Aufsichtsrat und Vorstand wären die Arbeitnehmer in der Lage, die paritätische gefundene Lösung vor die Einigungsstelle gemäß § 76 BetrVG zu bringen[26].

Zöllner[27] spricht in diesem Zusammenhang von einem „doppelten Netz", welches den Arbeitnehmern bezüglich ein und desselben mitzubestimmenden Vorganges aufgespannt würde. Eine Zweigleisigkeit in Sachen unternehmerisch-wirtschaftlicher Mitbestimmung sei verfehlt[28]. Die Häufung paritätischer Instanzen führe zu einer Kumulierung von Befugnissen.

3. Stellungnahme

Da der Begriff der Kumulation vieldeutig Verwendung findet und häufig mit anderen Ausdrücken, z. B. der Überparität gleichgesetzt ist, wird er für diese Untersuchung als Anhäufung von Mitbestimmungsbefugnissen in ein und derselben Angelegenheit definiert. Als technischer Begriff ist er insoweit ohne Bewertung im Hinblick auf mögliche Folgen.

Ausgangspunkt aller Überlegungen, ob die betriebsrätliche und die aufsichtsrätliche Mitbestimmung im Betrieb und Unternehmen kumulieren, ist das System der Gleichgewichtigkeit, welches mit Hilfe zweier

---

24 *Buchner*, Paritätische Mitbestimmung, ZfA 1974, S. 147, 179.

25 Vgl. ausführlich zur These vom Durchschlagen der Parität im Aufsichtsrat auf den Vorstand: Zweites Kapitel B III 4 c.

26 *Hanau*, Probleme, BB 1969, S. 760, 764.

27 *Zöllner*, RdA 1969, S. 65, 69.

28 Vgl. ähnlich *Martens*, Paritätische Mitbestimmung und Aufsichtsratssystem, BB 1973, S. 1118, 1123 ff.

Arten von Mitbestimmung erstellt werden soll. Dabei verfolgen die beiden Mitbestimmungssysteme idealtypisch betrachtet — wie mehrfach angesprochen — unterschiedliche Ziele. Sie bedienen sich dazu unterschiedlicher Ansatzpunkte.

Einigkeit besteht, daß die Mitbestimmungsarten nicht isoliert zu sehen sind. Vielmehr ergibt sich das Ausmaß gleichgewichtiger Mitbestimmung aus der Summe aller zur Verfügung gestellten Mitbestimmungsmöglichkeiten bezüglich der Ausübung der Leitungs- und Organisationsgewalt im Unternehmen und des Direktionsrechts im Betrieb sowie ihren jeweiligen Wechselwirkungen untereinander[29].

Die Teilhabesysteme haben ein in sich stimmiges, sich jeweils ergänzendes Ganzes darzustellen.

Bezogen auf das Betriebsverfassungsgesetz von 1952 und die paritätische Mitbestimmung in der Form der Unternehmensmitbestimmung im Montanbereich bejaht der Bericht der Mitbestimmungskommission zu Recht die Ausgewogenheit des Gesamtsystems[30].

Während dort bezüglich der bloßen Mitwirkungsrechte des Betriebsrats auf der Ebene des Betriebes und der paritätischen Mitbestimmung im Aufsichtsrat eine Kumulation noch verneint werden konnte, ist seit 1972 diese Aussage zum Problemkreis überholt. Die Betriebsräte üben heute Mitbestimmung unternehmerischer Art aus, welche nicht nur das personen- und betriebsbezogene Direktionsrecht des Arbeitgebers einschränkt[31]. Vielmehr trägt sie unmittelbar die Organisations-, Planungs- und Leitungsgewalt des Unternehmers gleichberechtigt mit. Das BetrVG 1972 regelt zwar in bewußter Abkehr vom BetrVG 1952 nicht mehr die Mitwirkung der Arbeitnehmer im Aufsichtsrat[32]. Doch ist die im früheren Zeitpunkt noch aufrecht erhaltene idealtypische Trennung von betrieblicher und unternehmerischer Teilhabe mit Einführung des BetrVG 1972 in Teilbereichen aufgehoben, da etliche Mitbestimmungsrechte des Betriebsrats von unternehmerischer Qualität sind. Sie nehmen insoweit bereits das Ziel der Mitbestimmung im Aufsichtsrat vorweg[33]. Von daher stehen die Mitbestimmungsarten bezüglich Gewichtung und Inhalt stark verändert nebeneinander, wobei eine Verflechtung unterschiedlicher Zuständigkeiten festzustellen ist. Die Trennung zwischen der Teilhabe auf Betriebsebene sowie der Teilhabe auf Unternehmensebene wird vom BetrVG 1972 nicht mehr aufrecht erhalten.

---

29 Bericht der Mitbestimmungskommission, S. 98.

30 Bericht der Mitbestimmungskommission, S. 98.

31 *Rumpff*, Mitbestimmung in wirtschaftlichen Angelegenheiten, S. 19 ff.

32 Insofern bleiben gemäß § 129 Abs. 1 BetrVG 1972 die §§ 76 - 77 a, 81, 85, 87 BetrVG 1952 weiter in Kraft.

33 Kölner Gutachten, S. 131; vgl. insoweit Zweites Kapitel E II 1 - 11.

a) Die unmittelbare Kumulation

aa) Das Problem konkurrierender Mitbestimmung stellt sich rechtlich unmittelbar nur bei Zustimmungsgeschäften im Sinne des § 111 Abs. 4 S. 2 AktG, welche zugleich Gegenstand der Mitbestimmung des Betriebsrates sind. Lediglich dort sind Arbeitnehmervertreter im Aufsichtsrat und als Betriebsräte unmittelbar an Entscheidungen jeweils beteiligt.

Rechtliche Schwierigkeiten unmittelbarer Art treten auf, weil der Gesetzgeber für Überschneidungen der Befugnisse keine Konkurrenzlösung angeboten hat[34]. Die Mitbestimmung von unten und von oben bedeutet eine doppelte Abhängigkeit des Vorstandes, welche zu einer Kumulation führt.

Diese Auffassung vertritt auch das Bundesverfassungsgericht. In seinem Mitbestimmungsurteil[35] führt es zwar zunächst aus, es sei nicht erkennbar, aus welchen Gründen die Verfolgung derselben Belange im Aufsichtsrat und Betriebsrat das Gewicht der Arbeitnehmer vermehren sollte. Doch begründet es diese Rechtsmeinung unter Geltung des Mitbestimmungsgesetzes von 1976 mit dem Umstand, daß neben die Parität des BetrVG 1972 die leicht unterparitätische Teilhabe des MBG 1976 trete. Bei dieser Sachlage käme es zu keiner Kumulation. Aus dieser Begründung ist der Umkehrschluß zu ziehen, daß bei anderer Sachlage, also bei Parität im Aufsichtsrat, Kumulationen auftreten.

bb) Den Rechtslehrern[36], welche Anhäufungen von Mitbestimmungsbefugnissen ausschließen, ist zuzugeben, daß nicht jedes Geschäft des Betriebsrates auch für den Aufsichtsrat ein zustimmungsbedürftiges ist. Im Gegenteil ist davon auszugehen, daß nur eine Minderheit von Geschäften der Zustimmung des Aufsichtsrates bedarf[37].

Die Zahl der zustimmungspflichtigen Geschäfte kann auch nicht beliebig gesteigert werden.

Es ist unzulässig, durch Aufführen nahezu aller Arten von Geschäften in der Satzung dem Vorstand die selbständige Geschäftsführung praktisch zu nehmen. „Bestimmte Arten von Geschäften" im Sinne des § 111 Abs. 4 S. 2 AktG sind nur einzelne Arten[38]. Auch sollten sie nach dem Sinn der aktienrechtlichen Zuständigkeitsordnung nur ausnahmsweise aus der Eigenverantwortung des Vorstandes herausgenommen

---

[34] Vgl. den umfangreichen Katalog von Lösungen, welche die Literatur im Laufe der Jahre entwickelt und angeboten hat, Drittes Kapitel A I - III.

[35] BVerfG EuGRZ 1979, S. 121 ff.

[36] Vgl. Zweites Kapitel F I 1 a - c.

[37] BVerfG EuGRZ 1979, S. 121, 130.

[38] *Geßler / Hefermehl / Eckhardt / Kropff,* Aktienrecht Bd. II, § 111, Rdn. 76.

werden. Ebenso ist es nicht zulässig, die Zustimmung für alle diejenigen Geschäfte anzuordnen, welche den laufenden oder den gewöhnlichen Geschäftsbetrieb der Gesellschaft im Sinne des § 16 HGB übersteigen. Dies gilt auch und gerade nach Einführung der paritätischen Arbeitnehmermitbestimmung im Aufsichtsrat. Diese rechtfertigt nicht ein Aufweichen der engen Regelung des § 111 Abs. 4 S. 2 AktG. Nach wie vor ist die Zahl der zustimmungspflichtigen Geschäfte auf solche von besonderer Bedeutung beschränkt.

Bezüglich dieses zahlenmäßig zwar geringen, aber inhaltsschweren Kreises von Geschäften ist Kumulation unmittelbar gegeben.

Aus dem Katalog der in den §§ 87 ff. BetrVG festgelegten Teilhaberechten, die sich auf das Unternehmen beziehen und die Parität verwirklichen, zählen beispielsweise folgende Angelegenheiten zu den zustimmungspflichtigen Geschäften im Sinne von § 111 Abs. 4 S. 2 AktG:

— Die Veränderungen der betriebsüblichen Arbeitszeit gemäß § 87 Abs. 1 Nr. 3 BetrVG unterliegt der unternehmerisch-wirtschaftlichen die Parität verwirklichenden Mitbestimmung der Arbeitnehmer[39]. Entgegen der Ansicht des Frankfurter Gutachtens[40] legt der Vorstand regelmäßig bei bedeutsamen Veränderungen der betriebsüblichen Arbeitszeit die Angelegenheiten dem Aufsichtsrat mit der Bitte um Zustimmung vor, auch wenn dies nicht unbedingt in den absoluten Kernbereich der Aufsichtsratszuständigkeit fallen mag[41].

— Die Festsetzung leistungsbezogener Entgelte nach § 87 Abs. 1 Nr. 11 BetrVG verwirklicht volle unternehmerisch-wirtschaftliche paritätische Mitbestimmung[42]. Auf Unternehmensebene bestimmt der Vorstand unter Einschaltung des in der Regel gemäß der Satzung zur Zustimmung berufenen Aufsichtsrates die neu festzusetzenden leistungsabhängigen Entgelte.

— Die Erstellung des Sozialplanes nach § 112 Abs. 1 S. 2 BetrVG berührt entgegen der herrschenden Meinung in der Literatur die Unternehmensebene[43]. Der Betriebsrat nimmt mittelbar maßgebenden Einfluß auf die wirtschaftliche Unternehmensentscheidung[44] selbst. Unmittelbare Kumulierungen treten auf, wenn der Betriebsrat gleichberechtigt die bereits vom Aufsichtsrat unter dem Vorzeichen

---

39 s. ausführlich schon Zweites Kapitel E II 1 - 11.

40 Frankfurter Gutachten, S. 182, Fn. 184.

41 *Martens*, Das Verhältnis des Mitbestimmungsgesetzes zum kollektiven Arbeitsrecht, ZGR 1977, S. 422, 427.

42 s. ausführlich schon Zweites Kapitel E II 5.

43 Zu diesem Problem Zweites Kapitel E II 10 b bb.

44 Stichworte: „Verteuern“ des Sozialplans, Koppelung von Interessenausgleich und Sozialplan, vgl. Fn. 43.

der Parität genehmigten, vom Vorstand erarbeiteten Maßnahmen nochmals gegenüber dem Arbeitgeber zur Verhandlung und Abstimmung stellt. Das Zustimmungserfordernis des Aufsichtsrats in der Praxis der Aktiengesellschaften macht deutlich, daß die Fälle der Betriebsänderung, ihre Voraussetzungen und Folgen, zu den bestimmten Arten von Geschäften im Sinne des § 111 Abs. 4 S. 2 AktG gehören, welche als Ausnahmetatbestand aus dem allgemeinen Verantwortungsbereich des Vorstandes herausgelöst sind.

cc) Der These von der unmittelbaren Kumulation von Mitbestimmungsbefugnissen tritt das Frankfurter Gutachten[45] entgegen. Es führt aus, daß es für die Arbeitgeberseite möglich sei, die Problematik der zweifachen Mitbestimmung bezüglich eines Gegenstandes aufzulösen. Dazu sei es notwendig, daß die Kapitaleigner im Aufsichtsrat grundsätzlich bei zustimmungspflichtigen Angelegenheiten verhindern, daß die Zustimmung gemeinsam von Arbeitgeber-/Unternehmerseite und Arbeitnehmerseite erteilt werde. Die Verweigerung der Zustimmung habe gemäß § 111 Abs. 4 S. 3 AktG zur Folge, daß der Vorstand verlangen könne, daß die Hauptversammlung über die Zustimmung beschließe. Somit hätten die Anteilseigner in der mitbestimmungsfreien Hauptversammlung die alleinige Entscheidung über die Erteilung der Zustimmung.

dd) Diese Auffassung läßt jedoch in ihren Überlegungen zweierlei außer Acht.

Zum einen ist der vorgeschlagene Rückgriff auf die Hauptversammlung wenig praxisgerecht. Eine ständige Beanspruchung der umständlichen Möglichkeit des § 111 Abs. 4 S. 3 AktG würde zu Entscheidungsverzögerungen, wenn nicht zum Entscheidungsverzicht führen.

Zum anderen wird übersehen, daß ausgerechnet der mittelbar mitbestimmte Vorstand[46] eines paritätisch mitbestimmten Unternehmens die Initiative zum die Mitbestimmung verhindernden Rücklauf zur Hauptversammlung zu ergreifen hat. Es ist nur schwer vorstellbar, daß ein Vorstand, der von gleichberechtigter und gleichgewichtiger Mitbestimmung geprägt ist, geneigt sein wird, der Arbeitgeber-/Unternehmerseite zu Willen die paritätische Mitbestimmung im Aufsichtsrat leerlaufen zu lassen, indem er auf taktischem Wege zu einer Entscheidung der von Anteilseignern geprägten Hauptversammlung gelangt. Er wird im Gegenteil überflüssige Kollisionen zwischen den in ihm vertretenen Gruppen zu verhindern suchen.

Letzteres Argument findet zwar auch im Frankfurter Gutachten[47] Gehör. Doch kommt ihm in der dortigen Begründung keine wesentliche

45 Frankfurter Gutachten, S. 184.
46 Vgl. Zweites Kapitel B III 4 a - c.
47 Frankfurter Gutachten, S. 188.

Bedeutung zu, da die mittelbare Mitbestimmung im Vorstand verneint wird[48].

Der Rekurs auf die Hauptversammlung ist demnach kein geeignetes Mittel, die unmittelbare Kumulation von Mitbestimmungsbefugnissen zu verhindern.

Im Ergebnis bleibt daher festzuhalten, daß die genannten Beispiele im Einzelfall unmittelbare rechtliche Kumulationen von erheblichem Gewicht erkennen lassen.

Ferner wird deutlich, daß die Zahl unmittelbarer Kumulierungen begrenzt ist.

b) Die mittelbare Kumulation

aa) Der letztgenannte Umstand könnte zu dem Schluß verleiten, daß die Konkurrenz und die Kumulationen von Mitbestimmungsarten lediglich ein unbedeutendes, am Rande liegendes Problem darstellen. Doch wird eine bloße formal-rechtliche Betrachtung der Rechtswirklichkeit des Nebeneinander von BetrVG 1972 und paritätischer Unternehmensmitbestimmung nicht gerecht.

Rechtstatsächlich ist es der Regelfall, daß sich Betriebsrat und Vorstand ohne Einschaltung des Aufsichtsrats in Verhandlungen gegenüberstehen. Ursache hierfür ist der Umstand, daß der Vorstand und die von ihm abhängige Führungsschicht in Unternehmen und Betrieb gegenüber den Arbeitnehmern die alleinentscheidende Arbeitgeberfunktion einnehmen.

Unmittelbar rechtliche Überschneidungen können daher nicht auftreten, da die unternehmerische Mitbestimmung institutionell im Aufsichtsrat und nicht im Vorstand ansetzt. Eine unmittelbare Entsendung von Arbeitnehmervertretern in den Vorstand, die zur Beteiligung an den Entscheidungen des Leitungsorgans berechtigt, ist den Arbeitnehmern nicht eingeräumt worden[49].

Aus den gleichen Gründen sind erst recht formalrechtlich betrachtet Überschneidungen der unternehmerischen und der betriebsrätlichen Mitbestimmung ausgeschlossen, wenn im Betrieb der Betriebsrat der Betriebsleitung in ihrer Rolle als Arbeitgeber gegenübertritt.

bb) Doch verkennt diese Betrachtungsweise, daß auch der Vorstand und die ihm nachgeordneten Arbeitgeberfunktionen in einem paritätisch mitbestimmten Unternehmen nicht mitbestimmungsfrei sind. Vielmehr schlägt die Mitbestimmung im Aufsichtsrat auf den Vorstand und

---

[48] Vgl. Zweites Kapitel B III 4 b.

[49] Vgl. Zweites Kapitel B III 2.

die nachgeordneten Funktionen durch[50]. Der Vorstand ist kollegialer Repräsentant der kombinierten Anteilseigner- und Arbeitnehmerinteressen, quasi je zur Hälfte aus diesen beiden Interessen konstruiert[51]. Der Streit um das Durchschlagen[52] der Aufsichtsrats-Mitbestimmung erstaunt insofern, als bezüglich des mitbestimmungsfreien Unternehmens Einigkeit in der Literatur herrschte, daß der Vorstand als vom Aufsichtsrat gewähltes Organ dessen Ausrichtung auf die Anteilseignerinteressen widerspiegele. Der Vorstand war im Rahmen des von der Kapitalseite geprägten Unternehmensinteresses mittelbarer Statthalter der Aktionäre. Die Besetzung des Aufsichtsrats schlug auf die des Vorstandes durch.

Weshalb nun in einem paritätisch mitbestimmten Unternehmen die jeweils hälftige Zusammensetzung des Aufsichtsrates für die Zusammensetzung des vom Aufsichtsrat zu wählenden, also abhängigen Vorstandes ohne Einfluß bleiben soll, ist nicht erkennbar. Genau wie im mitbestimmungsfreien Unternehmen schlägt daher die Besetzung des Aufsichtsrates auf den Vorstand durch.

Dies hat zur Folge, daß der Vorstand wegen seiner Abhängigkeit auch von der Arbeitnehmerseite im Aufsichtsrat die sozialen, personellen und wirtschaftlichen Belange aus dem Bereich der Belegschaft im Zusammenhang mit seiner unternehmerischen Initiative von sich aus in verstärktem Maße berücksichtigt, soweit dies ihm wirtschaftlich vertretbar erscheint. Das bedeutet, daß in seiner Entscheidung bereits inhaltlich weitgehend das Berücksichtigung gefunden hat, was der Betriebsrat in späteren Verhandlungen von ihm erst noch abtrotzen will. Obwohl somit bereits das „Angebot" des Vorstandes an den Betriebsrat Ausfluß der Gleichberechtigung der Anteilseignerinteressen und der Arbeitnehmerinteressen ist, also Züge des Ausgleichs unterschiedlicher Interessen trägt, stellen die in den Betriebsrat gewählten Arbeitnehmervertreter nach wie vor ihrerseits einseitige, interessenbedingte Forderungen auf, als stünden sie noch einem einseitigen Repräsentanten der Kapitalseite gegenüber. Bei der Behandlung ein und desselben Gegenstandes werden demzufolge die Arbeitnehmerinteressen zweifach berücksichtigt.

---

[50] Zum Problemkreis des mittelbar mitbestimmten Vorstandes vgl. ausführlich Zweites Kapitel B III 4 a - c. Als Beispiel für die Auswirkungen auf die unterhalb der Vorstandsebene angesiedelten Führungskräfte mögen die von den Arbeitsdirektoren des Montanbereichs geleiteten Personalabteilungen dienen. Deren Nachwuchskräfte unterscheiden sich — dies zeigt die Praxis — durch ihre Gewerkschaftsverbundenheit und Nähe zur Arbeitnehmerschaft deutlich vom übrigen mittleren und oberen Management.

[51] *Rüthers*, Arbeitgeber und Gewerkschaften — Gleichgewicht oder Dominanz, DB 1973, S. 1649, 1653.

[52] Vgl. Fn. 50.

cc) Schwerdtfeger[53] leugnet, daß eine Kumulation, eine doppelte Mitbestimmung auftritt. Der Betriebsrat verlöre nämlich, soweit der Vorstand die Arbeitnehmerinteressen hinreichend berücksichtige, einen Teil seiner Funktion, die sozialen Belange originär zur Geltung zu bringen. Das Mitbestimmungsrecht des Betriebsrates werde dagegen aber voll wirksam, wenn der Vorstand die soziale Komponente nicht hinreichend berücksichtige.

dd) Der Ansicht Schwerdtfegers ist entgegenzuhalten, daß Kriterien und Ansatzpunkte im Gesetz für das Ruhen bzw. das Wiederaufleben der Beteiligungsrechte des Betriebsrates nicht zu erkennen sind. Diesbezügliche Konkurrenzklauseln sind dem Mitbestimmungsrecht fremd. Allein auf die Einsicht und freiwillige Selbstbeschränkung der Betriebsräte zu vertrauen, hieße die Wirklichkeit verkennen. Ein Betriebsrat wird als Interessenvertreter der Arbeitnehmer zu Recht bestrebt sein, die ihm eingeräumten Machtbefugnisse voll auszuschöpfen. Eine Machtposition nicht genutzt zu haben, würden ihm seine Wähler bei der nächsten Betriebsratswahl vorwerfen.

ee) Als weiterer Einwand gegen die Kumulation von Mitbestimmungsrechten wird vorgebracht, daß der Vorstand eines mitbestimmten Unternehmens zwar mittelbar mitbestimmt sein möge. Doch habe er Arbeitgeber-/Unternehmeraufgaben wahrzunehmen. Da sich diese grundsätzlich in der gleichen Form wie in einem mitbestimmungsfreien Unternehmen stellten, blieben die Entscheidungen in der alltäglichen Praxis mitbestimmungsfrei. Die Vorstände gingen Konflikten keinesfalls aus dem Wege. Dies hätte die Erfahrung aus dem Montanbereich gezeigt. Eindrucksvolles Beispiel hierfür sei das Verhältnis des Arbeitsdirektors nach § 13 MontanMBG und dem Betriebsrat, in welchem Zusammenarbeit zu keinem Zeitpunkt als endgültiger Verzicht auf jegliche Konfrontation verstanden und durchgeführt wurde[54].

Zur Verstärkung dieser These führt das Frankfurter Gutachten[55] aus, die Mitbestimmung im Aufsichtsrat führe nicht nur nicht zu einem Vorstand als geschwächtem Diener zweier Herren, sondern bewirke vielmehr eine Stärkung desselben. Die unterschiedlichen Anteilseigner- und Arbeitnehmerinteressen im Aufsichtsrat weiteten den Entscheidungsspielraum des Vorstandes aus und vermittelten ihm zugleich die Möglichkeit, seine Vorstellungen sehr viel nachdrücklicher und erfolgreicher zu vertreten.

ff) Kann diesen Aussagen beigetreten werden? Wie ausgeführt, ist jeder Vorstand von dem ihn tragenden Aufsichtsrat abhängig. Die von

---

53 *Schwerdtfeger*, Verfassungsmäßigkeit, S. 39, 40.

54 So das Frankfurter Gutachten, S. 190.

55 Frankfurter Gutachten, S. 190.

ihm vertretene Politik ist in einer mitbestimmungsfreien Gesellschaft von den Anteilseignern, im Falle eines beherrschenden Großaktionärs von diesem abhängig. In einem paritätisch mitbestimmten Unternehmen hängt der Vorstand dagegen von zwei gleichgewichtigen Blöcken im Aufsichtsrat ab. Diese Gleichgewichtigkeit unterscheidet den Fall des mitbestimmten Vorstands von demjenigen, der von einem Aufsichtsrat abhängt, in welchem eine Vielzahl gegenläufiger Kapitalinteressen vertreten ist. Bezüglich letzteren mag die Behauptung von der Verselbständigung und Stärkung des Managements zutreffen. Je zerstrittener, je aufgesplitterter die Gruppierungen im Aufsichtsrat sind, um so weniger sind sie befähigt, einen starken Einfluß auf den Vorstand auszuüben.

In einem mitbestimmten Aufsichtsrat ist eine andere Konstellation gegeben. Hier prallen gegenläufige Interessen zweier Blöcke aufeinander, deren Bestreben es gerade ist, machtvollen Einfluß auf den Vorstand und die Unternehmenspolitik zu erhalten. Insoweit ist dem Vorstand keine gestärkte Stellung eingeräumt. Daher ist obigen Aussagen zu widersprechen.

gg) Ist ferner die Behauptung zutreffend, das Handeln des mitbestimmten Vorstandes unterscheide sich in nichts von dem des Vorstandes einer mitbestimmungsfreien Gesellschaft?

Zum einen stellt sich die grundsätzliche Frage nach dem Sinn der unternehmensbezogenen Mitbestimmung, wenn sie bezüglich des Leitungsorgans des Unternehmens keinerlei Wirkung zeigen soll.

Zum zweiten setzte diese Behauptung voraus, daß es ein Unternehmensinteresse allgemein gültiger unveränderbarer Art gäbe. Dies wurde bereits abgelehnt[56].

Zum dritten können die Hinweise auf die Montanmitbestimmung nicht überzeugen.

Die Mitbestimmungskommission[57] hat dargelegt, daß die Arbeitnehmervertreter im Aufsichtsrat trotz Parität ihre Möglichkeiten hinsichtlich der Besetzung der Vorstände in den ersten Jahren nach der Einführung der Montanmitbestimmung bis weit in die 60er Jahre nicht voll ausgeschöpft und damit den Anteilseignern den beherrschenden Einfluß belassen hätten. Daher erscheint auch der Umstand, daß die Vorstände im Montanbereich viele Jahre nicht abweichend von ihren Kollegen im mitbestimmungsfreien Teil der Wirtschaft handelten, nicht als außergewöhnlich. Auch ist erklärlich, daß die Arbeitsdirektoren trotz ihrer wahlmodusbedingten Abhängigkeit von den Arbeitneh-

56 Vgl. Zweites Kapitel B 2 b aa - cc.

57 Bericht der Mitbestimmungskommission, S. 49; vgl. auch *Däubler*, Das Arbeitsrecht, S. 299.

mern[58] sich nicht anders verhielten als ihre Kollegen. Sie hätten, solange die Arbeitnehmervertreter im Aufsichtsrat ihre Machtfülle bei der Besetzung des gesamten Vorstandes nicht voll einsetzten, als Einzelkämpfer im Falle der Auseinandersetzung keine Möglichkeit gehabt sich durchzusetzen.

Dies ist in einem Vorstand, bei dessen Bestellung die Arbeitnehmervertreter im Aufsichtsrat ihren hälftigen Einfluß geltend gemacht haben, grundlegend verschieden und zeitigt daher auch andere Folgen. Diese Erfahrungen machten in den letzten Jahren auch die Unternehmen der Montanindustrie, nachdem die Arbeitnehmervertreter im Aufsichtsrat ihre jahrzehntelange Zurückhaltung bezüglich der Besetzung des Vorstandes aufgegeben haben.

hh) Schließlich mag eingewendet werden, daß die auf den Vorstand durchschlagende Mitbestimmung auf einzelne Entscheidungen keinen Einfluß habe, da über sie nicht das gesamte Kollegium, sondern entsprechend der Aufteilung in Fachgebiete das jeweils zuständige Vorstandsmitglied zu entscheiden habe.

Dabei bleibt jedoch unzulässigerweise außer Betracht, daß über die wesentlichen Entscheidungen in Unternehmen und Betrieben jeweils Vorstandsbeschlüsse herbeigeführt werden. In einem mitbestimmten Unternehmen sind diese vom Geist der Mitbestimmung geprägt.

ii) Letztendlich ist auch die These Steins[59] zu prüfen, wonach wahre Gegenspieler das Management einerseits und die Anteilseigner und Arbeitnehmer andererseits seien. Daher sei eine Kumulation von Mitbestimmungsbefugnissen zu Lasten der Aktionäre und Vorteil der Arbeitnehmer ausgeschlossen.

Zuzustimmen ist zwar Steins Ansatz, wonach der Vorstand sowohl von den Arbeitnehmer als auch den Anteilseignern kontrolliert wird. Unrichtig ist jedoch die Betonung der Eigenständigkeit des Managements. Vielmehr ist zu beachten, daß der Vorstand mittelbar die im mitbestimmten Unternehmen vertretenen Gruppen repräsentiert, deren Zielrichtungen entgegen der Ansicht Steins nicht gleichgerichtet sind, sondern konträr verlaufen, hier die auf die langfristige Erzielung einer möglichst hohen Rendite ausgerichteten Anteilseignerinteressen, dort die kurzfristig an der Auszahlung hoher Löhne interessierten Arbeitnehmer.

Wollte man der Auffassung Steins folgen, so müßte man sich fragen lassen, welchen Sinn eine unternehmensbezogene Mitbestimmung

---

[58] Vgl. § 13 S. 2 MontanMBG.

[59] *Stein*, Qualifizierte Mitbestimmung unter dem Grundgesetz, S. 77 ff.; vgl. ausführlich dazu Zweites Kapitel F I 1 c.

haben soll, wenn das entscheidungserhebliche Organ von ihr nicht berührt wird[60].

Schon unter der Geltung des MontanMBG läßt sich feststellen, daß die unternehmensinternen Arbeitnehmervertreter im Aufsichtsrat von Großunternehmen fast ausnahmslos zugleich Betriebsräte und Mitglieder des Wirtschaftsausschusses sind[61]. Dies bestätigen die Umfragen der Mitbestimmungskommission[62].

Diese personelle Verflechtung beurteilt die herrschende Meinung als günstig[63]. Sie erleichtere dem Vorstand die Verhandlungen, weil er es an beiden „Fronten" teilweise mit den gleichen Leuten zu tun habe[64].

Mit einer Mindermeinung[65] ist jedoch auf die Gefahren des abgestimmten Verhaltens auf seiten der Arbeitnehmervertreter hinzuweisen. Vor dem damit möglicherweise einhergehenden Mißbrauch ist zu warnen. Eine Doppelmitgliedschaft muß dort vermieden werden, wo die Arbeitnehmervertreter im Unternehmen in der Lage sind, schon im Aufsichtsrat die Unternehmenspolitik tatkräftig mitzugestalten. Denn die Arbeitnehmervertreter kommen in schwere Interessenkonflikte, wenn sie auf der einen Seite im paritätisch besetzten Aufsichtsrat Mitverantwortung für das Unternehmen übernehmen wollen, andererseits die von ihnen mitgetragenen Entscheidungen in ihrer Funktion als Betriebsräte unter typischen Arbeitnehmergesichtspunkten der Mitbestimmung im Betrieb unterziehen. So ist es beispielsweise nicht gut vorstellbar und schadet der Glaubwürdigkeit, daß ein- und derselbe Arbeitnehmervertreter in seiner Funktion als Aufsichtsrat einen Beschluß über eine Betriebsänderung inhaltlich mitträgt, welchen er anschließend als Betriebsrat in den Verhandlungen über einen Sozialplan kritisch beleuchtet.

Unter Berücksichtigung der personellen Teilidentität von Aufsichtsrat und Betriebsrat wird die Kumulation von Mitbestimmungsrechten deutlich.

---

60 Vgl. Zweites Kapitel F I 3 b.

61 *Tegtmeier*, Wirkungen der Mitbestimmung der Arbeitnehmer, S. 131.

62 Bericht der Mitbestimmungskommission, S. 98.

63 *Blume*, Normen und Wirklichkeit einer Betriebsverfassung, S. 184 ff.; *Brinkmann / Herz*, Entscheidungsprozesse in den Aufsichtsräten der Montanindustrie, S. 106; *Niedenhoff*, Mitbestimmung und Betriebsverfassung, S. 184 ff.; *Schwerdtfeger*, Verfassungsmäßigkeit, S. 41; sowie Fn. 61 u. 62.

64 *Schwerdtfeger*, s. Fn. 63.

65 *Hanau*, Lösungsmöglichkeiten, RdA 1975, S. 23; *Müller*, Gedanken zum Entwurf des Mitbestimmungsgesetzes, DB 1975, S. 253; *Vollmer*, Die Entwicklung partnerschaftlicher Unternehmensverfassungen, S. 199, 200; Kölner Gutachten, S. 133.

Daher ist festzuhalten, daß das Nebeneinander von paritätischer Mitbestimmung im Aufsichtsrat und betriebsrätlicher Mitbestimmung sowohl zu unmittelbaren als auch zu mittelbaren Kumulationen führt.

II. Kumulation: rechtssystematisch bedenklich und inpraktikabel

Die Kumulation zweier Arten der Mitbestimmung begegnet rechtssystematischen Bedenken. Sie ist darüber hinaus unpraktikabel.

Wenn durch die paritätische Besetzung des Aufsichtsrats gleichgewichtige und gleichberechtigte Mitbestimmung der Arbeitnehmer bezüglich wirtschaftlich-unternehmerischer Belange verwirklicht ist, stellt sich die Frage, warum bezüglich der gleichen Angelegenheit die Entscheidung der Unternehmensleitung, bei der institutionell schon Arbeitnehmer- und Kapitalinteressen zum Ausgleich gebracht worden sind, auf betrieblicher Ebene dem Betriebsrat nochmals zur Disposition gestellt werden[66].

Vor allem ist zu fragen, ob es gerechtfertigt ist, auf betrieblicher Ebene nochmals ein aufwendiges, zeitraubendes Schlichtungsverfahren durchzuführen. Dies ist ein Problem der sinnvollen und systematischen Zuordnung beider Mitbestimmungsarten zueinander. Bezüglich der Angelegenheiten unternehmerisch-wirtschaftlicher Art versagt die Begründung vom Sozialschutzcharakter der Regelung. Die zweimalige, ohne Sinn erfolgende Teilhabe ist nicht nur rechtssystematisch abzulehnen. Sie ist darüber hinaus im Alltag unpraktisch. Zwischen Arbeitgeber und Betriebsrat bzw. im Schlichtungsverfahren sowie im Aufsichtsrat werden überflüssige Beratungen angesetzt und durchgeführt. Diese kosten Zeit und Geld, ohne inhaltlich angezeigt zu sein.

III. Kumulation und Überparität

1. Definition der Überparität

Bei der Festlegung des Begriffs Überparität ist der hier vertretene funktionelle Paritätsbegriff zugrunde zu legen. Parität bezüglich unternehmerisch-wirtschaftlicher Belange heißt funktionell betrachtet gleichberechtigte und gleichgewichtige Teilhabe der Arbeitnehmer an den Entscheidungsprozessen im Unternehmen und Betrieb. Diese wird durch das Zusammenspiel verschiedener Arten der Mitbestimmung verwirklicht, die gesetzgebungstechnisch an systematisch unterschiedlichen Orten angesiedelt und andersartig ausgeprägt sind[67].

---

[66] *Buchner*, Paritätische Mitbestimmung: Der Weg zu einer neuen Unternehmens- und Arbeitsordnung, ZfA 1974, S. 147, 179.

[67] Vgl. ausführlich zum Paritätsbegriff Zweites Kapitel A I.

Von Überparität wird demzufolge gesprochen, wenn die Grenze der Gleichberechtigung und des Gleichgewichts zum Übergewicht der Arbeitnehmerseite hin überschritten wird. Das bedeutet, daß in einem Unternehmen die Arbeitnehmer als Nichtgesellschafter die Gesellschafter, d. h. die Anteilseigner bezüglich der aus dem Eigentum entspringenden Verfügungsrechte über das Unternehmen in eine entscheidungsunerhebliche Minderheitsstellung drängen können. Überparität führt dem Grunde nach zur Mehrheitsentscheidung der Arbeitnehmerseite, welcher auf diese Weise die entscheidende Bestimmungsmacht im Unternehmen zukommt. Daß auch der Gesetzgeber grundsätzlich das Problem des Übergewichts als solches erkannt hat, beweist die Regelung des § 32 MBG 1976. Diese dem § 15 Mitbestimmungsergänzungsgesetz nachgebildete Norm soll verhindern, daß der mittelbar mitbestimmte Vorstand einer Konzernobergesellschaft bei der Wahl der Aufsichtsratsmitglieder der Anteilseignerseite in der Untergesellschaft auch bestimmte „seiner Aufsichtsratsmitglieder" der Arbeitnehmerseite berücksichtigen kann. Der doppelte Einfluß der Arbeitnehmer würde ohne Potenzierungsklausel zur Überparität führen[68]. Durch § 32 MBG 1976 soll so die Möglichkeit ausgeschlossen werden, daß die Arbeitnehmer ein Übergewicht erhalten.

2. These von der Unschädlichkeit der Mehrfachbestimmung

Die bisherigen Überlegungen haben ergeben, daß für einzelne Angelegenheiten die Interessen der Arbeitnehmer sowohl durch die betriebsrätliche als auch die aufsichtsrätliche Mitbestimmung gewahrt werden. Doch herrscht über die Folgen, die diese Anhäufung von Mitbestimmungsrechten zeitigt, selbst unter den Autoren, welche grundsätzliche Kumulationen annehmen, keine Einigkeit.

Es wird die These von der generellen Unschädlichkeit der Mehrfachmitbestimmung vertreten[69]. Danach führt Kumulation nicht zur Überparität.

a) Zum einen entstünde kein Schaden, da mehrfach dasselbe zu tun nicht hieße, die Befugnisse zu verdoppeln[70]. Überparität ließe sich aus

[68] Vgl. Begründung zu § 29 des Regierungsentwurfs 1974 BT VII/2172, S. 28, 29.

[69] *Auffarth*, Zur Bedeutung der Beteiligungsrechte des Betriebsrats nach dem Betriebsverfassungsgesetz, RdA 1976, S. 2 ff.; *Bieback / Reich*, Verfassungswidrige Umgestaltung des Unternehmensrechts durch Mitbestimmung?, AuR 1978, S. 161, 166; *Raiser*, Mitbestimmung, in FS für Duden, S. 423, 431 ff.; *ders.*, Mitbestimmungsgesetz, Einl. Rdn. 57; *ders.*, Grundgesetz; *Kraft / Konzen*, Die Arbeiterselbstverwaltung im Spannungsverhältnis von Gesellschafts- und Arbeitsrecht, S. 69; *Schwerdtfeger*, Verfassungsmäßigkeit, S. 41; Frankfurter Gutachten, S. 184, 187.

[70] *Raiser*, Mitbestimmung, in FS für Duden, S. 423, 431 ff.

der mehrfachen Diskussion nicht ableiten, da diese nicht den Einfluß der Arbeitnehmer steigere. Das rechtliche Können der Arbeitnehmer bewege sich nach wie vor in dem vom BetrVG festgelegten Rahmen. Es werde durch das Mitbestimmungsrecht des Betriebsrats ebenso konkretisiert wie begrenzt. Das bedeute, daß die Anwesenheit von Arbeitnehmervertretern im Aufsichtsrat den Arbeitnehmern nicht mehr Macht gebe, als ihnen das Mitbestimmungsrecht des Betriebsrats ohnehin einräume[71].

Nach dieser Meinung beruht die These von der Überparität auf einer quantitativen Betrachtungsweise, bei der die Einflußmöglichkeiten der Arbeitnehmer auf Betriebsebene und Unternehmensebene schlicht addiert würden[72]. Eine Addition sei jedoch nicht zulässig, denn es würden Beteiligungsrechte mit unterschiedlichem Gewicht zusammengezählt. Würde nämlich durch die Mitbestimmung im Aufsichtsrat der Ermessensspielraum des Arbeitgebers auf Null reduziert, käme nur noch eine Entscheidung in Betracht. Eine Steigerung des Einflusses der Arbeitnehmer durch die betriebliche Mitbestimmung scheide aus. Es komme zu keiner Überparität. Verbleibe hingegen dem Arbeitgeber auch nach Ausübung der Teilhaberechte der Arbeitnehmervertreter im Aufsichtsrat ein Ermessensspielraum hinsichtlich seiner Entscheidung, dann könne die betriebliche Mitbestimmung innerhalb dieses Ermessensspielraumes die Arbeitnehmer überhaupt erst zu gleichgewichtigen Partnern machen. Erst so würde in diesem Falle die Parität verwirklicht. Von Überparität könne keine Rede sein[73].

b) Zum anderen verhindere das Vorhandensein der Einigungsstelle gemäß § 76 BetrVG unzulässige Kumulationen von Teilhaberechten.

Die Einigungsstelle würde angerufen, wenn sich Betriebsleitung/Arbeitgeber und Betriebsrat nicht einigen könnten. Die Einigungsstelle bzw. das angerufene Arbeitsgericht hätten zu berücksichtigen, daß bezüglich der Angelegenheit, über welche sich die Gegenspieler im Betrieb stritten, schon einmal Arbeitnehmer im Aufsichtsrat mitbestimmt hätten. Ferner hätten beide die wirtschaftliche Vertretbarkeit zu überprüfen. Hierbei sei die mitbestimmte Entscheidung des Aufsichtsrats ein wichtiger Maßstab. Der Entscheidungskompromiß auf Unternehmensebene stelle ein Entscheidungsdatum dar, welches von der Vermutung richtiger Kompromißlösung getragen werde. Dessen Bedeutung dürfe die Einigungsstelle nur unter der Voraussetzung abweichender Umstände der Betriebsverhältnisse im Einzelfall oder eines

---

71 Frankfurter Gutachten, S. 187.

72 Vgl. *Raiser*, Das neue Mitbestimmungsgesetz, NJW 1976, S. 1337, 1339; Frankfurter Gutachten, S. 172.

73 *Auffarth*, S. 4 unter Hinweis auf *Fitting / Wlotzke / Wißmann*, Vorb. Rdn. 19; *Raiser*, Grundgesetz, S. 26.

ausschließlich bzw. einseitig von den Kapitaleignern durchgesetzten Entscheidungsprogramms übergehen. Während die Einigungsstelle also grundsätzlich die Entscheidungssituation auf Unternehmensebene zu berücksichtigen habe, sei sie im Falle des allseitigen Einverständnisses im Aufsichtsrat bezüglich eines betrieblichen Regelungsgegenstandes gebunden. Dieses Entscheidungsvotum im Aufsichtsrat sei anders als im mitbestimmungsfreien Unternehmen nicht mehr einseitig dem vom BetrVG ins Auge gefaßten Arbeitgeber in seiner Rolle als Repräsentant der Kapitalinteressen zuzurechnen, sondern berücksichtige als Ausfluß der Parität bereits die gleichberechtigten und gleichgewichtigen Belange der Arbeitnehmer[74]. Die Erstellung eines Sozialplanes solle als Beispiel dienen.

Die Arbeitnehmervertreter im Aufsichtsrat handelten für ihre Zustimmung zu dieser Betriebsänderung einen großzügigen Sozialplan aus. Dies würde im Streitfall für die Einigungsstelle bedeuten, daß sie den Arbeitnehmern nicht noch weiter entgegenkomme, als sie das bei einem anderen Angebot des Arbeitgebers getan hätte. Denn gerade bezüglich mitbestimmter Unternehmen dürfe man nicht annehmen, „daß die Einigungsstelle das arithmetische Mittel zwischen den Verhandlungspositionen von Betriebsrat und Unternehmer ohne weiteres ihrer Entscheidung zugrunde legen werde“[75]. Es dürfe nicht davon ausgegangen werden, daß die Einigungsstelle unabhängig davon, ob bereits eine mitbestimmte Entscheidung vorliegt oder nicht, stets die beiden Auffassungen von Arbeitgeber und Betriebsrat als gleichberechtigte und gleichgewichtige Ausgangspunkte für ihre Entscheidung wählt und diese in der Weise trifft, daß sie einen Kompromiß beider Standpunkte darstellt.

Im Ergebnis sieht diese Meinung eine Verdoppelung der Befugnisse. Die Arbeitnehmer können zweifach mitbestimmen. Einem Mißbrauch der Befugnisse, der zur Überparität führt, steht die Einigungsstelle in der Funktion einer „clearing“-Stelle entgegen[76], welche darauf achtet, daß im Falle einer mitbestimmten, ausgewogenen Entscheidung im Aufsichtsrat ein erneuter Vorstoß der Arbeitnehmer über den Betriebsrat scheitert.

3. Überparität als Folge der Kumulation

Gegen die These von der Unschädlichkeit der Mehrfachmitbestimmung wendet sich die Gegenmeinung[77].

---

[74] *Martens*, Allgemeine Grundsätze zur Anwendbarkeit des Mitbestimmungsgesetzes, Die AG 1976, S. 113, 115.

[75] *Auffarth*, S. 4.

[76] Vgl. *Kraft / Konzen*, S. 69; *Schwerdtfeger*, Verfassungsmäßigkeit, S. 41.

[77] *Badura*, Der Regierungsentwurf eines Mitbestimmungsgesetzes — Ver-

Nach ihr entsteht ein Übergewicht, wenn funktionell paritätische wirtschaftlich-unternehmerische Mitbestimmungsrechte bezüglich derselben Angelegenheit zwei verschiedenen Funktionsträgern der Arbeitnehmerseite zugestanden werden[78]. Zweimaliges Mitbestimmen bedeute nicht etwa nur zweimalige Diskussion, sondern räume den Arbeitnehmervertretern die Möglichkeit ein, einen bereits paritätisch zustande gekommenen Beschluß nochmals zur Disposition zu stellen. Es werde zum zweiten Mal die Chance eröffnet, eigene Interessen durchzusetzen. Daraus ergäbe sich im Einzelfall die Möglichkeit, die Interessen der Anteilseigner in eine Minderheitenstellung zu bringen. Damit ginge das rechtspolitische Ziel der Parität verloren. Es entstehe Überparität.

Diesem Umstand könne nicht mit dem Einwand begegnet werden, Mitbestimmungsbefugnisse auf zwei Ebenen ließen sich nicht einfach addieren. Es gehe nämlich nicht um eine ungewichtete und schematische Addition. Vielmehr sei eine umfassende funktionelle Betrachtung notwendig[79]. Trotz der Unterschiedlichkeit der Ansatzpunkte stünde bei beiden Mitbestimmungsarten bezüglich eines Entscheidungsgegenstandes die Interessenwahrung für die Arbeitnehmer inhaltlich im Mittelpunkt.

Auch könne nicht in der Einigungsstelle eine die Parität erhaltende Funktion gesehen werden. Denn sie habe mangels genauer, gesetzlich festgelegter Abwägungsmaßstäbe einen sehr weiten Ermessensspielraum, der das ursprünglich unternehmerische Ermessen ersetze[80].

4. Stellungnahme

Es bedarf daher der Klärung, ob mehrfaches Mitbestimmen wirtschaftlich-unternehmerischer Art nicht nur zur Verdoppelung des Mitbestimmungsvorganges, sondern auch zur die Arbeitnehmer unzulässig bevorteilenden Überparität führt.

---

fassungsrechtliche Einwände —, ZfA 1974, S. 357, 366; *Erdmann*, Die Bedeutung der Mitbestimmung des Betriebsrats für die unternehmerische Entscheidung. Der Weg zur Überparität, RdA 1976, S. 87; *Hanau*, Was bedeutet paritätische Mitbestimmung für das Kollektive Arbeitsrecht?, BB 1969, S. 760, 764; *ders.*, Arbeitsrechtliche Probleme der paritätischen Mitbestimmung, BB 1969, S. 1497, 1500. *Rüthers*, Mitbestimmung und Eigentumsstruktur, Der Arbeitgeber 1972, S. 926, 928; *ders.*, Arbeitgeber und Gewerkschaften — Gleichgewicht oder Dominanz —, DB 1973, S. 1649, 1652; *ders.*, Arbeitsrecht und politisches System, S. 161; *Zöllner*, Die Einwirkung der erweiterten Mitbestimmung auf das Arbeitsverhältnis, RdA 1969, S. 65, 68 f.; *Zöllner / Seiter*, Paritätische Mitbestimmung und Artikel 9 Abs. 3 GG, ZfA 1970, S. 97, 103.

78 *Rüthers*, Arbeitgeber und Gewerkschaften — Gelichgewicht oder Dominanz, DB 1973, S. 1649, 1652.

79 *Erdmann*, RdA 1976, S. 87, 90; Kölner Gutachten, S. 130.

80 *Erdmann*, RdA 1976, S. 89.

a) Wenn ein mittelbar paritätisch mitbestimmter Vorstand bzw. die von ihm abhängige und damit auf gleiche Weise handelnde Betriebsleitung[81] dem Betriebsrat einen im paritätisch besetzten Aufsichtsrat gefaßten Beschluß zur Mitbestimmung vorlegt, kann der Betriebsrat diese Entscheidung nicht als bereits in ausreichendem Maße ausgewogen betrachten. Als Gegenspieler des Arbeitgebers muß er der Vorlage des Vorstandes aus dem Blickwinkel der Belegschaft und damit seiner Wähler einen Gegenvorschlag entgegensetzen. Denn es besteht der tatsächliche Zwang, als Betriebsrat den Belegschaftsangehörigen, welche für die Wiederwahl verantwortlich zeichnen, im betrieblichen Alltag den Sinn und die Wirkung der betriebsrätlichen Tätigkeit vorführen zu müssen. Eine Betriebsvertretung, welche es zu versuchen unterläßt, Vorschläge des Arbeitgebers im Sinne der Arbeitnehmer zu verändern, führt ihre eigene — zumindest teilweise — Überflüssigkeit deutlich vor Augen[82]. Insoweit zeitigt die Mitbestimmung des Betriebsrats nicht etwa nur eine erneute Diskussion bei gleichgebliebenen Gesichtspunkten als Ergebnis. Vielmehr wird der aufgrund der Parität im Aufsichtsrat zustandegekommene Beschluß für sich genommen nochmals inhaltlich der Mitbestimmung unterworfen.

b) Die gegenteilige Auffassung Auffarths[83] von der Ergänzungsfunktion der aufsichtsrätlichen zur betriebsverfassungsrechtlichen Mitbestimmung, wonach erstere letztere zur Parität auffülle, ist zu prüfen.

Die Annahme, daß dem Aufsichtsrat nur dann noch ein Entscheidungsspielraum im Einzelfall zustände, falls der Betriebsrat seine Rechte nicht voll ausgeschöpft habe — ansonsten sei der Ermessensspielraum auf Unternehmensebene auf Null geschrumpft — baut auf dem im Alltag für den aus hochqualifizierten Fachleuten bestehenden Aufsichtsrat gar nicht oder nur sehr unzulänglich auszumachenden Umstand der Kompetenzausschöpfung auf. Es stellt bezüglich des Aufsichtsrates eine lebensfremde Konstruktion dar, in jedem der doppelten Mitbestimmung unterliegenden Fall prüfen zu wollen, ob ein Funktionsträger die gesamten Mitbestimmungsbefugnisse in Anspruch genommen hat oder noch einen Restbestand für den anderen Funktionsträger zurückgelassen hat. Daher ist die Meinung Auffarths abzulehnen.

---

81 Vgl. zum Übergang von der Betriebsleitung alten kapitalistischen Stils zur mittelbar mitbestimmten, Zweites Kapitel C I - III.

82 Vgl. die ähnlich problematische Lage einer Gewerkschaft in Tarifverhandlungen zu Zeiten eines Nullwachstums. Die Gewerkschaft muß in dieser Zeit, da Lohnerhöhungen — wie sie selbst einsieht — nur schwer vertretbar sind, schneidig auftreten und Forderungen aufstellen, um ihren Mitgliedern ihre Notwendigkeit und Funktion vor Augen zu führen. Unterließe sie dies, so verlöre sie in den Augen ihrer Mitglieder ihre Berechtigung. Daher besteht der Zwang zu der Sache nach nicht zu recht fertigenden Forderungen.

83 *Auffarth*, RdA 1976, S. 2, 4.

c) Angesichts der zweifachen Mitbestimmung bleiben dem Vorstand, welcher eine aufsichtsrätlich mitbestimmte Entscheidung dem Betriebsrat vorlegt, zwei Möglichkeiten.

aa) Die den Arbeitnehmerinteressen aufgeschlossen gegenüberstehende Unternehmensleitung versucht innerbetriebliche Streitigkeiten zu vermeiden. Sie verzichtet auf die Anrufung der Einigungsstelle und kommt statt dessen den Arbeitnehmervertretern erneut entgegen. Somit geht der Einfluß der Arbeitnehmer über die Parität hinaus. Es kommt zu einer übergewichtig mitbestimmten Entscheidung.

bb) Oder der Vorstand sieht sich trotz seiner grundsätzlichen Arbeitnehmerfreundlichkeit außerstande, den weiterreichenden Wünschen des Betriebsrates entgegenzukommen. Eine Einigung der Parteien im Verhandlungswege scheitert. Die Einigungsstelle wird angerufen. Ihre Aufgabe ist es grundsätzlich, eine beide Seiten befriedigende Problemlösung zu finden. Dies bedeutet in der Regel ein Aufeinanderzugehen, einen Kompromiß, also im Ergebnis wiederum eine übergewichtig „mitbestimmte" Entscheidung.

(1) Die Vertreter der These von der Unschädlichkeit der Mehrfachmitbestimmung führen dagegen das Argument von der Vermutung der Richtigkeit der im mitbestimmten Aufsichtsrat getroffenen Entscheidung an[84]. Demzufolge sei die Einigungsstelle in ihrer inhaltlichen Entscheidung gebunden. Ein über das bereits im Aufsichtsrat erzielte Ergebnis hinausgehender Spruch werde und dürfe von der Einigungsstelle nicht ausgesprochen werden. Die Einigungsstelle führe demzufolge insgesamt zur Parität.

(2) Dieser Auffassung ist zuzugeben, daß die im Aufsichtsrat erzielten Lösungen die Vermutung der sachlichen Richtigkeit in sich tragen.

Doch ist der daraus gezogene Schluß, daß die Einigungsstelle die von seiten des Betriebsrates vorgebrachten Anregungen bei ihrer Entscheidung schlichtweg übergehen könne und so die Parität herstelle, nicht folgerichtig.

(a) Die Behebung der Gleichgewichtsstörung und die Wiederherstellung der Ausgewogenheit kann nicht dem Ermessen der Einigungsstelle überlassen werden, da deren Verhandlungen Parität voraussetzt und nicht erst herstellen soll[85].

(b) Ferner wird übersehen, daß die Einigungsstelle ein Instrument auf betrieblicher Ebene darstellt. Sie soll Frieden zwischen dem Betriebsrat und der Betriebsleitung bzw. dem Vorstand stiften, indem sie

---

[84] Vgl. Zweites Kapitel F III 2 b.

[85] *Hanau*, Das Verhältnis des Mitbestimmungsgesetzes zum kollektiven Arbeitsrecht, ZGR 1977, S. 409; *Säcker*, Die Mitbestimmung im Unternehmen im Meinungsstreit, DRdA 1973, S. 89.

die beiden Gruppeninteressen im Wege des Aufeinanderzugehens versöhnt. Grundsätzlich faßt die Einigungsstelle ihre Beschlüsse unter angemessener Berücksichtigung der Belange des Betriebes und der betroffenen Arbeitnehmer nach billigem Ermessen[86]. Dabei hat sie zwischen sozialen und personellen Interessen der Arbeitnehmer im Betrieb und der wirtschaftlichen Vertretbarkeit im Unternehmen abzuwägen. Dies macht deutlich, daß die Einigungsstelle nicht dazu geschaffen wurde, als Ausgleichsinstrument hinsichtlich sämtlicher Arten der Mitbestimmung mit Zielprojektion Parität zu dienen. Die Einigungsstelle soll vielmehr betriebliche Streitigkeiten ins Lot bringen. Dies wird ihr als bloßem Abblockorgan bezüglich der Betriebsratsmitbestimmung nicht gelingen. Soweit die Anhänger der These von der Unschädlichkeit der Mehrfachmitbestimmung behaupten, die Einigungsstelle habe die bereits im Aufsichtsrat durchgeführte Mitbestimmung zu berücksichtigen, haben sie ihre Auffassung zu belegen. Dies wird ihnen nicht glücken. Das Gesetz enthält keine diesbezügliche Regelung. Auch fehlt entsprechende Rechtsprechung und Literatur, welche insbesondere auch Sanktionen für den Fall festzulegen hätte, daß die Einigungsstelle abweichend handelte.

(c) Vor allem aber darf nicht außer Acht gelassen werden, daß die paritätische Mitbestimmung im Aufsichtsrat auch die Einigungsstelle nicht unberührt läßt.

Grundsätzlich besteht die Einigungsstelle in Betrieben eines mitbestimmungsfreien Unternehmens aus einer gleichen Zahl von Beisitzern, die je zur Hälfte vom an Kapitalinteressen ausgerichteten Arbeitgeber und vom Betriebsrat bestellt werden. Hinzu kommt ein unparteiischer Vorsitzender, auf dessen Person sich beide Parteien zu einigen haben[87].

Die Konkurrenz der beiden unterschiedlichen Mitbestimmungssysteme wirkt sich auf die personelle Besetzung der Einigungsstelle aus.

Der Betriebsrat kann seine Vertreter unbeeinflußt, einseitig den Arbeitnehmerinteressen verpflichtet, bestellen. Dagegen sind die Arbeitgebervertreter nicht mehr wie früher interessenmonistisch an Kapitalinteressen ausgerichtet. Denn die Arbeitnehmervertreter im Aufsichtsrat haben aufgrund der Unternehmensmitbestimmung auch für die Berufung der vom Arbeitgeber zu entsendenden Beisitzer in der Einigungsstelle volle Mitbestimmungsrechte.

---

86 § 76 Abs. 5 S. 3 BetrVG.

87 So die h. M., a. A. *Müller*, Rechtliche Konzeption und soziologische Problematik der Einigungsstelle nach dem BetrVG 1972, DB 1973, S. 431, der ausführt, daß sich die Beisitzer der Einigungsstelle auf den Vorsitzenden einigen müssen.

Dies muß in der alltäglichen Praxis nicht unmittelbar dazu führen, daß von der Arbeitgeberseite Arbeitnehmervertreter als Beisitzer für die Einigungsstelle benannt werden. Dennoch wird der gleichgewichtige Einfluß der Arbeitnehmer im Aufsichtsrat bewirken, daß von der Arbeitgeberseite zumindest der Arbeitnehmerseite sehr offen gegenüberstehende und aufgeschlossene Beisitzer als Verhandlungspartner für die Einigungsstelle bestellt werden. Der Einfluß der Arbeitnehmer im Aufsichtsrat verhindert somit, daß Personen zu Beisitzern berufen werden, die durch Worte und Taten klar zu verstehen gegeben haben, daß sie die vom Betriebsrat vertretenen Auffassungen mißbilligen.

(d) Von hervorragender Bedeutung ist die Konkurrenz beider Mitbestimmungsarten bei der Einigung auf die Person des unparteiischen Vorsitzenden. Hierbei ist es den Arbeitnehmern durch ihre Vertreter im Aufsichtsrat möglich, darauf hinzuwirken, daß der vom Betriebsrat als Vorsitzender vorgeschlagene Kandidat auch von der Arbeitgeberseite angenommen wird. Diese kann nämlich ihrerseits ihre Position gegenüber dem Betriebsrat nicht einseitig mit vollem Nachdruck vertreten, da bereits die Willensbildung ihres Organs, des Aufsichtsrats, durch die Arbeitnehmer mitbestimmt wird.

Das Zusammentreffen der aufsichtsrätlichen und der betriebsrätlichen Mitbestimmung führt bezüglich der Einigungsstelle zu einem Übergewicht des Arbeitnehmereinflusses. Die Einigungsstelle erfüllt also nicht nur nicht die Aufgabe, die ihr von den Vertretern der These von der Unschädlichkeit der Mehrfachmitbestimmung zugedacht wird. Vielmehr verbessert die Einschaltung des mitbestimmten Vorstandes die Möglichkeit des Betriebsrats erheblich, zu einer erfolgreichen Bescheidung seines Vorschlages zu gelangen.

Somit verhindert die Einigungsstelle nicht nur nicht das Übergewicht der Arbeitnehmer, sondern hilft, es verstärkt herbeizuführen.

(e) Gegen diese Auffassung mag eingewandt werden, daß die Einigungsstelle die Grenzen des ihr gesetzten Ermessensrahmens nicht einseitig zugunsten der Arbeitnehmerseite überschreiten dürfe. Tue sie dies, so könne der Arbeitgeber beim Arbeitsgericht im Beschlußverfahren die Feststellung begehren, daß der Spruch der Einigungsstelle rechtsunwirksam sei[88].

Dieser Einwand läuft darauf hinaus, dem Arbeitsgericht die Befugnis und Aufgabe zuzuschieben, eine auf die Gesamtheit von Unternehmen und Betrieb bezogene paritätische Mitbestimmung herzustellen. Dies soll dadurch geschehen, daß eine im Lichte der betriebsrätlichen Mitbestimmung möglicherweise sogar ausgewogene Entscheidung der Eini-

---

[88] Vgl. § 76 Abs. 5 S. 4 BetrVG.

gungsstelle auf Veranlassung der Arbeitgeberseite aus Gründen der Stimmigkeit aller aufeinander bezogener Mitbestimmungssysteme „zurechtgestutzt" wird.

Zu fragen ist, ob diese Argumentation nicht dreierlei übersieht.

Erstens müßte der selbst mittelbar mitbestimmte und damit gleichgewichtig auch von Arbeitnehmerinteressen abhängige Arbeitgeber des mitbestimmten Unternehmens zu dem Ergebnis gelangen, daß der Arbeitnehmerseite zu große Zugeständnisse gemacht worden sind. Eine Anrufung des Arbeitsgerichts erscheint angesichts der Stimmengleichheit im Aufsichtsrat und der davon ausgehenden Ausgewogenheit im Vorstand als zumindest nicht sehr wahrscheinlich.

Zweitens scheint es selbst für den Fall, daß der Arbeitgeber das Arbeitsgericht bemüht, nahezu unmöglich zu sein festzustellen, ob die grundsätzlich auf die Betriebsebene und die daran anknüpfende betriebsrätliche Mitbestimmung bezogene Einigungsstelle den ihr gesetzten Ermessensspielraum überschreitet.

Es fehlt im Gesetz ein genau umschriebener Abwägungsmaßstab. Daher verbleibt der Einigungsstelle ein sehr weiter Ermessensspielraum für ihre Entscheidungen. Es erscheint äußerst zweifelhaft, ob eine Entscheidung, welche unter angemessener Berücksichtigung der Belange des Betriebes und der betroffenen Arbeitnehmer zustande gekommen ist, deshalb als ermessenfehlerhaft anzusehen ist, weil sie nicht gleichzeitig die Überparität im Unternehmen insgesamt verhindert.

Drittens ist es aus Gründen der Praktikabilität wenig hilfreich, die sich im Laufe der verschiedenen Mitbestimmungsverfahren ergebenden Übergewichte jeweils im Einzelfall durch das Arbeitsverfahren vor dem wenig aussichtsreichen Hintergrund der Ermessensüberschreitung abbauen zu wollen. Es stellt sich die Frage, wie oft und wie lange sich ein Arbeitgeber dieses langwierige Verfahren rein zeitlich und vom Betriebsklima her leisten kann.

Daher ist der Schluß, wonach die Vermutung der sachlichen Richtigkeit einer im Aufsichtsrat erzielten mitbestimmten Entscheidung dazu führe, daß die Einigungsstelle die vom Betriebsrat vorgetragenen Erwägungen bei ihrer Entscheidung nicht zu berücksichtigen habe und auf diese Weise die Parität herstelle[89], nicht folgerichtig.

Als Zwischenergebnis bleibt daher festzustellen, daß das Nebeneinander von betriebsrätlicher und unternehmerischer Mitbestimmung teilweise zu Überparität führt. Diese wird weder durch die Einigungsstelle noch das Arbeitsgericht wirksam verhindert.

---

[89] Vgl. Zweites Kapitel F III 4.

IV. Überparität als Verstoß gegen den Grundsatz der gleichgewichtigen und gleichberechtigten Mitbestimmung

Die Überparität verletzt den Grundsatz von der gleichgewichtigen und gleichberechtigten Mitbestimmung der Arbeitnehmer. Jener war das axiomatische Leitmotiv des Gesetzgebers. Dies belegt die Begründung zum vollparitätischen Regierungsentwurf 1974 des Mitbestimmungsgesetzes[90].

Daß der Gesetzgeber bereits die Überparität als Problem einer Unternehmens- und Betriebsverfassung, in der — sei es auf betrieblicher oder unternehmerischer Ebene — den Arbeitnehmern mehrfach paritätische Beteiligungsrechte eingeräumt worden sind, gesehen hat, beweist das Vorhandensein des § 32 MBG 1976, der in der Nachfolge des § 29 RegEnt. 1974 Gesetz wurde.

Bezüglich des Konzerns findet sich dort die Regelung, daß bei paritätischer Besetzung des Aufsichtsrats der Arbeitnehmerseite die Möglichkeit eröffnet wird, durch ihre Mitwirkung bei der Bestellung und Kontrolle des Vorstandes auch auf das Handeln dieses Unternehmensorgans Einfluß zu nehmen[91]. Nachdem es aber zu dem Aufgabenbereich des Vorstandes einer Konzernobergesellschaft gehört, die Mitgliedschaftsrechte der paritätischen Obergesellschaft an den paritätischen Untergesellschaften auszuüben, tritt der mittelbar mitbestimmte Vorstand in der Hauptversammlung der Untergesellschaft als Anteilseigner auf. Er bestimmt als Mehrheitsaktionär die Anteilseignervertreter im Aufsichtsrat der Untergesellschaft. Es befinden sich daher unter den Anteilseignern im Aufsichtsrat der abhängigen Gesellschaft Vertreter, die auch Arbeitnehmerinteressen wahrnehmen[92]. Da der Aufsichtsrat der Untergesellschaft ebenfalls nach den Regeln der Parität mitbestimmt ist, kann die Arbeitnehmerbank zusammen mit den von den Arbeitnehmerinteressen geprägten Anteilseignervertretern eine Mehrheit bilden. Es entsteht Überparität[93]. Diese zu vermeiden, schuf der Gesetzgeber § 32 MBG 1976, der der Anteilseignerbank im Aufsichtsrat des herrschenden Unternehmens gewisse Sonderrechte gewährt, die die Kumulation von Mitbestimmungsrechten verhindern.

---

90 Vgl. Begründung zu § 29 RegEnt., BR-Drucksache VII/2172, S. 24 f., 29, 29.

91 Zum Problem des mittelbar mitbestimmten Vorstandes vgl. ausführlich bereits Zweites Kapitel B III 4 a - c, bezüglich des Konzerns vgl. *Philipp*, Die Ausübung von Beteiligungsrechten nach § 32 des Mitbestimmungsgesetzes, DB 1976, S. 1622.

92 *Lutter*, Mitbestimmung im Konzern, S. 67.

93 Vgl. RegEnt. 1974, S. 24 f., 28, 29; vgl. § 32 in der endgültigen Fassung des MBG 1976, der inhaltlich nicht so weitgehende Regelungen trifft.

Unabhängig davon, ob man die Lösung des § 32 MBG 1976 als tauglich bzw. untauglich ansehen mag[94], ist erkennbar, daß der Gesetzgeber Überparitäten vermeiden will.

V. Überparität als Verstoß gegen die Verfassung

Zwar ist es nicht Aufgabe dieser Untersuchung, in der unter der Voraussetzung der Gleichgewichtigkeit im Unternehmen die Verträglichkeit zweier auf denselben Gegenstand wirtschaftlich-unternehmerischer Art bezogener paritätischer Mitbestimmungssysteme erörtert wird, das Problem der Überparität aus verfassungsrechtlicher Sicht umfassend darzulegen.

1. Grundsätzliche Offenheit der Verfassung

Doch sei der Hinweis erlaubt, daß sich Überparität nicht unter Berufung auf die grundsätzliche Offenheit der Verfassung gegenüber der Wirtschaftsordnung als verfassungsrechtlich problemlos darstellen läßt.

a) Zuzugeben ist zwar, daß das Grundgesetz, welches sich in seinem ersten Abschnitt im wesentlichen auf die klassischen Grundrechte beschränkt hat, keine unmittelbare Festlegung und Gewährleistung einer bestimmten Wirtschafts- und Sozialordnung enthält. Im Gegensatz zur Weimarer Reichsverfassung legt es keine verfassungsrechtlichen Grundsätze zur Gestaltung des Wirtschaftslebens fest. Es überläßt dessen Ordnung vielmehr dem Gesetzgeber. Angesichts dieser vom Bundesverfassungsgericht mehrfach ausgesprochenen wirtschaftspolitischen Neutralität des Grundgesetzes darf der Gesetzgeber jede ihm sachgemäß erscheinende Wirtschaftspolitik verfolgen, sofern er das Grundgesetz beachtet. Ihm wurden weitreichende Gestaltungsmöglichkeiten eingeräumt[95].

b) Jedoch darf die Berücksichtigung der Gestaltungsfreiheit des Gesetzgebers nicht zu einer Verkürzung dessen führen, was die Verfassung bei allem Wandel unverändert gewährleisten will, namentlich nicht zu einer Verkürzung der in den Grundrechten sichergestellten Freiheiten des Einzelnen. Der Verzicht auf jene stellt nach dem Grundgedanken der Verfassung einen Verzicht auf ein Leben in menschlicher Würde dar. Daher sind die grundsätzliche Freiheit des Gesetzgebers

[94] Hierzu *Bayer*, Mitbestimmung und Konzern, DB 1975, S. 1167, 1173; *Lutter*, S. 71; *Meilicke / Meilicke*, Kommentar zum Mitbestimungsgesetz 1976, der den § 29 RegEnt. 1974 nachgebildeten, jedoch weniger strengen § 32 MBG 1976 für bedenklich erachtet.

[95] BVerfGE 4, S. 7 ff.; 7, S. 377 ff.; 25, S. 1 ff.; 30, S. 292 ff.; BVerfG EuGRZ 1979, S. 121, 132; vgl. insgesamt ausführlich zum Problem der Offenheit der Verfassung: *Däubler*, Das Grundrecht auf Mitbestimmung, S. 163 ff., der den Meinungsstreit zu diesem Problem eingehend darlegt; *Richardi*, Ordnungsproblem, Die AG 1979, S. 29, 30 ff.; *Scholz*, Paritätische Mitbestimmung und Grundgesetz, S. 31 f.

zu wirtschafts- und sozialpolitischer Gestaltung und der Freiheitsschutz, auf den der einzelne Bürger gerade auch dem Gesetzgeber gegenüber einen verfassungsrechtlichen Anspruch hat, miteinander in Einklang zu bringen[96].

Daher findet die Überparität trotz der grundsätzlichen Gestaltungsmöglichkeiten des Gesetzgebers ihre Grenzen in den Einzelgrundrechten des Grundgesetzes.

c) Diese Auffassung teilt auch jene zahlenmäßig beachtenswerte Gruppe von Autoren, welche bezüglich der Parität noch keine verfassungsrechtlichen Bedenken äußerten[97]. Nach deren Überzeugung verstößt eine Regelung, welche den Arbeitgebern die Bestimmungsmacht in ihrer Unternehmung gänzlich nimmt, sie in eine nicht entscheidungserhebliche Minderheitenrolle zwängt, gegen die Art. 14 und 9 Abs. 3 GG. Einen derartigen Eingriff in die gesellschaftsrechtlich vermittelten Eigentümerfunktion sei mit der Eigentumsgarantie des Art. 14 GG nicht vereinbar.

2. Grenzen der Verfassungsmäßigkeit

a) Demgegenüber behauptet Stein[98], eine Überparität zugunsten der Arbeitnehmer sei mit dem Grundgesetz vereinbar. Die Gestaltungsfreiheit des Gesetzgebers ging und geht seiner Meinung nach bis einschließlich der Regelung des MBG 1976 so weit, daß er den Anteilseignern Überparität einräumen darf. Eine Gestaltung sei jedoch nicht nur einseitig zugunsten der Anteilseigner möglich. Vielmehr erlaube der grundsätzliche Gleichrang der Arbeitnehmergrundrechte mit den Anteilseignergrundrechten ebenso zugunsten der Arbeitnehmer ein Übergewicht. Genausowenig wie jemand auf den Gedanken gekommen sei, die Überparität der Anteilseigner verfassungswidrig zu nennen, sei in Richtung auf die Arbeitnehmer ein Verbot der Überparität begründbar.

b) Steins These ist kritisch zu prüfen.

Er gelangt zu seiner Erkenntnis im Wege der schlichten Gleichsetzung der Faktoren Kapital und Arbeit.

Stein läßt, indem er das Übergewicht der Anteilseigner in der mitbestimmungsfreien Gesellschaft mit der Überparität der Arbeitnehmer bei der Untersuchung der Verfassungsmäßigkeit letzterer gleichsetzt, jedoch außer Acht, daß es die Anteilseigner sind, welche das Unternehmen gründen, kapitalmäßig ausstatten und letztendlich mit ihrem

---

[96] BVerfG EuGRZ 1979, S. 121, 133.

[97] *Buchner*, Paritätische Mitbestimmung: Der Weg zu einer neuen Unternehmens- und Arbeitsordnung, ZfA 1974, S. 147, 179; *Hanau*, Was bedeutet paritätische Mitbestimmung für das kollektive Arbeitsrecht? BB 1969, S. 760, 764; *ders.*, Probleme, BB 1969, S. 1497, 1500; *Raiser*, Grundgesetz, S. 66 ff.; *Scholz*, Paritätische Mitbestimmung und Grundgesetz, S. 64 ff.

[98] *Stein*, Qualifizierte Mitbestimmung unter dem Grundgesetz, S. 75 f.

Kapital für das Wirtschaften einstehen. Während in einem mitbestimmungsfreien Unternehmen die Arbeitnehmer ihre Interessen kaum zur Geltung bringen können, konkretisiert die paritätische Mitbestimmung die Sozialpflichtigkeit des in Art. 14 GG garantierten Eigentums bis zu der Grenze, an der die Anteilseigner ihres Eigentums gerade noch nicht verlustig gehen. Eine diese Linie überschreitende Überparität findet entgegen der Meinung Steins keine Parallele auf seiten der Arbeitnehmer im nicht paritätisch mitbestimmten Unternehmen. Diese sind nämlich auch dort nicht bar jeden Grundrechtsschutzes. Es ist nicht menschenunwürdig und mit dem Sozialstaatsprinzip grundsätzlich vereinbar, als Arbeitnehmer in einem nicht paritätisch mitbestimmten oder gar von jeder Mitbestimmung freien Unternehmen zu arbeiten[99]. Nur in der unzulässigen, vereinfachenden Gleichsetzung von Unvergleichbarem gelangt Stein zum Kern seiner Aussage, daß Überparität in jedwede Richtung verfassungsrechtlich zulässig sei. Den Anteilseignern muß vielmehr ein mitbestimmender Einfluß im Unternehmen verbleiben, da zum Eigentum immer auch ein Rest von erheblicher Entscheidungsmacht gehört[100].

Die Anteilseigner können nicht einerseits mit ihrem Kapital für das Unternehmen haftungsmäßig einzustehen haben und andererseits bezüglich des Unternehmens zu bloßen bedeutungslosen Mitwirkenden herabgesetzt werden.

Daher zeigt die Parität als legitimatorisches Leitprinzip der Mitbestimmung zugleich deren Grenze auf. Überparität der Arbeitnehmer stellt einen Verstoß gegen die Verfassung dar.

VI. Überparität — die Gefahr einer Fernsteuerung durch die Gewerkschaften?

Zu prüfen ist schließlich, ob die festgestellte Überparität zu einer Fernsteuerung der Arbeitnehmervertreter in den Unternehmensorganen und damit der Unternehmen insgesamt durch die Gewerkschaften führt.

1. Der Begriff der Fernsteuerung wird in Anlehnung an die von der Mitbestimmungskommission festgelegte Beschreibung[101] definiert. Danach wird unter Fernsteuerung der Versuch verstanden, das eigenständige Verhalten des Unternehmens durch von außerhalb kommende Beeinflussung oder durch Bindung einzelner Mitglieder der Unternehmensorgane zu steuern.

---

[99] Vgl. Einleitung D I.

[100] Ähnlich *v. Plessen*, Qualifizierte Mitbestimmung und Eigentumsgarantie, S. 84 ff.

[101] Bericht der Mitbestimmungskommission, S. 81.

2. Die These von der Fernsteuerung wurde schon zur Zeit der Einführung des MontanMBG sowie des BetrVG 1952 von Ballerstedt[102] vertreten.

Sie scheint auf den ersten Blick auch einleuchtend. Die Aufsichtsratsmitglieder der Arbeitnehmerseite sowie die Betriebsräte sind in einer Vielzahl von Fällen personenidentisch. Sowohl im Aufsichtsrat als auch im Betriebsrat haben Gewerkschaftsmitglieder Sitz und Stimme.

Auch die nicht organisierten Arbeitnehmervertreter im Aufsichtsrat bzw. Betriebsräte können sich mit den Gewerkschaften bzw. deren Mitgliedern beratschlagen. Von daher entsteht auf Gewerkschaftsseite eine zentrale Sammlung wichtiger Informationen und Daten.

Doch stellt sich die Frage, ob dies zu einer planmäßigen Koordination von Verhaltensweisen und damit einer Fernsteuerung der Unternehmen führt.

Ein abgestimmtes Verhalten ist für ein repräsentatives System grundsätzlich typisch und stellt keine Besonderheit dar[103]. Es dient im Unternehmen dem Abbau des natürlichen Informationsvorsprungs der Anteilseigner.

Folgt man dem Gesetz, so dürfte eine Abstimmung im Verhältnis der Arbeitnehmervertreter im Aufsichtsrat und der Betriebsräte nicht vorkommen. Denn die Aufsichtsratsmitglieder unterliegen gemäß § 116 i. V. m. § 93 Abs. 1 AktG der Verschwiegenheitspflicht[104].

Rein tatsächlich ist es jedoch einem Aufsichtsratsmitglied der Arbeitnehmerseite unmöglich, sich selbst in seiner Funktion als Betriebsrat wichtige, geheimzuhaltende Informationen nicht zu „übermitteln". Die Personenidentität unterläuft somit die Verschwiegenheitspflicht.

Im übrigen ist daran zu zweifeln, ob im Alltag — unabhängig von der Teilidentität der Gremien — ein den Arbeitnehmerinteressen verpflichteter Aufsichtsrat den Kollegen bzw. der Gewerkschaft gegenüber Informationen zurückhält, welche für die organisierte Arbeitnehmerschaft von Bedeutung sind.

Die Frage der Fernsteuerung ist auch mit dem Problem der Überparität verbunden. Zwar ist bei strenger Parität ebenso die Möglichkeit der zentralen Datenspeicherung und des abgestimmten Verhaltens gegeben. Doch steigert erst die Überparität den Einfluß der Gewerkschaften zu einem wirklich entscheidungserheblichen. Diese könnten

---

[102] *Ballerstedt,* Mitbestimmungsrecht, Gesellschaftsrecht und Unternehmensverfassung, BB 1950, S. 271.

[103] Bericht der Mitbestimmungskommission, S. 81.

[104] *Lutter,* Information und Vertraulichkeit im Aufsichtsrat, S. 98, 126, 127; *ders.,* Zum Verhältnis von Information und Vertraulichkeit im Aufsichtsrat, BB 1980, S. 291 ff.

bei entsprechend übergewichtiger Vertretung im Aufsichtsrat und Betriebsrat dank des Übergewichts der Arbeitnehmer im Unternehmen, diese von außen steuern.

3. Trotz dieser günstigen Voraussetzungen ergeben sich auch im Zeichen der Überparität[105] keine zwingenden Anzeichen für eine Fernsteuerung der Gewerkschaften.

Die Mitbestimmung wird von den Gewerkschaften nicht als Mittel der zentralen Steuerung wirtschaftlicher Abläufe angesehen[106].

Dies beruht jedoch nicht auf dem Umstand, daß die einzelnen Industriegewerkschaften und der Deutsche Gewerkschaftsbund wechselseitig formal nicht abhängig sind, sondern ihre jeweils volle Selbständigkeit erhalten haben.

Doch ist trotz der Datensammlung und der umfassenden Kenntnisse auf seiten der Gewerkschaftsspitze nicht zu erkennen, daß die Gewerkschaften für die gesamte Wirtschaft bzw. wichtige Teilbereiche Zielsysteme erstellt und Planungsverfahren ausgearbeitet hätten.

Zwar ist nicht daran zu zweifeln, daß den Gewerkschaften ein genügend qualifiziertes Planungspotential zur Verfügung steht. Doch scheint es der Koalition auf Arbeitnehmerseite fernzuliegen, Gesamt- bzw. Teilpläne für die Wirtschaft erstellen und verantworten zu müssen. Strebten sie nämlich die oberste Planungsgewalt an, so stellten sie damit gleichzeitig ihre Aufgabe als Interessenvertreter, speziell der Arbeitnehmer, in Frage.

So verbleibt es auf Gewerkschaftsseite bei über die einzelnen Unternehmen hinausgehenden bloßen Informationen. Diese stellen entsprechend den vergleichbaren Vorgängen auf Arbeitgeberseite in mitbestimmungsfreien Unternehmen keinen Mechanismus der Fernsteuerung dar.

Vielmehr wird der verstärkte Einfluß der Gewerkschaften dazu beitragen, daß auf Arbeitnehmerseite übertriebener Betriebsegoismus vermieden wird, indem die außerbetrieblichen Arbeitnehmervertreter einen Ausgleich über überzogene unternehmens- bzw. betriebsgebundene Vorstellungen innerbetrieblicher Arbeitnehmervertreter schaffen.

---

105 Vgl. Mitbestimmungskommission, S. 81. Dort wird ausgesagt, daß unter unter der Geltung der Montanmitbestimmung und des BetrVG 1952 keine Anhaltspunkte für eine Fernsteuerung durch die Gewerkschaften auszumachen seien.

106 a. A. *Rüthers*, Kollektives Arbeitsrecht und Wettbewerbsordnung, Wirtschaft und Wettbewerb 1980, S. 392, 399: es bestünde die Gefahr der Fernsteuerung. Es sei den Gewerkschaften möglich, bestimmte Strukturfernziele in einer Branche über eine insoweit gewerkschaftlich geleitete und abgestimmte Aufsichtsrats-„politik“ in den Unternehmen anzusteuern.

Drittes Kapitel

Vermeiden der Überparität

A. Vorschläge zur Lösung des Problems der Überparität

Nach der Ermittlung von Überparität stellt sich die Frage, wie dieser nicht nur inpraktikable, sondern auch rechtlich zu beanstandende Zustand beseitigt werden kann. Zur Korrektur des Mitbestimmungssystems insgesamt sind zahlreiche mehr oder minder skizzenhafte Vorschläge unterbreitet worden.

Wenn sich zwei Mitbestimmungsarten unzulässigerweise potenzieren, bieten sich grundsätzlich zwei Lösungsmöglichkeiten an:

Entweder wird der unternehmensbezogenen Mitbestimmung der Vorrang eingeräumt, mit der Folge, daß notgedrungen die Mitbestimmungsrechte der Betriebsräte im Betrieb aufzuheben sind. Oder es wird die betriebsrätliche Mitbestimmung vorgezogen, indem sie zur vollen Parität bei gleichzeitigem Wegfall der Mitbestimmung im Aufsichtsrat ausgebaut wird. Auf diesen Überlegungen gründen auch die Lösungsskizzen.

I. Ansatzpunkt: Aufsichtsrat

Eine bedeutende Gruppe von Autoren neigt dazu, die unternehmensbezogene Mitbestimmung der Arbeitnehmer im Aufsichtsrat einzuengen, bzw. mehr oder minder stark abzubauen.

1. Stimmrechtsbeschränkung bei Doppelmandatsträgern

Müller[1] und Hanau[2] sprechen sich für den Ausschluß des Stimmrechts der Arbeitnehmervertreter aus, welche zugleich Mitglieder des Betriebsrats sind. Sie verweisen auf Wiedemann[3]. Dieser hat dargelegt,

---

[1] *Müller*, Gedanken zum Entwurf eines Mitbestimmungsgesetzes, DB 1975, S. 207, 253.

[2] *Hanau*, Lösungsmöglichkeiten mitbestimmungsbedingter Interessenkonflikte, RdA 1975, S. 23, 25 f.

[3] *Wiedemann*, Unternehmensrecht und GmbH-Reform, JZ 1970, S. 593, 602; *ders.*, Unternehmerische Verantwortlichkeit und formale Unternehmensziele in einer zukünftigen Unternehmensverfassung, in: Wirtschaftsfragen der Gegenwart, Festschrift für Carl Hans Barz, S. 561, 575.

daß das gesellschaftsrechtliche Ordnungsmittel des Stimmrechtsausschlusses grundsätzlich auch zur Lösung mitbestimmungsbedingter Lösungskonflikte tauge. Hanau will daher § 34 BGB analog anwenden, indem er ihn sehr weit auslegt. Diese Norm liefere für die Willensbildung im Aufsichtsrat eine Handhabe zur Lösung von Interessenkollisionen. Sie wird laut Hanau[4] anerkanntermaßen für die Beschlußfassung in den Aufsichtsräten der Kapitalgesellschaften herangezogen. Aufsichtsratsmitglieder seien hiernach im Einzelfall nicht stimmberechtigt, wenn eine Kollision eigener Interessen mit denen der Gesellschaft drohe. Gleiches müsse für die dem Aufsichtsrat angehörenden Mitglieder von Betriebsvertretungen gelten. Diese seien vom Stimmrecht auszuschließen, da sie die Belegschaften in ähnlicher Weise verträten wie die Geschäftsleitung ein Unternehmen[5].

2. Allgemeine Stimmrechtsbeschränkung für Arbeitnehmervertreter im Aufsichtsrat bei Entscheidungen über Betriebsverfassungsfragen

Die Einengung der Stimmrechtsbeschränkungen auf diejenigen Arbeitnehmervertreter, welche in Aufsichtsrat und Betriebsrat ein Doppelmandat ausüben, halten Säcker[6] und neuerdings offenbar selbst Hanau[7] für nicht gerechtfertigt. Sie sprechen sich für eine allgemeine Stimmrechtsbeschränkung der Arbeitnehmervertreter im Aufsichtsrat in denjenigen Angelegenheiten der Betriebsverfassung aus, in denen ein Spruch der Einigungsstelle gemäß den Vorschriften des Betriebsverfassungsgesetzes die Einigung zwischen Arbeitgeber und Betriebsrat ersetzen kann. Nur so könne die zwingende paritätische Mitbestimmung im Betrieb funktionsfähig bleiben. Dieses Trennungsprinzip ergäbe sich nicht aus der Zugehörigkeit der Aufsichtsratsmitglieder zu der einen oder anderen Seite, sondern erst aus der konkurrierenden Paritätsgewähr durch die betriebliche Mitbestimmung[8].

---

4 Vgl. *Hanau*, Lösungsmöglichkeiten, RdA 1975, S. 23, 25 m. w. N. in Fn. 10.

5 *Hanau*, Lösungsmöglichkeiten, RdA 1975, S. 23, 26; vgl. demgegenüber *ders.*, Das Verhältnis des Mitbestimmungsgesetzes zum kollektiven Arbeitsrecht, ZGR 1977, S. 397, 400 - 412: dort scheint Hanau eine teilweise Stimmrechtsbeschränkung für nicht mehr ausreichend zu erachten.

6 *Säcker*, Die Mitbestimmung im Unternehmen im Meinungsstreit, DRdA 1973, S. 89, 95; *ders.*, Steno.-Protokoll BT-Ausschuß für Arbeit und Sozialordnung, BT/VII, Protokoll Nr. 62, S. 40, 104.

7 *Hanau*, Das Verhältnis des Mitbestimmungsgesetzes zum kollektiven Arbeitsrecht, ZGR 1977, S. 397, 406 - 412; vgl. auch Fn. 5.

8 Vgl. *Hanau*, Das Verhältnis des Mitbestimmungsgesetzes zum kollektiven Arbeitsrecht, S. 409.

3. Geregelter Zustimmungskatalog des Aufsichtsrats

Martens[9] schlägt zur Lösung des Überparitätsproblems einen abschließend geregelten Zustimmungskatalog des Aufsichtsrates vor. Überschneidungen der Mitbestimmungsarten seien dadurch zu vermeiden, daß dem Aufsichtsrat in denjenigen Angelegenheiten keine Zustimmungsbefugnisse erteilt werden, in welchen bereits eine betriebliche Mitbestimmung zugestanden sei.

4. Wegfall der Mitbestimmung im Aufsichtsrat bei gleichzeitigem Ausbau der betrieblichen Teilhabe

Einige Autoren[10] neigen dazu, ganz auf die Mitbestimmung der Arbeitnehmer im Aufsichtsrat zu verzichten. Statt dessen regen sie den Ausbau der betrieblichen Teilhabe bis zur Vollparität in allen Betrieben an.

Die Empfehlungen der Mitbestimmungskommission sprechen sich für die Vervollständigung der betriebsverfassungsrechtlichen Mitbestimmungsmechanismen bei gleichzeitiger Nichtparität im Aufsichtsrat aus. Nach ihrer Überzeugung verdrängt die Mitbestimmung des Betriebsrates die Mitbestimmungsmacht des Aufsichtsrates. Die Teilhaberechte im Betrieb seien für die Arbeitnehmer bedeutsamer als die im Aufsichtsrat des Unternehmens. Insgesamt werde die geforderte Parität erreicht[11]. Gesellschaftsrecht und Betriebsverfassung ließen sich zum Zwecke der Verwirklichung der Mitbestimmung in Unternehmen in dieser Weise aufeinanderzu entwickeln[12]. Für eine Betonung der betrieblichen Mitbestimmung spräche, daß die Sicherung der sozialen Belange auf diese Weise wirksamer und vor allem deutlich nachprüfbarer zu gewährleisten sei[13].

---

[9] *Martens*, Paritätische Mitbestimmung und Aufsichtsratssystem, BB 1973, S. 1118, 1121.

[10] *Biedenkopf*, Mitbestimmung im Unternehmen — Zum Bericht der „Mitbestimmungskommission“, RdA 1970, S. 129; *Richardi*, Der Mitbestimmungsgedanke in der Arbeitsrechtsordnung, DAdG 13, S. 19, 50; sowie Bericht der Mitbestimmungskommission, S. 98 ff.

[11] Bericht der Mitbestimmungskommission, S. 98 ff.

[12] Vgl. ähnlich: *Biedenkopf, Mitbestimmung im Unternehmen, RdA 1970*, S. 129, 132; *ders.*, Zur Diskussion über ein neues Unternehmensrecht, in: Funktionswandel der Privatrechtsinstitutionen, in FS für Ludwig Raiser, S. 339, 353.

[13] *Biedenkopf*, Zum neuen Betriebsverfassungsgesetz, in FS für Heinz Kaufmann, S. 91, 106.

II. Ansatzpunkt: Betriebsrätliche Mitbestimmung nach dem BetrVG 1972

Der Ansicht, wonach die Berichtigung des Mitbestimmungssystems zweckmäßigerweise auf dem Wege der Beschränkung der Mitbestimmungsrechte im Aufsichtsrat zu erfolgen habe, steht eine starke Gegenmeinung gegenüber.

Sie will grundsätzlich die paritätische Mitbestimmung im Aufsichtsrat angesiedelt wissen. Auf betrieblicher Ebene seien Einbußen an Mitbestimmungsmacht leichter zu verkraften. Die entscheidenden Beschlüsse würden schließlich in den Aufsichtsräten gefaßt, so daß der Mitbestimmung des Betriebsrates nicht die gleiche hohe Bedeutung zukomme.

1. Wegfall des Initiativrechts des Betriebsrates bezüglich der Einigungsstelle

Das Übergewicht der Arbeitnehmerseite im Unternehmen und Betrieb könne dadurch abgebaut werden, daß das Initiativrecht des Betriebsrates[14] bezüglich der Einigungsstelle entfällt. Diese wird grundsätzlich gemäß § 76 Abs. 5 BetrVG in Angelegenheiten, welche der Mitbestimmung des Betriebsrates unterliegen, auf Antrag des Betriebsrates bzw. des Arbeitgebers tätig. Würde nun dem Betriebsrat die Möglichkeit genommen, von sich aus tätig zu werden, so käme es wohl nicht zu Kumulationsproblemen[15].

2. Wegfall der betrieblichen Mitbestimmung bei Erhalt der Mitbestimmung im Aufsichtsrat

Der Wegfall der Mitbestimmung des Betriebsrates bei Erhalt der aufsichtsrätlichen Mitbestimmung ist nach Ansicht einer starken Literaturmeinung der geeignete Weg zur Lösung des Überparitätsproblems. Allgemeine kollektive betriebsverfassungsrechtliche Rechte seien nicht mehr erforderlich, wenn die Arbeitnehmer die Mitbestimmung ausübten. Der Betriebsrat sei als Ausfluß des kollektiven Mitbestimmungsrechts ohne Sinn, er sei überflüssig[16]. Die Organisation des Mit-

[14] Vgl. den Streit, ob dem Betriebsrat bezüglich § 87 BetrVG ein uneingeschränktes Initiativrecht in allen Angelegenheiten zukommt, die seiner Mitbestimmung anheimgestellt sind; bejahend: BAG in EzA § 87 BetrVG 1972, Initiativrecht, Nr. 2 und die h. M.; verneinend: *Erdmann / Jürging / Kammann*, BetrVG, § 87, Rdn. 7 ff.; *Stege / Weinspach*, BetrVG, S. 224; vgl. weitere Nachweise bei *Rüthers*, Rechtsprobleme des Zeitlohnes an taktgebundenen Produktionsanlagen, ZfA 1973, S. 399, 413 ff.; *Rüthers* plädiert für eine einschränkende Interpretation.

[15] Vgl. Darstellung des Kölner Gutachtens, S. 136.

[16] *Müller*, Mitbestimmung durch Vertretung der Arbeitnehmer im Aufsichtsrat und allgemeiner Kündigungsschutz, BB 1951, S. 339.

bestimmungsrechtes von der Seite der Unternehmensverfassung her bewirke schlechthin und unbedingt den Ausschluß der betriebsrätlichen Mitbestimmung. Die Arbeitnehmerschaft habe schon in der Unternehmensverfassung ausreichenden Einfluß.

a) Zöllner[17] unterscheidet zwischen der Mitbestimmung in wirtschaftlichen Angelegenheiten einerseits und der in personellen und sozialen andererseits. Er will lediglich erstere, also die in §§ 106 ff. BetrVG, sowie vor allem in §§ 111 ff. BetrVG festgeschriebenen Mitbestimmungsrechte aufgehoben wissen. Diese seien durch die wirtschaftlich-unternehmerische Mitbestimmung der Arbeitnehmer im Aufsichtsrat inhaltlich vorweggenommen. Die Mitbestimmung in personellen und sozialen Angelegenheiten müsse bestehen bleiben, da insoweit keine Auswirkungen der Mitbestimmung im Aufsichtsrat auszumachen seien.

Ähnlich will Raiser[18] die „Unausgewogenheit und Redundanz von Betriebs- und Unternehmensverfassung" abbauen. Im Interesse einer funktionsfähigen Unternehmensordnung hält er es für notwendig, die vollparitätischen Mitbestimmungsrechte des Betriebsrates in Angelegenheiten der Unternehmensführung angesichts der Parität im Aufsichtsrat wieder aufzuheben.

b) Müller[19], Löwisch[20] sowie Kraft / Konzen[21] halten nicht nur die Mitbestimmung in wirtschaftlich-unternehmerischen, sondern auch in personellen und sozialen Angelegenheiten grundsätzlich für unzulässig. Denn auch diesbezüglich stünde in Gestalt der Unternehmensleitung ein Organ bereit, von dem eine gleichmäßige Berücksichtigung der Interessen der Arbeitnehmer zu erwarten sei[22].

Als Ausnahme von diesem Grundsatz seien dem Betriebsrat in beschränktem Umfang bezüglich der Personal- und Sozialfragen echte Mitbestimmungsrechte nur zuzugestehen, als dies der Wahrung der besonderen Interessen eines einzelnen Belegschaftsmitgliedes oder einzelner kleiner Gruppen diene. Der Individualschutz ließe sich aus der Tatsache ableiten, daß es sich bezogen auf den einzelnen Arbeitnehmer um direktionsrechtliche Maßnahmen handele. Mit diesen könne sich

---

17 *Zöllner,* Die Einwirkung der erweiterten Mitbestimmung auf das Arbeitsverhältnis, RdA 1969, S. 65, 68.

18 *Raiser,* Grundgesetz und paritätische Mitbestimmung, S. 26.

19 *Müller,* Betriebsverfassungsrecht und Montan-Mitbestimmungsgesetz, BB 1951, S. 565; vgl. Fn. 16.

20 *Löwisch,* Mitbestimmung und Arbeitsverhältnis, in Böhm / Briefs, Mitbestimmung-Ordnungselement oder politischer Kompromiß, S. 133, 144.

21 *Kraft / Konzen,* Die Arbeiterselbstverwaltung im Spannungsverhältnis von Gesellschafts- und Arbeitsrecht, S. 71.

22 *Löwisch,* S. 133, 144.

der Aufsichtsrat nicht befassen. Denn die Arbeitnehmervertreter im Aufsichtsrat verträten die Belegschaft als Gesamtheit, nicht aber den einzelnen Beschäftigten als Arbeitnehmer[23].

Der Minderheitenschutz fände Parallelen im Aktienrecht.

c) Ohne gesondert auf den Individual- bzw. Minderheitenschutz abzuheben, fordern Rüthers[24] und Martens[25] die Abschaffung der Mitbestimmungsrechte des Betriebsrates. Folgerichtig ist dann die Schlußfolgerung von Martens[26], auf die Einigungsstelle als eigenständiges Organ mit eigener Aufgabe zu verzichten. Nach seiner Vorstellung ist der Aufsichtsrat als paritätisch besetztes Gremium mit der allgemeinen Schlichtungsfunktion in betrieblichen Regelungsstreitigkeiten zu betrauen. Dieses Unternehmensorgan könne aufgrund seiner Zusammensetzung, Aufgabenstellung und Arbeitsweise selbst die der Schlichtungsstelle zugedachten Aufgaben wahrnehmen[27]. Gegenüber dem gerichtsförmig ausgestalteten Einigungsverfahren habe dies zudem den Vorteil, daß die Schlichtung der betrieblichen Auseinandersetzung innerhalb des Unternehmens nach Maßregeln der Entscheidungsträger vollzogen werde.

III. Konkurrenzlösende Subsidiaritätsklauseln im Einzelfall

1. Martens[28] schlägt zur Verhinderung der Kumulation von paritätischer und betrieblicher Mitbestimmung konkurrenzlösende Vorschriften entsprechend §§ 77 Abs. 3, 87 Abs. 1 S. 1 BetrVG vor. Unter den Entscheidungsbedingungen der Parität sei der Mitbestimmung im Aufsichtsrat im Streitfall allgemein der Vorrang einzuräumen. Dieser sei unter dem Gesichtspunkt der gemeinsamen Verantwortlichkeit von

---

[23] *Löwisch*, S. 144, der auf §§ 50, 122, 138, 142, 147, 163, 241 ff. AktG verweist; vgl. in diesem Zusammenhang die Ansicht *Vollmers*, Die Entwicklung partnerschaftlicher Unternehmensverfassungen, S. 97, 198, wonach die gesamte betriebsrätliche Mitbestimmung eine besondere Form des sozialen Gruppen- und Minderheitenschutzes darstellt. Dieser könne durch die erweiterte Mitbestimmung auf Unternehmensebene nicht ersetzt werden.

[24] *Rüthers*, Arbeitgeber und Gewerkschaften — Gleichgewicht oder Dominanz, DB 1973, S. 1649, 1653, der die Minderung der Betriebsratsstellung bei Kumulationen für unausweichlich hält, obwohl er sie an gleicher Stelle inhaltlich wenig zweckmäßig nennt.

[25] *Martens*, Paritätische Mitbestimmung und Aufsichtsratssystem, BB 1973, S. 1118, 1123 ff.; *ders.*, Das Verhältnis des Mitbestimmungsgesetzes zum kollektiven Arbeitsrecht, ZGR 1977, S. 422, 425.

[26] *Martens*, Paritätische Mitbestimmung und Aufsichtsratssystem, BB 1973, S. 1118, 1125.

[27] Vgl. ähnlich *Löwisch*, S. 144.

[28] *Martens*, Allgemeine Grundsätze zur Anwendbarkeit des Mitbestimmungsgesetzes, AG 1976, S. 113, 114.

Kapitaleignern und Arbeitnehmerschaft für das Unternehmen und der dadurch bedingten gemeinsamen Entscheidungslegitimation zugunsten und zu Lasten der gesamten Arbeitnehmerschaft zu begründen. Da zudem betriebliche Mitbestimmung in einer Reihe von Angelegenheiten der Sache nach unternehmerische Mitbestimmung darstelle, diese aber im Einzelfall bereits durch die Unternehmensleitung ausgeübt worden sei, fehle es auch an einem noch mitbestimmungsoffenen Regelungsanlaß. Falls dagegen noch nicht bzw. nur teilweise die Angelegenheit der Mitbestimmung unterworfen worden sei, verbleibe es bei den im Betriebsverfassungsgesetz eingeräumten Mitbestimmungsrechten des Betriebsrats.

2. Ähnlich sieht Scholz[29] im Nebeneinander von betriebs- und unternehmensbezogener Mitbestimmung lediglich ein Konkurrenzproblem. Nach seiner Auffassung soll auch aus verfassungsrechtlicher Sicht die Einordnung der paritätischen Mitbestimmung in das System bestehender Arbeitnehmerechte gelingen. In Streitfällen müsse eine Mehrheit der Anteilseignervertreterstimmen im Aufsichtsrat des der Teilhabe unterliegenden Unternehmens bestehen und damit das ausschlaggebende insgesamt paritätssichernde Entscheidungsvorrecht der Anteilseignerseite im Einzelfall verbleiben. Scholz schlägt daher „eine verfassungskonformierende Rechtsanalogie des § 29 RegEnt 1974" vor. Beschlüsse des Vorstandes in betrieblichen Angelegenheiten sollten der Zustimmung der Kapitalseigner bedürfen oder zumindest deren Veto unterliegen.

B. Kritik der Lösungsvorschläge

Nach der Darstellung der Problemlösungen sollen diese auf ihre Tauglichkeit geprüft werden.

I. Zunächst sind die die aufsichtsrätliche Mitbestimmung einschränkenden Lösungsvorschläge zu überprüfen.

1. Der Stimmrechtsausschluß im Aufsichtsrat für Doppelmandatsträger der Arbeitnehmer[1] besticht auf den ersten Blick. Um Interessenkonflikte eines Arbeitnehmervertreters, der gleichzeitig im Betriebsrat und im Aufsichtsrat die Belange der Arbeitnehmer in ein- und derselben Angelegenheit wahrzunehmen gezwungen ist, zu vermeiden, scheint ein Stimmrechtsausschluß notwendig zu sein.

Doch löst ein Stimmrechtsausschluß bei Doppelmandatsträgern für sich allein nicht das Problem der Überparität. Im Gegenteil läßt diese

29 *Scholz,* Paritätische Mitbestimmung und Grundgesetz, S. 135; *ders.*, Steno.-Protokoll BT-Ausschuß für Arbeit und Sozialordnung, BT VII, Protokoll Nr. 62, S. 62, 80.

1 Vgl. Drittes Kapitel A I 2.

Art der Stimmrechtsbeschränkung die Kumulationen bestehen, da Folge des Stimmrechtsausschlusses nur die Verteilung der gehäuft wirksamen Mitbestimmungsbefugnisse auf verschiedene Mandatsträger wäre. Diese wiederum sprächen sich vor Entscheidungen ab.

Die gewünschte Rückführung der Überparität findet also letztlich nicht statt[2].

2. Insofern ist es folgerichtiger, den allgemeinen Stimmrechtsausschluß der Arbeitnehmervertreter im Aufsichtsrat bei Entscheidungen über Betriebsverfassungsfragen zu fordern[3].

a) Jedoch erscheint es wenig sinnvoll, zunächst Mitbestimmung im Aufsichtsrat einzuführen, diese aber in den für die Arbeitnehmerseite höchst bedeutsamen Angelegenheiten, welche im BetrVG 1972 als soziale, personelle und wirtschaftliche umschrieben werden[4], umgehend wieder aufzuheben. Welchen Sinn sollte eine derart eingeschränkte aufsichtsrätliche Mitbestimmung haben? Dann wäre es schon überzeugender, sogleich den Abbau der paritätischen Mitbestimmung im Aufsichtsrat zu verlangen, als für diese den Schein der Mitbestimmung wahrende Lösung einzutreten.

b) Denn dieser Lösungsvorschlag führt zu einer verhängnisvollen Fraktionierung des Aufsichtsrates. Das paritätisch besetzte Kontrollorgan der Aktiengesellschaft wird in zwei unterschiedliche Interessen vertretende Gruppen gespalten. Interessenzusammenstöße prägen die Arbeit dieses Unternehmensorgans.

Hinzu kommt, daß der Aufsichtsrat trotz der grundsätzlichen Gleichheit der Rechte und Pflichten seiner Mitglieder in zwei Gruppen gespalten wird, von denen die eine in bezug auf ihre gesellschaftsrechtlichen Kompetenzen weniger gleich ist als die andere Partei[5]. Dies verhindert eine vertrauensvolle Zusammenarbeit der grundsätzlich gleichgewichtigen Parteien im Aufsichtsrat. Das Unternehmensorgan wird in seiner Tätigkeit beeinträchtigt.

c) Zur Begründung des allgemeinen Stimmrechtsausschlusses wird auf die gesellschaftsrechtlichen Parallelen im Aktienrecht verwiesen. Deren Regelungsziel ist es jedoch, Interessenkollisionen eines Aufsichtsratsmitgliedes im Einzelfall zu vermeiden. Hingegen beabsichtigt dieser Lösungsvorschlag in mitbestimmten Unternehmen allgemein eine Verteilung von Stimmrechtsmacht nach ganzen Entscheidungsbereichen. Dies soll in der Form geschehen, daß entscheidungserheb-

---

2 Kölner Gutachten, S. 135 f.

3 Vgl. Drittes Kapitel A I 2.

4 Zur geringen Aussagekraft der so festgelegten Angelegenheiten s. S. 129.

5 *Martens*, Das Verhältnis des Mitbestimmungsgesetzes zum kollektiven Arbeitsrecht, ZGR 1977, S. 422 ff.

liche Sachverhalte der Mitbestimmung der Arbeitnehmerseite als Gesamtheit im Aufsichtsrat entzogen werden sollen.

Ein solch allgemeines Ziel zu verwirklichen, ist nicht Sinn und Zweck der aktienrechtlichen Stimmrechtsbeschränkungen. Daher ist die Heranziehung der im Gesellschaftsrecht gesetzlich festgeschriebenen Stimmrechtsausschüsse fehl am Platz[6].

d) Zu prüfen bleibt, ob ein allgemeiner Stimmrechtsausschluß in betrieblichen Angelegenheiten im Grundsatz das zu leisten vermag, was die Befürworter von ihm erwarten.

Der Stimmrechtsausschluß bewirkt, daß entscheidungserhebliche Angelegenheiten rechtlich dem Einfluß der Arbeitnehmervertreter im Aufsichtsrat entzogen werden.

Doch läßt sich im tatsächlichen Bereich eine solch scharfe Trennung dessen, was der Arbeitnehmerseite an Mitbestimmungsangelegenheiten offensteht, von dem, was ihr verschlossen bleibt, nicht durchhalten. Gerade die der Arbeitnehmermitbestimmung nicht zugänglichen Entscheidungen werden auf die übrigen mitbestimmungsoffenen Fragen große Auswirkungen haben. Ist nämlich eine Seite des Aufsichtsrats bei bestimmten Entscheidungen ausgeschlossen, so wird sie alles daran setzen, in anderen Angelegenheiten durch Einsatz der gesamten Stimmkraft diese Überlegenheit und Ungleichgewichtigkeit auszugleichen. In einem Gremium wie dem Aufsichtsrat, welches sämtliche von Anteilseigner- sowie Arbeitnehmerseite vorgetragenen Argumente stets sorgfältig zu prüfen und im Sinne der Parität zu berücksichtigen hat, ist eine solche entscheidungsgegenständliche Spaltung aus entscheidungspolitischen Gründen ein vergebliches Unterfangen[7].

Der allgemeine Stimmrechtsausschluß ist zur Lösung der Überparität nicht geeignet.

e) Schließlich verhindert die Stimmrechtsbeschränkung zwar formal, daß eine der betriebsrätlichen Mitbestimmung unterliegende Angelegenheit vorher bereits im Aufsichtsrat mitbestimmt wird. Doch kommt es nicht nur darauf an, ob über eine Frage zweimal in verschiedenen Organen abgestimmt wird.

Entscheidend ist bei diesem Lösungsansatz, daß die Mitbestimmung im Aufsichtsrat erhalten bleibt. Dies hat zur Folge, daß der mitbestimmte Aufsichtsrat seinerseits einen mitbestimmten Vorstand bestellt[8]. Jener jedoch wird völlig unabhängig von der Einschränkung der Stimmgewalt der Arbeitnehmervertreter im Aufsichtsrat in der bedeutenden

---

6 Vgl. *Martens*, Kollektives Arbeitsrecht, ZGR 1977, S. 422, 426.

7 *Martens*, Kollektives Arbeitsrecht, ZGR 1977, S. 422.

8 Zum mitbestimmten Vorstand vgl. Zweites Kapitel B III 4 a - c.

Zahl von nicht zustimmungspflichtigen Angelegenheiten in seiner Stellung als Arbeitgeber dem Betriebsrat Regelungsvorschläge zur Diskussion stellen, welche bereits auf einen Ausgleich der Anteilseigner- und der Arbeitnehmerinteressen zielen[9]. Erdmann[10] meint daher, die „gespaltene" Loyalität des Vorstandes wäre insoweit allein durch die im Hinblick auf die Erfordernisse der täglichen Praxis wohl indiskutable Bestellung eines nur von der Eigentümerseite abhängigen „Ersatzvorstandes" zu berücksichtigen.

Somit bietet auch die allgemeine Stimmrechtsbeschränkung der Arbeitnehmervertreter im Aufsichtsrat bezüglich der Fragen der Betriebsverfassung keine befriedigende Lösung des Problems der Überparität.

3. Der Lösungsvorschlag, durch eine gesetzliche Regelung eines Zustimmungskataloges i. S. von § 111 Abs. 4 S. 2 AktG[11] Kumulationen auszuschließen, vermeidet zwar anders als die Lösungen über Stimmrechtsbeschränkungen, daß der Aufsichtsrat in zwei Fraktionen gespalten wird. Auch beläßt er beiden Parteien im Aufsichtsrat die Gleichgewichtigkeit.

Doch vermag auch er nichts an dem Umstand des mitbestimmten Vorstandes und dem damit verbundenen Übergewicht der Arbeitnehmer im Unternehmen zu ändern.

Auch stellt § 111 Abs. 4 S. 2 AktG die Festlegung der zustimmungspflichtigen Angelegenheiten in die freie Entscheidung des Aufsichtsrats bzw. der Hauptversammlung, welche die Satzung bestimmt. Fraglich ist bereits, ob ein solcher Zustimmungskatalog kraft Gesetzes festgelegt werden darf. Selbst wenn dies zu bejahen wäre, fragt sich, ob solche Zustimmungsvorbehalte auf die Dauer in allen Einzelheiten gesetzlich regelbar sind. Eine Erfassung sämtlicher Geschäfte, welche einer Bindung unterworfen sein sollen, scheint nicht durchführbar. Die Verschiedenheit der möglichen Angelegenheiten, die Unterschiede bezüglich der Unternehmen und ihrer Bedeutung, ihrer Art und Größe lassen eine allgemeine, abschließende Aufzählung — nur eine solche wird von den Befürwortern des Lösungsvorschlags angestrebt — als unmöglich erscheinen[12].

---

9 *Erdmann*, Die Bedeutung der Mitbestimmung des Betriebsrates für die unternehmerische Entscheidung: Der Weg zur Überparität, RdA 1976, S. 87, 90; *Richardi*, Der Mitbestimmungsgedanke, DAdG 13, S. 19, 50; *ders.*, Ordnungsproblem, Die AG 1979, S. 29, 36.

10 *Erdmann*, Fn. 9, S. 90, unter Hinweis auf *Reuter*, Die Entwicklung des arbeitsrechtlichen Schrifttums im Jahre 1973, ZfA 1974, S. 235, 268.

11 Vgl. Drittes Kapitel A I 3.

12 *Raiser*, Vorstand, Aufsichtsrat und Hauptversammlung in mitbestimmten Aktiengesellschaften, in: Funktionswandel der Privatrechtsinstitutionen, FS für L. Raiser, S. 355, 373 f.; a. A. *Martens*, Mitbestimmung, Konzernbil-

Schließlich führte eine gesetzliche Regelung zu einer vom Gesetzgeber ursprünglich nicht beabsichtigten Starrheit der Unternehmensführung.

Grundsätzlich sollen nämlich Aufsichtsrat und Hauptversammlung bezüglich der zustimmungsbedürftigen Geschäfte im Rahmen der Gesetze frei sein. Dies bedeutet, daß der Aufsichtsrat je nach Gegebenheit den von ihm bestellten Vorstand mehr oder minder unter den Zwang der Zustimmungsbedürftigkeit stellen könnte. Diese Möglichkeit, auf Veränderungen, sei es im Verhalten des Vorstandes, sei es auf dem Markt reagieren zu können, geht dem Aufsichtsrat im Fall eines gesetzlich geregelten, starren Zustimmungskatalogs verloren.

Somit führt der Lösungsvorschlag der gesetzlich geregelten Zustimmungsgeschäfte insgesamt nicht zur Vermeidung der Überparität. Eher bringt er den Unternehmen zusätzliche Nachteile.

4. Zu untersuchen bleibt, ob die Lösung im Wegfall der Mitbestimmung im Aufsichtsrat bei gleichzeitigem Ausbau der betrieblichen Teilhabe der Arbeitnehmer[13] zu sehen ist.

Zuzugeben ist, daß dieser tief in das Mitbestimmungsrecht einschneidende Lösungsvorschlag das Überparitätsproblem umfassend löst.

a) Doch fragt sich, ob damit nicht „das Kind mit dem Bade ausgeschüttet" wird. Mit anderen Worten erscheint es zweifelhaft, ob dieser radikale Abbau von Kumulationen nicht nur dazu führt, Auswüchse zu vermeiden, sondern zugleich eine wirksame gleichberechtigte, gleichgewichtige und funktionsgerechte Mitbestimmung der Arbeitnehmer verhindert.

Denn die Arbeitnehmer haben ein starkes Interesse daran, im Aufsichtsrat als dem entscheidenden Kontrollorgan und Bestellungsorgan des Vorstandes vertreten zu sein. Mitbestimmung zielt vor allem auf die Beeinflussung der Unternehmenspolitik sowie die Auswahl derer, die unternehmenspolitische Vorgaben inhaltlich ausfüllen und in die Wirklichkeit umsetzen. Der Einfluß im vergleichsweise kleinen Organ Aufsichtsrat wirkt schnell und unmittelbar. Die Arbeitnehmervertreter haben bei dieser Art der Mitbestimmung die Möglichkeit, die Unternehmensziele festzulegen. Sie gestalten Sach- und Personalentscheidungen bis hin zur Vorstandsbestellung mit.

Diese wesentlichen Beteiligungsrechte will der Lösungsvorschlag ablösen. Das scheint nicht sachgerecht zu sein. Vor allem die unternehmerisch-wirtschaftliche Mitbestimmung hat vorrangig in dem die Ent-

---

dung nach Gesellschaftereinfluß, ZHR 138 (1974), S. 179, 214 f.; *Wiedemann*, Unternehmerische Verantwortlichkeit, S. 561, 571.

[13] Vgl. Drittes Kapitel A I 4.

scheidungen fällenden Organ, bei dessen Beratungen und Beschlüssen einzusetzen. Die Arbeitnehmer erst in dem Zeitpunkt zu beteiligen, da die Entscheidungen bereits getroffen sind, und der Vorstand sie durchzusetzen versucht, ist nicht annähernd so wirksam. Sie stehen unter dem Eindruck der vorab mitbestimmungsfrei gefaßten Unternehmensziele.

Im übrigen war die Beteiligung der Arbeitnehmer an den Unternehmensentscheidungen im Aufsichtsrat stets Ziel der Gewerkschaften. Die aufsichtsrätliche Mitbestimmung steht spätestens seit dem Montan-MBG aus dem Jahre 1951 in der Tradition der deutschen Wirtschafts- und Arbeitsrechtsgeschichte. Ein Vorschlag, der diese grundsätzlich bewährte Einrichtung abzuschaffen versucht, ist wenig wirklichkeitsnah.

b) Ferner wäre es funktionswidrig, den Aufsichtsrat an diesem konkurrierenden Entscheidungsverfahren nicht zu beteiligen, und die Entscheidungen ausschließlich dem Mitbestimmungsverfahren nach dem BetrVG zwischen dem Vorstand in seiner Funktion als Arbeitgeber und dem Betriebsrat zu überlassen[14]. Der Aufsichtsrat verlöre nämlich hinsichtlich der Zielsetzung des Unternehmens wesentliche Befugnisse. Er wäre nicht mehr in der Lage, die ihm durch das Aktiengesetz zugewiesenen Kontrollaufgaben wahrzunehmen. Hinzu käme, daß die unternehmerische Verantwortlichkeit wegen der Aufspaltung der einzelnen Entscheidungsverfahren in den Betrieben nicht mehr hinreichend zusammengefaßt wäre.

c) Zu beachten sind auch die haftungsrechtlichen Folgen. In einem Unternehmen, dessen Aufsichtsrat der Mitbestimmung unterliegt, haften die Arbeitnehmervertreter genau wie die übrigen Aufsichtsratsmitglieder gemäß § 116 AktG i. V. m. § 93 AktG grundsätzlich persönlich für jeden Schaden, den sie in Verletzung der zumutbaren Sorgfaltspflicht eines „ordentlichen und gewissenhaften Geschäftsleiters" der Gesellschaft zufügen[15].

Diese aktienrechtliche Sanktion ist von Bedeutung für das Verhalten der Betroffenen. Daran ändert selbst die Tatsache nichts, daß im Alltag die uneingeschränkte Haftung der Unternehmensleitung in Richtung Schadenersatz selten zum Tragen kommt[16]. In der Regel findet eine Abberufung statt bzw. wird eine Wiederwahl verhindert. Doch beweist diese Praxis nicht die Überflüssigkeit der aktienrechtlichen Regelung.

---

[14] *Martens*, Kollektives Arbeitsrecht, ZGR 1977, S. 422, 428.

[15] *Dietz / Richardi*, § 76 BetrVG 1952, Rdn. 169; *Hueck / Nipperdey*, Lehrbuch des Arbeitsrechts, Bd. II/2, S. 1519; *Wiedemann*, Unternehmerische Verantwortlichkeit, S. 569, 570; a. A. *Neumann-Duesberg*, Betriebsverfassungsrecht, S. 617, der einschränkend meint, daß gegenüber Arbeitnehmervertretern nicht der gleiche scharfe Maßstab wie gegenüber anderen Aufsichtsratsmitgliedern angewandt werden könne.

[16] *Wiedemann*, Unternehmerische Verantwortlichkeit, S. 569.

Vielmehr zeigt sie, daß die Unternehmen in der Regel sachgerecht geleitet werden, so daß die Anwendung des § 116 AktG i. V. m. § 93 AktG in der Regel nicht notwendig war. Die Haftungsbestimmungen haben die Funktion eines Damoklesschwertes, sie schaffen Verantwortungsbewußtsein.

Dagegen unterliegen die Betriebsräte, welchen nach dem Lösungsvorschlag die entscheidende Zielsetzungsbefugnis zukommen soll, keinerlei Haftungsvorschriften.

Wenn Vollparität durch betriebliche Mitbestimmung verwirklicht werden soll, stellt sich die Frage nach der Haftung der Unternehmensleitung. Kann ein Führungsorgan, dem seine Befugnisse teilweise genommen sind, noch allein zur Verantwortung herangezogen werden? Grundsätzlich ist eine Entscheidung, welche der Mitbestimmung des Betriebsrates unterliegt, immer noch eine Entscheidung der Unternehmensleitung als Arbeitgeber. Denn dieser wird nicht Vertreter des Betriebes oder gar eines Rates, der aus ihm und dem Betriebsrat besteht, sondern er handelt in eigenem Namen, wenn er die mit dem Betriebsrat getroffenen Vereinbarungen durchführt[17]. Ein Recht, den Betrieb mitzuleiten, steht dem Betriebsrat nicht zu.

Das Haftungsrisiko trifft demnach den Arbeitgeber allein. Diesem Risiko kann er sich nur schwer entziehen. Der Vorstand hat darauf zu dringen, daß es zu keiner Einigung mit dem Betriebsrat kommt, sondern daß die Einigungsstelle angerufen wird, um anschließend deren Spruch gerichtlich überprüfen zu lassen.

Denn nur für den Fall, daß der Arbeitgeber den Rechtsweg erfolglos ausgeschöpft hat, entfällt die persönliche Haftung der Unternehmensleitung, für die von ihr selbst nicht mitgetragene, ihr aufgezwungene Handlung[18]. Das ist nicht sach- und interessengerecht und zeigt einmal mehr, daß die Lösung des Überparitätsproblems nicht in der Beseitigung der aufsichtsrätlichen Mitbestimmung zu suchen ist.

d) Weitere nachteilige Folge des Wegfalls der Mitbestimmung im Aufsichtsrat wäre, daß die Unternehmensleitung mit dem Betriebsrat bzw. dem Gesamtbetriebsrat sehr personenstarke Gesprächspartner erhielte. Dies wäre für das Unternehmen und seine Führung insofern nachteilig, als zum einen die Willensbildung aufgrund der Größe der Gremien schwerfällig würde und zum anderen der Geheimnisschutz wesentlich erschwert würde.

e) Endlich führt die Verlagerung von wirtschaftlich-unternehmerischen Entscheidungen auf die Betriebsebene zwangsläufig zu einem verstärkten Betriebsegoismus.

---

[17] *Dietz / Richardi*, § 77 Rdn. 5.

[18] *Fitting / Auffarth / Kaiser*, § 76 Anm. 38.

Daher ist der Vorschlag, die Mitbestimmung im Aufsichtsrat bei gleichzeitigem Ausbau der betrieblichen Teilhabe wegfallen zu lassen, abzulehnen. Aufgrund seiner fehlenden Rücksichtnahme auf die Belange des Gesamtunternehmens stiftet er mehr Schaden als Nutzen.

Insgesamt können die die aufsichtsrätliche Mitbestimmung einschränkenden Lösungsvorschläge nicht befriedigen.

II. Zu untersuchen bleibt daher, ob sich eine allseits interessengemäße Lösung mit dem Betriebsrat als Ansatzpunkt finden läßt.

1. Kann der Vorschlag, das Initiativrecht des Betriebsrats bezüglich der Einigungsstelle entfallen zu lassen[19], das Problem der Überparität lösen?

Zwar ist zuzugeben, daß dem Betriebsrat auf diese Weise die Möglichkeit genommen wird, von sich aus tätig zu werden, d. h. von sich aus den Arbeitgeber vor die Einigungsstelle zu bringen. Doch ist der Arbeitgeber seinerseits nach wie vor gezwungen, die Einigungsstelle für den Fall anzurufen, daß der Betriebsrat eine vom Arbeitgeber erstrebte Maßnahme ablehnt. In der unverändert erhaltenen Einigungsstelle verbleibt dem Betriebsrat ein Vetorecht. Dies sichert der Arbeitnehmervertretung die ihrem Inhalte nach wirtschaftlich-unternehmerische Mitbestimmung nach dem BetrVG auf Betriebsebene. Insoweit besteht kein wesentlicher Unterschied, ob die Initiative für eine mitbestimmungspflichtige Angelegenheit vom Betriebsrat oder Arbeitgeber ausgeht. „Die Bejahung eines uneingeschränkten Initiativrechts verschärft zwar die Zuständigkeit des Betriebsrates für unternehmerische Entscheidungsmaterien. Die restriktive Auslegung des Betriebsverfassungsgesetzes i. S. eines Vetorechts des Betriebsrates in unternehmerischen Entscheidungen läßt jedoch die unternehmerische Qualität der Ausübung dieses Vetorechts unangetastet[20].“

Somit ist das Problem der Überparität nicht dadurch lösbar, daß das Initiativrecht des Betriebsrats bezüglich der Einigungsstelle entfällt.

2. Zu untersuchen ist, ob der Wegfall der betrieblichen Mitbestimmung bei Erhalt der Mitbestimmung im Aufsichtsrat[21] zu einer sachgerechten Lösung führt.

a) Ein nur teilweiser, auf die sog. wirtschaftlichen Angelegenheiten nach §§ 106 ff. BetrVG beschränkter Abbau von Mitbestimmungsrechten des Betriebsrates wird dem Problem der Überparität nicht gerecht.

Die vom Gesetzgeber im Betriebsverfassungsgesetz vorgenommene Aufteilung der mitbestimmungspflichtigen Belange in soziale, perso-

---

[19] Vgl. Drittes Kapitel A II 1.

[20] Kölner Gutachten, S. 136.

[21] Vgl. Drittes Kapitel A II 2.

nelle und wirtschaftliche Angelegenheiten ist irreführend. Sie besitzt keine ausreichende Unterscheidungskraft, da sich viele sog. soziale und personelle Angelegenheiten als wirtschaftliche entpuppen[22]. Von daher verbietet sich eine Lösung, die an der nicht aussagekräftigen Aufteilung des Gesetzes ansetzt. Sie behandelt zwangsläufig Gleiches ungleich.

Zu überlegen ist, ob das Problem der Überparität dadurch lösbar ist, daß das Betriebsverfassungsgesetz von solchen Mitbestimmungsbefugnissen des Betriebsrates zu bereinigen ist, welche eindeutig und ausschließlich unternehmerische Angelegenheiten betreffen, ohne daß es dabei auf die offizielle Bezeichnung des Gesetzgebers ankommt. Doch würde eine solche Regelung — auch als Teillösung — an dem Umstand scheitern, daß es in der Praxis kaum gelingen dürfte, eine Liste von Mitbestimmungsbefugnissen aufzustellen, welche ausschließlich unternehmerische Angelegenheiten betrifft. Ferner dürfte es am Merkmal der Eindeutigkeit mangeln. In jedem Einzelfall käme es zu Streitigkeiten über die ausschließlich unternehmerische Qualität bzw. Eindeutigkeit. Daher muß eine derartige Regelung scheitern. Etwas anderes könnte sich ergeben, falls der Gesetzgeber oder die höchstrichterliche Rechtsprechung diesbezüglich tätig werden sollte. Solange es daran fehlt, ist die Aufteilung des „eindeutig und ausschließlich mit unternehmerischer Qualität“ ausgestatteten Mitbestimmungsrechts des Betriebsrats nicht durchführbar.

b) Fraglich ist, ob eine Lösung, die auf diese Unterscheidung verzichtet und statt dessen den Wegfall der gesamten kollektiven betriebsverfassungsrechtlichen Rechte fordert, vorzuziehen ist.

aa) Grundsätzlich ist diesem Lösungsversuch vorzuwerfen, daß er über das gesteckte Ziel der Beseitigung von Überparität der Arbeitnehmer in inhaltlich wirtschaftlich-unternehmerischen Angelegenheiten unnötigerweise hinausgeht. Er entfernt ohne Not kollektive soziale und personelle Mitbestimmungsrechte, er gibt ohne Not bewährte Teilgebiete des Betriebsverfassungsrechts auf.

bb) Der Vorschlag verzichtet außerdem auf den Betrieb als ursprünglichsten und unmittelbarsten Ansatzpunkt der Arbeitnehmermitbestimmung. Den Arbeitnehmern wird die Möglichkeit genommen, in der ihnen und ihrer Arbeit am nächsten liegenden, sie somit am stärksten interessierenden Einheit, dem Betrieb, Teilhaberechte auszuüben. Die für jeden einzelnen Arbeitnehmer spürbare, unmittelbar wirksame Beteiligung des Betriebsrats an den Entscheidungen des Arbeitgebers wird aufgegeben. Das Infragestellen der Unternehmensentscheidungen in den Verhandlungen des Betriebsrats mit dem Arbeit-

---

[22] Vgl. ausführlich Zweites Kapitel E I.

geber soll trotz grundsätzlicher Bewährung beseitigt werden. Die Möglichkeit des Betriebsrates eines einzelnen Betriebes, z. B. eine unternehmenspolitisch wichtige Aufgabe in Gang zu bringen, soll aufgehoben sein. Der Basis im Betrieb wird so die Chance genommen, eigene Initiativen zu starten. Statt dessen soll zwangsweise nur noch Mitbestimmung „von oben" zulässig sein. Diese mag im Einzelfall zum gleichen Ergebnis führen. Doch erscheint es als ausgeschlossen, daß Mitbestimmung im Unternehmensorgan Aufsichtsrat allein das hohe Maß an Beteiligungsmöglichkeiten für die Arbeitnehmer eröffnet, welches die Kombination der Mitbestimmung „von oben" mit der „von unten" zu bieten vermag.

Daß die Vertreter dieser Lösung bei ihrem harten Vorschlag Bedenken hatten, beweist die Tatsache, daß sie neben dem Individualschutz, der notwendigerweise seinen Ansatzpunkt im Betrieb hat, einen sog. Minderheitenschutz gewährleisten wollen. Auch dieser soll nicht etwa auf Unternehmens-, sondern auf Betriebsebene angesiedelt sein.

cc) Aus der Sicht der Befürworter der These vom Wegfall der betrieblichen Mitbestimmung ist der Verzicht auf die Einigungsstelle folgerichtig.

Doch fragt sich, ob die Aufgabe dieses eigenständigen Organs zugunsten der Verfassung des Aufsichtsrates als Schlichtungsorgan sinnvoll ist.

Zwar ist der Aufsichtsrat als paritätisch besetztes Gremium von der Zusammensetzung und Aufgabenstellung her grundsätzlich als ein Organ anzusehen, das die in ihm auftretenden Interessengegensätze zum Ausgleich zu bringen vermag. Doch kann der Aufsichtsrat in betrieblichen Regelungsstreitigkeiten keine allgemeine Schlichtungsfunktion übernehmen. Denn zum einen ist er als das den Vorstand bestellende und kontrollierende Organ von seiner Aufgabenstellung her nicht geeignet, Auseinandersetzungen zwischen Arbeitgeber und Arbeitnehmern im Betrieb zu schlichten. Dies ergibt sich in erster Linie schon daraus, daß im Aufsichtsrat vielfach bestausgebildete und in Angelegenheiten der Kontrolle und Leitung vom Unternehmen sehr erfahrene Führungskräfte der Wirtschaft und Bankiers auf seiten der Anteilseigner Platz nehmen. Es wäre illusorisch anzunehmen, diese würden sich als Schlichtungsstelle auch bezüglich betrieblicher Fragen betätigen. Dies wäre angesichts der Qualifikation der Mitglieder nicht sachgerecht.

Im übrigen müßte der Aufsichtsrat wegen seiner neuen Aufgabe weitaus häufiger als bisher[23] tagen. Dies hätte zur Folge, daß der ein-

[23] In der Regel treten die Aufsichtsräte zu vier, höchstens jedoch zehn Sitzungen pro Jahr zusammen.

zelne Manager nur noch in einem oder zwei Aufsichtsräten tätig sein könnte. Angesichts der beschränkten Zahl von qualifizierten Wirtschaftsfachleuten wäre ein Qualitätsverlust in den Räten zu erwarten.

Außerdem sind die einzelnen Aufsichtsratsmitglieder vom jeweiligen Betrieb weit entfernt tätig. Besonderheiten eines Betriebes, wie sie etwa ein Betriebleiter bzw. Vorstand bei seiner Entscheidungsfindung aus seinen persönlichen Erfahrungen am Ort berücksichtigen kann, würden ohne Beachtung bleiben.

Auch kann der als vorteilhaft gepriesene Umstand, daß die Schlichtung grundsätzlich im Einzelfall im Unternehmen ausgetragen wird, auch zum Nachteil gereichen. Während das Verfahren vor der Einigungsstelle bzw. vor Gericht außerhalb des Betriebes bzw. Unternehmens abläuft und jeweils im Einzelfall abgeschlossen wird, besteht in dem das Unternehmen maßgebend bestimmenden ständig bestehenden Aufsichtsrat die Gefahr, daß mehrere Entscheidungen zusammengefaßt und nicht einzeln, sondern insgesamt — gleichsam als „Paket" — der Parität gemäß ausgehandelt werden.

Diese Gefahr des Mißbrauchs und das Problem, ob ein Verzicht auf ein eigenständiges betriebliches Einigungsorgan zugunsten des Aufsichtsrats sachgerecht ist, lassen einen solchen Verzicht als nicht sinnvoll erscheinen.

III. Prüfung der konkurrenzlösenden Subsidiaritätsklauseln

Es stellt sich daher letztendlich die Frage, ob das Problem der Überparität mittels konkurrenzlösender Subsidiaritätsklauseln zu bewältigen ist.

Grundsätzlich sind solche Potenzierungsklauseln[24] geeignet, Konflikte zu vermeiden. Sie sind auch in der Praxis üblich[25]. Doch ist fraglich, ob die vorgeschlagenen Arten von Konfliktlösung rechtlich und tatsächlich tauglich sind.

1. Zum einen wird ein paritätssicherndes Entscheidungsvorrecht der Anteilseigner durch analoge Anwendung des § 29 RegEnt 1974 vorgeschlagen[26]. Danach sollen Beschlüsse des Vorstandes in betrieblichen Angelegenheiten der Zustimmung der Anteilseignervertreter im Aufsichtsrat unterliegen. Zumindest jedoch sei ein Vetorecht einzuräumen. Kann dieser Lösung ohne Bedenken gefolgt werden?

---

[24] So bezeichnet von: *Fitting / Wlotzke / Wißmann,* Mitbestimmungsgesetz, § 32, Rdn. 2.

[25] Vgl. § 15 Mitbestimmungsergänzungsgesetz, § 32 MBG 1976, § 29 RegEnt 1974.

[26] Vgl. Drittes Kapitel A III 2.

Sie führt zur Aufteilung des Aufsichtsrats in zwei Gruppen, von denen die eine eine selbständige Organbefugnis erhält. Den Anteilseignervertretern im Aufsichtsrat wird eine eigene Beschlußkompetenz zugestanden. In der Sache ist dies die Schaffung eines neuen Organs[27].

Die Aufteilung des Aufsichtsrats in zwei mit eigenen rechtlichen Befugnissen ausgestattete Aufsichtsratsbänke widerspricht der von den Mitbestimmungsgesetzen gewollten Zusammenführung der beiden Mitgliedergruppen[28].

Im übrigen erscheint der Lösungsvorschlag auch insofern problematisch, als die aktienrechtliche Kompetenzverteilung zwischen Aufsichtsrat und Vorstand teilweise aufgehoben wird. Nach geltendem Recht ist der Aufsichtsrat als Kontrollorgan verfaßt[29], während der Vorstand das Unternehmen eigenverantwortlich leitet. Nunmehr erhält der Aufsichtsrat eine Weisungsbefugnis gegenüber dem Vorstand, d. h. dem Aufsichtsrat fällt anstelle des Vorstandes die Leitung des Unternehmens zu. Dies stellt einen schwerwiegenden Eingriff in die Struktur des Gesellschaftsrechts mit seiner Befugnisverteilung zwischen Aufsichtsrat, Vorstand und Hauptversammlung dar[30].

Eine Problemlösung, welche wesentliche Grundzüge des Gesellschaftsrechts mißachtet, ist abzulehnen.

2. Ein zweiter Vorschlag, mittels einer Subsidiaritätsklausel das Überparitätsproblem in den Griff zu bekommen, beschreibt die Möglichkeit, konkurrenzlösende Vorschriften entsprechend den §§ 77 Abs. 3, 87 Abs. 1 BetrVG in die Mitbestimmungsgesetze bzw. das BetrVG einzufügen[31]. Danach bestünden unter den Entscheidungsbedingungen der Parität wenig Bedenken, der im Aufsichtsrat ansetzenden Mitbestimmung allgemeinen Vorrang einzuräumen.

Begründet wird diese Auffassung mit der gemeinsamen Verantwortlichkeit von Kapitaleignern und Arbeitnehmerschaft für das Unternehmen und der dadurch bedingten gemeinsamen Entscheidungslegitimation zugunsten und zu Lasten der Arbeitnehmerschaft.

Verantwortlichkeit und Legitimation werden von keiner Seite bestritten. Doch vermögen sie auch in Verbindung mit der Aussage, daß die wesentlichen betrieblichen Mitbestimmungsrechte der Sache nach ohnehin unternehmensbezogen sind, nicht den allgemeinen Vorrang der Mitbestimmung im Aufsichtsrat zu begründen. Nicht ersichtlich ist,

---

27 *Lutter*, Mitbestimmung im Konzern, S. 73.

28 *Fitting / Wlotzke / Wißmann*, § 32, Rdn. 4.

29 Vgl. ausführlich schon Zweites Kapitel D II 1 a und c.

30 Vgl. zu § 32 MBG 1976; *Bayer*, Mitbestimmung und Konzern, DB 1975, S. 1167, 1173.

31 Vgl. Drittes Kapitel A III 1.

weshalb z. B. die Angelegenheiten des § 87 Abs. 1 BetrVG vorrangig im Aufsichtsrat und nicht etwa zwischen Vorstand und Betriebsrat gleichberechtigt entschieden werden können. Der Lösungsvorschlag läßt selbst erkennen, daß der Betrieb als Ansatzpunkt der Mitbestimmung nicht ungeeignet ist. Er deutet im Zusammenhang mit der Aussage, Entscheidungsprozesse könnten nur einmal paritätisch vollzogen werden, an, daß vielfach in der Praxis eine bewußte Entscheidungsdelegation auf die Betriebe stattfände[32]. Auch räumt der Lösungsvorschlag ein, daß etwa für den Fall eines Sozialplanes zwar vorrangig der Aufsichtsrat zuständig sei und die Beteiligungsrechte des Betriebsrates ausgeschlossen seien. Doch fügt er anschließend hinzu, daß zumindest wegen der Umstände des Einzelfalles keine abschließende Behandlung in der Unternehmensleitung möglich sei. Darüber sei noch das betriebsverfassungsrechtliche Mitbestimmungsverfahren durchzuführen. Es stellt sich also die Frage, weshalb in einem solchen Falle nicht eine vollparitätische Mitbestimmung im Betrieb insgesamt angestrebt werden darf.

Daher scheint es nicht zwingend, eine Potenzierungsklausel so starr abzufassen, daß der einen Mitbestimmungsart unbedingt der Vorrang eingeräumt werden muß. Denn dies erweckt zudem den Eindruck, als gäbe es eine Mitbestimmung höherwertiger Art.

Vielmehr ist eine Konkurrenzlösung auch in der Form möglich, daß jede vollparitätische Mitbestimmung, sei sie nun im Betrieb oder im Unternehmen ausgeübt, die jeweils andere, nach dem Prioritätsprinzip zeitlich später zur Geltung gebrachte Art ausschließt, da es dann jeweils im Einzelfall an einer der Mitbestimmung noch zugänglichen Materie fehlt. Eine Lösung, welche die betriebsrätliche Mitbestimmung gegenüber der aufsichtsrätlichen als zweitrangig behandelt, kann dagegen nicht befriedigen. Weiterhin ist zu vermuten, daß eine Konkurrenzklausel, welche den Betriebsrat von der Mitbestimmung ausschließt, falls ein aufsichtsrätliches Mitbestimmungsverfahren durchzuführen ist, aufgrund der Unsicherheit bzw. Ungenauigkeit der Bezeichnung dessen, was von der aufsichtsrätlichen Mitbestimmung erfaßt ist, zur ständigen Quelle des Streites wird. Da für solche Streitfälle eine Schlichtung erforderlich ist, ist es sinnvoller, einen Lösungsansatz zu suchen, der diese neu geschaffenen Schwierigkeiten vermeidet.

---

[32] Vgl. *Martens*, Allgemeine Grundsätze zur Anwendbarkeit des Mitbestimmungsgesetzes, Die AG 1976, S. 113, 115.

C. Eigener Lösungsvorschlag

Nach der Kritik der vorgeschlagenen Lösungen des Überparitätsproblems soll der Versuch unternommen werden, eine eigene Konkurrenzlösung anzubieten.

Ausgangspunkt aller Überlegungen ist die Voraussetzung der gleichberechtigten und gleichgewichtigen Mitbestimmung der Arbeitnehmer in Unternehmen und Betrieb.

Um diesen Zustand zu erreichen, ist die unter der Geltung der Parität in Aufsichtsrat und in Betrieb in Teilbereichen festgestellte Überparität abzubauen.

I. Abweichend von den bisher angebotenen Vorschlägen, die in der Mehrzahl darauf hinausliefen, starr an einer Mitbestimmungsart festzuhalten, um gleichzeitig die andere in ihrer Entscheidungserheblichkeit aufzuheben, soll eine bewegliche, die Mitbestimmung im Unternehmen und/oder Betrieb ermöglichende Lösung erstrebt werden. Zwar ist den angesprochenen Entwürfen zuzugeben, daß die rechtstechnisch am wenigsten problematische Lösung die Wiederherstellung der Eingleisigkeit der Mitbestimmung wäre. Dies gelänge über eine radikale Befugnisbeschneidung auf einer Mitbestimmungsebene. Doch laufen solche Vorschläge an der rechtspolitischen Entwicklung in der Bundesrepublik Deutschland vorbei. Die Empfehlung, z. B. im Bereich Kohle und Stahl eine von den dort seit Jahren nebeneinander bestehenden Mitbestimmungsarten des MontanMBG bzw. des BetrVG 1972 unter die Parität zurückzunehmen, ist schlicht utopisch. In einer Gesellschaft, welche jede auch noch so geringe Steigerung der Teilhabe der Arbeitnehmer als Inbegriff des sozialen Fortschritts, als Schritt auf den richtigen Weg zum Sozialstaat begreift, ist eine Rücknahme von Mitbestimmungsrechten — und sei es nur zur Korrektur eines nicht mehr stimmigen Mitbestimmungssystems — praktisch nicht zu verwirklichen. Dies würde als Abbau sozialen Besitzstandes angesehen und mit aller Macht verhindert[1].

---

[1] Vgl. im Sommer 1980 die Diskussion um die Montanmitbestimmung bei der Mannesmann AG. Der Streit um die Umstrukturierung des Mannesmannkonzerns, wonach die Montanmitbestimmung in der Konzernspitze durch die Mitbestimmung nach dem Gesetz von 1976 ersetzt werden soll, ist zu einem politischen Fall geworden. Bei den Gesprächen und Erörterungen steht nicht die Frage im Mittelpunkt, was bei Mannesmann geschehen soll, um die dringend notwendige Verbesserung der Rentabilität und Wettbewerbsfähigkeit der Stahlproduktion des Konzerns gegenüber den kostengünstiger produzierenden Mitbewerbern u. a. in Japan zu erreichen. Die Gewerkschaften, angeführt von IG-Metall-Vorsitzenden Loderer, und in ihrem Gefolge die SPD wollen den „Fall Mannesmann" nutzen, um die Montanmitbestimmung auch in den Unternehmen, deren Kohle und Stahlerzeugung nur noch eine untergeordnete Rolle im Gesamtrahmen dieser Unternehmen spielt, zu zementieren. Diesem Ziel dient der von SPD-Abgeordneten vor dem Ende

Auch wird eine Reduzierung vor allem dadurch unmöglich gemacht, daß der Gesetzgeber selbst sein Mitbestimmungsziel der gleichgewichtigen und gleichberechtigten Teilhabe der Anteilseigner und Arbeitnehmer an den Entscheidungsprozessen in der Synthese zweier Mitbestimmungsarten zu verwirklichen sucht, welche in verschiedenen institutionellen Organen im Unternehmen angesiedelt sind. Der Gesetzgeber beabsichtigt nach wie vor, mit Hilfe zweier Mitbestimmungsarten die Teilhabe der Arbeitnehmer stets auf der Ebene ansetzen zu lassen, auf der sich der mitzubestimmende Gegenstand befindet, bzw. auf der sich der Wille nach Mitbestimmung artikuliert.

Zugleich kam es bei der Einführung der Teilhaberechte der Arbeitnehmer darauf an, sowohl am bewährten Gesellschaftsrecht als auch der grundsätzlich nicht minder bewährten Betriebsverfassung festzuhalten.

Die Geschichte[2] und die verschiedenen gesetzlichen Ausformungen[3] der Mitbestimmung zeigen, daß die Betriebsverfassung und die gesellschaftlichen Strukturen die Einführung einer zweiten Mitbestimmungsebene, welche auf das Gesellschaftsrecht „aufgepfropft" wurde, ertragen haben. Auch hat sich das Nebeneinander von betrieblicher und unternehmerischer Mitbestimmung grundsätzlich als tauglich erwiesen. Der Umstand der Kumulationen und Überparität in Teilbereichen führt nicht zu einer allgemeinen Unverträglichkeit der Mitbestimmungsarten. Vielmehr gilt es beide Systeme derart zueinander zu ordnen, daß das angestrebte Gleichgewicht insgesamt ohne Störungen erreicht wird.

Gesucht wird eine Konfliktlösung, die die beiden Arten der Teilhabe mittels einer die Konkurrenz bereinigenden Einrichtung voneinander trennt. Angesichts der Tatsache, daß es oft sehr schwierig ist, bei einer mitzubestimmenden Angelegenheit auszumachen, welche Art von Mitbestimmung vorliegt[4], und auf welcher Ebene die Mitbestimmung anzusetzen hat, erscheint es wenig hilfreich, die Lösung starr in einem reinen Vorrangigkeitsprinzip einer Mitbestimmungsart finden zu wol-

---

der 8. Legislaturperiode im Bundestag im Wege des sog. Gruppenantrags eingebrachte Gesetzentwurf (Entwurf einer lex Mannesmann).

Die Gewerkschaften üben starken politischen Druck aus. Mit Drohungen wird nicht gespart. Die IG Metall zeigt keine Neigung, Machtpositionen und Aufsichtsratsposten, die ihre Funktionäre in bislang montanmitbestimmten, aber nicht mehr überwiegend Montanerzeugnisse herstellenden Unternehmen einnehmen, aufzugeben. Geltendes Recht soll nicht anerkannt werden, es soll willkürlich geändert werden, um dem sog. Abbau sozialen Besitzstandes entgegenzuwirken.

[2] Vgl. Erstes Kapitel A I - IV.

[3] Vgl. Erstes Kapitel B I - IV.

[4] Vgl. den geringeren Erkenntniswert der Unterscheidung im BetrVG Erstes Kapitel E I.

len. Anzustreben ist eine Lösung der ausgewogenen Abstimmung der Arbeitnehmerinteressen. Dies hat in der Weise zu geschehen, daß eine einmal auf Aufsichtsratsebene mitbestimmt getroffene Entscheidung auch vom Betriebsrat in seinen Verhandlungen mit dem Arbeitgeber inhaltlich getragen wird und umgekehrt. Wenn grundsätzlich Arbeitnehmervertreter die ihnen zugestandenen Mitbestimmungsrechte ausgeübt haben, fehlt es beim Versuch, ein zweites Mal entscheidungserhebliche Teilhaberechte ausüben zu wollen, an mitbestimmungsoffener Materie[5]. Diese Problematik hat der Gesetzgeber übersehen. Er überließ es anderen, im Interesse der Rechtssicherheit zur Konkretisierung und Harmonisierung der sich überlagernden Rechtsgebiete zu kommen.

Dabei wurde jedoch zu wenig beachtet, daß ordnungspolitische Gesetze ihrem Wesen nach stärker als sonstige Normen in die Gestaltung der Wirtschafts- und Sozialverfassung eingreifen[6].

Daher ist der Gesetzgeber gefordert. Er hat eine Regelung für den Fall zu finden, daß die später mit der bereits mitbestimmt zustande gekommenen Entscheidung befaßten Interessenvertreter versuchen sollten, den gefundenen Kompromiß nochmals in Frage zu stellen. Diese Regelung hat so auszusehen, daß einem erneuten Vorstoß der Vorwurf der unzulässigen Rechtsausübung in Gestalt der Einrede entgegengehalten werden kann[7]. Zu prüfen ist, ob das Instrument der Einrede sinnvoll gewählt ist.

Es ermöglicht einerseits der Anteilseigner-/Arbeitgeberseite in jenen Fällen, da ihrer Meinung nach ein unzulässiges Übergewicht der Arbeitnehmerseite droht, Überparität zu verhindern. Andererseits ist es der Anteilseigner-/Arbeitgeberseite im Einzelfall nicht untersagt, einen Fall der Überparität zu dulden. Dies entspricht durchaus dem Grundgedanken der Parität. Jener besagt nämlich, daß weder die Anteilseigner-/Arbeitgeberseite noch die Arbeitnehmerseite den jeweiligen Verhandlungspartner aus eigener Machtfülle majorisieren können. Gleichzeitig steht es jedoch den Partnern zu, in Verhandlungen im Wege des Verzichts im Einzelfall einvernehmlich eine Regelung zu finden, die eine Seite stark begünstigt. Daher wäre es verfehlt, der

---

[5] *Martens*, Allgemeine Grundsätze zur Anwendbarkeit des Mitbestimmungsgesetzes, Die AG 1976, S. 113, 114.

[6] *Ulmer*, Der Einfluß des Mitbestimmungsgesetzes auf die Struktur von AG und GmbH, S. 9.

[7] Einen ähnlichen Gedanken soll *Säcker* (zitiert nach *Buchner*, Paritätische Mitbestimmung: Der Weg zu einer neuen Unternehmens- und Arbeitsordnung, ZfA 1974, S. 147, 180) in einem Vortrag auf einer Tagung der Österreichischen Gesellschaft für Arbeits- und Sozialrecht in Zell am See am 7. 3. 1974 geäußert haben; vgl. andererseits *Säckers* späteren Lösungsvorschlag, s. S. 231.

Anteilseigner-/Arbeitgeberseite, die einen Fall der unzulässigen Mehrfachmitbestimmung erkannt hat, zwangsweise vorzuschreiben, den Vorwurf der unzulässigen Rechtsausübung erheben zu müssen. Das Instrument der Einrede ist bewußt gewählt.

II. Es stellt sich daher die Frage, auf welche rechtstechnische Weise eine flexible Art von Subsidiaritätslösung gefunden werden kann. Diese hat die Aufgabe, dem Versuch der Mehrfachmitbestimmung auf Antrag der Gegenseite einen Riegel vorzuschieben.

Wie ausführlich dargestellt, ist die Einigungsstelle in ihrer heutigen Ausgestaltung nach § 76 BetrVG wegen ihrer nicht mehr rein paritätischen Zusammensetzung und Zuständigkeit nur auf Betriebsebene nicht in der Lage, auftretende Überparitäten wirksam abzubauen.

Bei der Beschreibung der Zusammensetzung der Einigungsstelle gemäß § 76 BetrVG wurde deutlich, daß die Überparität der Arbeitnehmerinteressen auf der mittelbaren Mitbestimmung des Vorstandes beruht. Jener hat nämlich in seiner Funktion als Arbeitgeber die Arbeitgeberbank in der Einigungsstelle zu besetzen. Diese ist aufgrund des hälftigen Arbeitnehmereinflusses bereits vom Gedanken der Parität geprägt.

Die Arbeitgeberbank ist daher nicht mehr zu der vom Modell der Schlichtung geforderten Konfrontation fähig.

Daher scheint es geboten, einen echt paritätisch zusammengesetzten Ausschuß zur Schlichtung von Streitigkeiten einzusetzen. Bei der Bildung dieser Schlichtungsstelle ist auf die jeweils gleichgewichtige, Interessen wahrnehmende Zusammensetzung der Bänke zu achten.

Dies bedeutet, daß das Schlichtungsorgan entweder hälftig von jeweils reinen Arbeitnehmer- bzw. Arbeitgeberrepräsentanten auszuwählen ist oder insgesamt von einem unmittelbar paritätisch mitbestimmten Gremium zu besetzen ist.

1. Erster Lösungsvorschlag ist auf Betriebsebene mangels eines rein auf die Arbeitgeberinteressen ausgerichteten Gremiums nicht zu verwirklichen. Ebenso scheitert eine Lösungsfindung mittels eines unmittelbar paritätisch mitbestimmten Organs am Fehlen eines solchen auf Betriebsebene.

2. Daher stellt sich die Frage, ob eine Lösung der Art gefunden werden kann, daß den jeweiligen vom Betriebsrat ausgewählten Interessenvertretern der Arbeitnehmer in der Einigungsstelle eine von den Anteilseignern zu bestimmende Anzahl von Vertretern gegenübertritt.

a) Zu denken wäre an eine Auswahl der Interessenvertreter des Faktors Kapital durch die Hauptversammlung.

Dieses Vorgehen hätte den Vorteil, daß in der Einigungsstelle auf seiten der Anteilseigner/Arbeitgeber eine uneingeschränkt interessenmonistische Vertretung stattfände. Das Paritätsprinzip bliebe gewahrt.

Die Hauptversammlung mit der anteiligen Wahl der im Alltag der Mitbestimmung tätig werdenden Einigungsstelle zu belasten, scheint jedoch angesichts der Ferne der Aktionäre vom aktuellen Geschehen in Betrieb und Unternehmen den dort auftretenden Problemen nicht gerecht zu werden. Zu bedenken ist die große Zahl der Aktionäre. Hier hilft auch nicht der Hinweis, die Hauptversammlung werde schließlich für tauglich angesehen, die Anteilseignervertreter im Aufsichtsrat zu wählen. Der Unterschied liegt darin begründet, daß bei letzterer Wahl für eine grundsätzliche, an den Interessen der Anteilseigner ausgerichtete Unternehmenspolitik gesorgt wird. Bei der Wahl der Vertreter in der Einigungsstelle kommt es hingegen entscheidend darauf an, daß diese Repräsentanten im konkreten Einzelfall Rückfrage bei dem die Unternehmenspolitik maßgeblich beeinflussenden Gremium, dem Aufsichtsrat, zumindest einem Teil davon, der Anteilseignerbank, nehmen können. Dazu ist die Auswahl von Personen erforderlich, die über die Unternehmenspolitik hinaus das Unternehmen in all seinen Untergliederungen kennen. Die Auswahl dieses Personenkreises ist für die Hauptversammlung mangels tatsächlicher Kenntnis nicht verantwortungsgerecht zu übernehmen. Anders als bei der Wahl der Anteilseignervertreter im Aufsichtsrat, die als hochqualifizierte Wirtschaftsfachleute den Groß- und Kleinaktionären bekannt sind und nach Vorschlag gewählt werden, fehlt bezüglich der Anteilseigner-/Arbeitgeberrepräsentanten in der Einigungsstelle den Aktionären der diesbezügliche Wissensstand. Die Vertreter in der Einigungsstelle rekrutieren sich nicht aus dem Top-Management der Unternehmen bzw. den Chefetagen der Banken. Dies verbietet sich angesichts der gestellten Aufgabe und der zeitlichen Belastung dieses dauernd beschäftigten Gremiums.

Daher wäre eine Vorauswahl und ein Vorschlag an die Hauptversammlung notwendig. Es ist nicht ersichtlich, welches Organ auf Unternehmens- bzw. Betriebsebene geeignet sein sollte, einseitig die Interessen der Anteilseigner wahrnehmende Vertreter auszuwählen. Gäbe es ein derartiges Organ, so könnte es unmittelbar als Auswahlorgan für die Anteilseigner-/Arbeitgebervertreter in der Einigungsstelle auftreten.

b) Zu denken wäre an die Bestellung der Anteilseigner-/Arbeitgebervertreter in der Einigungsstelle durch die Arbeitgeberbank im Aufsichtsrat.

Dies scheint die Lösung des Problems. Eine einseitige Auswahl der Arbeitgeberbank wäre gewährleistet.

Da nach der derzeit gültigen Rechtslage die Einigungsstelle nach § 76 BetrVG auf Betriebsebene und in der Regel nur nach Bedarf gebildet wird, ergibt sich die Schwierigkeit, daß zum einen der Aufsichtsrat, der einige Male im Jahr zusammentritt, nun bei jeder Regelungsstreitigkeit zusammenkommen müßte. Dies erscheint angesichts der auf Anteilseignerseite im Aufsichtsrat vertretenen außerordentlich qualifizierten Wirtschafts- und Finanzfachleute als nicht vertretbar im Hinblick auf den Zeitaufwand. Zum anderen käme es im Aufsichtsrat ständig zu einer die Homogenität beeinträchtigenden Aufspaltung in solche Mitglieder, denen ein Wahlrecht zukommt und solche, denen dieser Einfluß versagt wird[8].

Ersteres Problem kann dadurch umgangen werden, daß eine Bestellung der Mitglieder der Einigungsstelle auf gewisse Dauer vorgenommen wird. Dies bedeutet, daß z. B. bei einer Wahl der Mitglieder des Ausschusses auf drei Jahre (dies entspräche dem Rhythmus der Betriebsratswahlen) lediglich alle drei Jahre einmal eine die Homogenität sprengende und das Gefühl der Gleichberechtigung beeinträchtigende Aufspaltung des Aufsichtsrats vorgenommen würde. Die Einrichtung als ständiger Ausschuß würde darüber hinaus nicht zu einer unnötigen Belastung der Aufsichtsratsmitglieder hinsichtlich des Bestellungsvorganges führen.

3. Es stellt sich angesichts der Tatsache, daß die Einigungsstelle im Betrieb als dauernde Einrichtung arbeiten soll, die Frage, ob es nicht sinnvoller wäre, dieses Gremium als sog. „Wirtschaftliche Einigungsstelle" auf Unternehmensebene einzurichten[9].

Welche Vorteile hätte diese Verlagerung auf die Unternehmensebene?

a) Als Auswahlorgan der auf drei Jahre zu wählenden Wirtschaftlichen Einigungsstelle käme sowohl bezüglich der Anteilseigner-/Arbeitgebervertreter als auch der Arbeitnehmervertreter der paritätisch mitbestimmte Aufsichtsrat in Frage. In diesem könnten die Bänke entweder jeweils getrennt „ihre" Vertreter auswählen oder sich auf gemeinsame Kandidaten einigen. In jedem Falle käme es zu einer vollparitätischen Besetzung des Vermittlungsausschusses.

b) Diese Lösung vermeidet eine Aufspaltung des Aufsichtsrates in Mitglieder „erster" und „zweiter" Klasse. Auch bezüglich der Auswahl

---

8 Vgl. diese Problematik bereits beim Lösungsvorschlag, den Aufsichtsrat als Einigungsstelle fungieren zu lassen, Drittes Kapitel B I 2.

9 Der Lösungsvorschlag, zugunsten eines Paritätischen Vermittlungsausschusses auf die Einigungsstelle zu verzichten, betrifft nur die Fälle der Mehrfachmitbestimmung in Unternehmen und Betrieb. Bezüglich Unternehmen bzw. Betrieben, die nicht der Mitbestimmung im Aufsichtsrat unterliegen, besteht kein Anlaß, auf die betriebliche Einigungsstelle zu verzichten.

der Mitglieder des Paritätischen Vermittlungsausschusses herrschte Gleichberechtigung.

c) Die Verlagerung der Schlichtung von der Betriebs- auf die Unternehmensebene sowie die Anbindung an den mitbestimmten Aufsichtsrat verhindert z. B. bezüglich eines Sozialplanes betriebsegoistische Lösungen. Die Verbindung zwischen Vermittlungsausschuß und Aufsichtsrat gewährleistet darüber hinaus, daß betriebliche und unternehmerische Mitbestimmung aneinander vorbeiführen, nicht kollidieren[10].

d) Der paritätisch zusammengesetzte Ausschuß zur Schlichtung von Streitigkeiten hat nicht nur für offene Mitbestimmungsfragen auf Betriebsebene zuständig zu sein. Vielmehr muß er auch von Aufsichtsratsmitgliedern, z. B. der Anteilseignerseite angerufen werden können. Dies ist in dem Fall von Bedeutung, daß jene der Ansicht sind, eine mitbestimmungspflichtige Angelegenheit werde, nachdem sie auf Betriebsebene paritätisch mitbestimmt wurde, von den Arbeitnehmervertretern im Aufsichtsrat abweichend von der bereits paritätisch mitbestimmt gefundenen Lösung behandelt.

Der Ausschuß arbeitet also auch bezüglich der über den mitbestimmten Kompromiß hinausgehenden Aufsichtsratsbeschluß als Korrektiv.

e) Um auf seiten der Arbeitnehmerschaft die Verbindung zwischen Unternehmens- und Betriebsebene zu erhalten und zu stärken, ist den einzelnen Betriebsräten das ausschließliche Vorschlagsrecht für die Kandidaten der Arbeitnehmer im Aufsichtsrat einzuräumen.

f) Für die Wirkung der Arbeit des Vermittlungsausschusses ist die Zusammensetzung des Gremiums von großer Bedeutung.

Da sich in der Praxis erwiesen hat, daß kleinere Gremien nicht so sehr Gefahr laufen, zu reinen Erörterungsorganen herabgewürdigt zu werden, bietet es sich an, die Zahl der Mitglieder gering zu halten. Die Entscheidungsinstanz muß wirkungsvoll arbeiten können. In einem mit wenigen Mitgliedern besetzten Gremium ist die Willensbildung leichter. Der Geheimnisschutz ist problemloser als bei mitgliedsstarken Organen zu gewährleisten.

Daher wird eine Gesamtzahl von fünf Mitgliedern vorgeschlagen.

Je zwei Mitglieder werden, falls man sich nicht auf die gemeinsame Benennung aller fünf Schlichter einigen kann, von der Arbeitnehmer- bzw. Anteilseignerbank im Aufsichtsrat bestimmt. Das fünfte Mitglied

10 Die im Dritten Kapitel B III 1 - 2 aufgezeigten Nachteile einer betriebsfernen Lösung treten bei der hier vertretenen Lösung nicht auf. Der Ausschuß ist zwar auf Unternehmensebene eingerichtet. Doch sind die Mitglieder des Ausschusses aufgrund ihrer ausschließlichen Aufgabenstellung als Schlichter den einzelnen betrieblichen Problemstellungen nicht in der Weise entwachsen, wie dies auf die Topmanager auf Aufsichtsratsebene zutrifft.

des Vermittlungsausschusses ist gemeinsam von den „Banken" zu kooptieren. Es ist aus dem Unternehmen als Mann des Vertrauens beider Seiten auszuwählen. Kommt unter den Bänken eine Einigung nicht zustande, setzt das zuständige Arbeitsgericht das „fünfte" Mitglied ein.

Um die Anbindung an Betrieb und Unternehmen sicherzustellen, sind auch mindestens jeweils die Hälfte der übrigen Ausschußmitglieder aus den Reihen der Belegschaft der Unternehmen auszuwählen.

Die betriebsfremden Ausschußmitglieder[11] bleiben demzufolge in der Regel in der Minderheit.

g) Vorteilhaft an der aufgezeigten Lösung ist ferner die Kostenseite. Aufgrund der Begrenzung der Mitgliederzahl des Paritätischen Vermittlungsausschusses sowie vor allem der Rückführung einer Anzahl von betrieblichen Einigungsstellen auf einen Ausschuß auf Unternehmensebene fallen stark verringerte Kosten für das Unternehmen an.

h) Schließlich ist bei einem ausschließlich mit der Schlichtung von strittigen Mitbestimmungsproblemen befaßten Organ die Gefahr der sachwidrigen Verquickung von einzelnen Mitbestimmungsproblemen mit anderen betrieblichen oder unternehmerischen Problemen gering. Angesichts der klar bestimmten und begrenzten Aufgabenstellung und Befugnis ist die Möglichkeit des „Kungelns" anders als bei einer Schlichtung unmittelbar im Aufsichtsrat bzw. zwischen Arbeitgeber und Betriebsrat im Betrieb kaum gegeben.

Die Verlagerung der Schlichtung von der Betriebs- auf die Unternehmensebene bedeutet jedoch nicht den Übergang von der Schlichtung unmittelbar zwischen den Parteien in ein gerichtsförmig ausgestaltetes Verfahren. Doch auch wenn die betrieblichen Einigungsstellen entfallen, bleibt eine Einigung nach den Maßregeln der Entscheidungsträger erhalten. Die Wirtschaftliche Einigungsstelle auf Unternehmensebene hat einmal im wesentlichen dieselben Befugnisse wie die betrieblichen Einigungsstellen nach § 76 BetrVG 1972. Zum anderen obliegt ihr die Beilegung von Meinungsverschiedenheiten, die sich zwischen Anteilseigner/Arbeitgeber und Arbeitnehmer aus dem Zusammentreffen der betrieblichen und unternehmerischen Mitbestimmung ergeben. Die Einrichtung der betrieblichen Einigungsstelle verliert ihre Daseinsberechtigung.

---

[11] Vgl. zu diesem Problemkreis den Streit bezüglich der Besetzung der Einigungsstelle mit Externen: *Bischoff*, Die Einigungsstelle, S. 75, 76: sagt, daß wegen des Fehlens persönlicher Voraussetzungen im Gesetz Arbeitgeber und Betriebsrat bei der Auswahl der Mitglieder der Einigungsstelle völlig ungebunden seien. Ihnen stehe es frei, auch Betriebsfremde mehrheitlich in das Gremium zu entsenden. a. A. *Erdmann / Jürging / Kammann*, § 50 Rdn. 2: dies verbiete der Sinn und Zweck als innerbetriebliches Einigungsverfahren.

Die Entscheidungen der Wirtschaftlichen Einigungsstelle sind einer arbeitsgerichtlichen Überprüfung zugänglich.

4. Der Paritätische Vermittlungsausschuß hat als Gremium in folgenden drei schematisiert dargestellten Hauptfällen auf verschiedene Weise tätig zu werden:

a) Im Beispielfall 1 haben Anteilseignervertreter und Arbeitnehmervertreter im Aufsichtsrat bezüglich einer in den Katalog der zustimmungsbedürftigen Geschäfte aufgenommenen Angelegenheit nach Diskussion eine von beiden Seiten getragene paritätisch mitbestimmte Entscheidung getroffen. Der mittelbar mitbestimmte Vorstand trägt den Entscheidungskompromiß, der im Sinne der Mitbestimmung die inhaltliche Richtigkeitsgewähr bietet, dem Betriebsrat des betroffenen Betriebes vor. Dieser verlangt nun, da es sich auch um eine im Sinne des Betriebsverfassungsgesetzes mitbestimmungspflichtige Angelegenheit handeln soll, nicht nur eine Erläuterung des Aufsichtsratsbeschlusses bzw. seiner Folgen. Vielmehr versucht er die mitbestimmt zustande gekommene Entscheidung nochmals zur Disposition zu stellen.

In dieser Situation verweigert der Vorstand eine erneute Diskussion, welche die Veränderung der Entscheidung bewirken sollte. Der Vorstand beruft sich auf den bereits durchgeführten förmlichen Mitbestimmungsakt. Die Entscheidung sei nicht mehr „mitbestimmungsoffen“.

Nun steht es dem Betriebsrat oder auch dem Vorstand bzw. einzelnen Mitgliedern dieses Gremiums frei, die Wirtschaftliche Einigungsstelle anzurufen. Diese hat bei einer der Zustimmung des Aufsichtsrats bedürfenden Angelegenheit, welche sowohl der unternehmerischen als auch der betrieblichen Mitbestimmung unterliegt, eine zweistufige Prüfung vorzunehmen.

(1) Zunächst hat sie formell zu prüfen, ob noch eine mitbestimmungsoffene Lage gegeben ist, d. h. ob nicht bereits ein Mitbestimmungsvorgang stattgefunden hat, ob die Mitbestimmungsrechte nicht bereits „verbraucht“ sind.

Liegt ein formeller Mitbestimmungsvorgang vor, so fehlt es den Antragenden bereits am „Mitbestimmungsbedürfnis“ bzw. „Mitbestimmungsinteresse“.

Der Antrag auf Tätigwerden und Entscheidung der Einigungsstelle wird zurückgewiesen. Die Wirtschaftliche Einigungsstelle entscheidet, daß der mitbestimmte Aufsichtsratsbeschluß vom Vorstand durchzuführen ist.

(2) Mangelt es hingegen am „Mitbestimmungsbedürfnis“, so hat das Vermittlungsgremium die Angelegenheit zunächst dem Vorstand in seiner Funktion als Arbeitgeber und dem Betriebsrat als zuständigem

Verhandlungspartner zuzuweisen, damit jene einen erneuten Einigungsversuch unternehmen. Einigen diese sich nicht innerhalb einer von der Einigungsstelle verbindlich gesetzten Frist und teilen sie diese Einigung der Einigungsstelle nicht rechtzeitig mit, so hat das Vermittlungsgremium eine Entscheidung zu fällen, die die Belange des Betriebes und der betroffenen Arbeitnehmer angemessen berücksichtigt. Insofern erfüllt die Wirtschaftliche Einigungsstelle inhaltlich die Aufgabe, welche nach § 76 BetrVG die heutige betriebliche Einigungsstelle bezüglich Fragen der Mitbestimmung wahrzunehmen hat.

b) Beispiel 2 betrifft den Fall von nicht der formellen Mitbestimmung im Aufsichtsrat unterliegenden Geschäften, also nicht zustimmungsbedürftigen Angelegenheiten. Diese unterliegen der mittelbaren Mitbestimmung durch den Vorstand[12]. Ein formeller „erster" Abstimmungsvorgang findet nicht statt.

Es stellt sich das Problem, welches Schicksal ein mittelbar paritätischer Vorschlag des Vorstandes erleidet, wenn dieser dem Betriebsrat zur gleichberechtigten und gleichgewichtigen Disposition gestellt und von diesem abgelehnt wird. In diesem Falle geht die vorgeschaltete „Einrede" des mangelnden „Mitbestimmungsbedürfnisses" ins Leere, da formell noch keine Mitbestimmung stattfand.

Daher verbleibt der Wirtschaftlichen Einigungsstelle ausschließlich eine materielle Überprüfung der Sachlage. Sie wird eine angemessene Entscheidung treffen, die anders als jene der heutigen, nicht mehr vollparitätischen betrieblichen Einigungsstellen die Richtigkeitsgewähr auf Grund echter paritätischer Zusammensetzung des Vermittlungsausschusses in sich trägt.

c) Beispielfall 3 betrifft vergleichbar dem Beispiel 1 zweifach formell mitzubestimmende Geschäfte.

Abweichend von Beispiel 1 soll der Fall angesprochen sein, daß der Vorstand, bevor er den Aufsichtsrat um Zustimmung angeht, zunächst mit dem betroffenen Betriebsrat verhandelt. Es kommt zu einer Einigung; Arbeitgeber und Betriebsrat erlangen eine voll mitbestimmte Entscheidung.

Anschließend wird auf Verlangen des Vorstandes der Aufsichtsrat mit der Angelegenheit befaßt. Bei den Verhandlungen verweigern die Arbeitnehmervertreter ihre Zustimmung zu dem auf Betriebsebene gefundenen Kompromiß. Sie verlangen stärkere Zugeständnisse für die Arbeitnehmerseite, als sie der Betriebsrat in den Verhandlungen mit dem Arbeitgeber erlangt hat.

---

[12] Vgl. Zweites Kapitel E I.

In diesem Falle steht es den Aufsichtsratsmitgliedern frei, ihrerseits den Schlichtungsausschuß anzugehen und die „Einrede" des mangelnden Mitbestimmungsbedürfnisses zu erheben.

Da eine zustimmungsbedürftige Angelegenheit gegeben ist, hat der Paritätische Vermittlungsausschuß wieder — wie oben dargelegt — zweistufig zu prüfen:

1. Stufe: besteht ein „Mitbestimmungsinteresse"

2. Stufe: falls dies zu bejahen sein sollte, hat der Ausschuß eine allen Parteien gerecht werdende Entscheidung zu treffen.

Ergebnis

Unter dem Axiom der gleichberechtigten und gleichgewichtigen Mitbestimmung der Arbeitnehmer, welche durch Vorhalten von zwei Mitbestimmungsarten auf zwei Ebenen, der des Unternehmens sowie der des Betriebes, erreicht werden soll, und im Bestreben, das bisherige bewährte Gesellschaftsrecht und die erprobte Betriebsverfassung beizubehalten, treten in Teilbereichen Kumulationen und Überparitäten auf.

Gesellschaftsrecht und Betriebsverfassungsrecht bieten bislang keine handhabbaren Lösungmöglichkeiten. Angesichts der ineinandergreifenden Probleme ist eine klare Trennung der möglichen Schwierigkeiten nur um den Preis der Aufgabe ganzer Mitbestimmungssysteme möglich.

Eine Lösung, die radikale Maßnahmen vermeidet und dennoch befriedigen kann, ist die flexible Korrekturen gewährleistende Einrichtung eines Paritätischen Vermittlungsausschusses auf Unternehmensebene, dem im wesentlichen die Aufgaben der — nicht mehr paritätischen — Einigungsstelle nach § 76 BetrVG zugewiesen wurden.

Diese Problemlösung

— verwirklicht die Parität

— läßt das Gesellschaftsrecht und die Betriebsverfassung grundsätzlich unangetastet

— vermeidet eine Aufspaltung des Aufsichtsrates

— verhindert betriebsegoistische Lösungen

— hilft betriebliche und unternehmerische Streitigkeiten unternehmensintern zu schlichten

— achtet auf die Verbindungen zwischen Unternehmen und Betrieb

— ist angesichts der geringen Größe des Vermittlungsausschusses und seiner Zuständigkeit für das gesamte Unternehmen kostengünstig

— macht „Kungeleien" zwischen den Parteien auf Grund der ausschließlichen Aufgabenstellung als Schlichter unwahrscheinlich

— arbeitet auf Grund seiner dauernden Einrichtung wirkungsvoll, d. h. ohne die zeitraubende fallweise Neukonstituierung eines Ausschusses.

Literaturverzeichnis

Anthes / Blume / Bosch / Breuer / Köhne-Koplin-Rölke: Mitbestimmung — Ausweg oder Illusion?, Hamburg 1972.
Zit.: Anthes / Blume u. a., Mitbestimmung.

Apel: Mitbestimmung — Grundlagen, Wege, Ziele, München 1969.
Zit.: Apel, Mitbestimmung.

Auffarth: Zur Bedeutung der Beteiligungsrechte des Betriebsrats nach dem Betriebsverfassungsgesetz 1972 für die Unternehmen, für die eine paritätische Mitbestimmung der Arbeitnehmer auf Unternehmensebene besteht, RdA 1976, S. 2.
Zit.: Auffarth, Zur Bedeutung der Beteiligungsrechte des Betriebsrats.

v. Baader: Über die Proletairs, in: Gesammelte Werke, Bd. 15, S. 506, hrsg. v. Franz Hoffmann u. a., 16 Bände, 1851 - 1860.

Badura: Der Regierungsentwurf eines Mitbestimmungsgesetzes — Verfassungsrechtliche Einwände, ZfA 1974, S. 357.

— Unternehmerische Mitbestimmung, soziale Selbstverwaltung und Koalitionsfreiheit, RdA 1976, S. 275.

Badura / Rittner / Rüthers: Mitbestimmungsgesetz 1976 und Grundgesetz, Gemeinschaftsgutachten, München 1977.
Zit.: Kölner Gutachten.

Ballerstedt: GmbH-Reform, Mitbestimmung, Unternehmensrecht, ZHR 135 (1971), S. 479.
Zit.: Ballerstedt, GmbH-Reform.

— Mitbestimmungsrecht, Gesellschaftsrecht und Unternehmensverfassung, BB 1950, S. 269.

— Unternehmen und Wirtschaftsverfassung, JZ 1951, S. 486.
Zit.: Ballerstedt, Unternehmen.

— Was ist Unternehmensrecht, in: FS für Duden, S. 15, München 1977.

Baumbach / Hueck: Aktiengesetz, 13. Aufl., München 1968, mit Ergänzung 1970.

Bayer: Mitbestimmung und Konzern, DB 1975, S. 1167.

Beuthien: Die Arbeitnehmermitbestimmung in Genossenschaften, ZfgG 1976, S. 320.
Zit.: Beuthien, Arbeitnehmermitbestimmung.

— Sozialplan und Konkursgläubigerschutz, in: FS für Gerhard Müller, S. 13, Berlin 1981.

— Sozialplan und Unternehmensverschuldung, Düsseldorf 1980.

— Studienkommentar zum BGB, 2. Aufl., Frankfurt 1979.
Zit.: Beuthien, StudK BGB.

Bieback / Reich: Verfassungswidrige Umgestaltung des Unternehmensrechts durch Mitbestimmung?, AuR 1978, S. 161.

Biedenkopf: Anmerkungen zum neuen Betriebsverfassungsgesetz, BB 1972, S. 1513.

— Anmerkungen zum neuen Betriebsverfassungsgesetz, in: Beiträge zum Wirtschaftsrecht, in: FS für Heinz Kaufmann, S. 91, Köln 1972.

— Auswirkungen der Unternehmensverfassung auf die Grenzen der Tarifautonomie, in: Das Unternehmen in der Rechtsordnung.

— Mitbestimmung — Beiträge zur ordnungspolitischen Diskussion, Köln 1972.
Zit.: Biedenkopf, Beiträge.

— Mitbestimmung im Unternehmen. Zum Bericht der „Mitbestimmungskommission", RdA 1970, S. 129.
Zit.: Biedenkopf, Mitbestimmung im Unternehmen.

— Zur Diskussion über ein neues Unternehmensrecht, in: Funktionswandel der Privatrechtsinstitutionen, in: FS für Ludwig Raiser, S. 339, Tübingen 1974.

Biedenkopf / Säcker: Grenzen der Mitbestimmung in kommunalen Versorgungsunternehmen, ZfA 1971, S. 211.

Bischoff: Die Einigungsstelle im Betriebsverfassungsrecht, Berlin 1975.

Blomeyer: Die Entwicklung des arbeitsrechtlichen Schrifttums im Jahre 1974. ZfA 1975, S. 243.

Blume: Normen und Wirklichkeit einer Betriebsverfassung, Tübingen 1964.

Böhm: Konkurrenz von Ansprüchen aus dem Sozialplan mit dem gesetzlichen Abfindungsanspruch, BB 1973, S. 1077.

Boewer: Die Auswirkungen der §§ 99, 100 BetrVG auf die individualrechtliche Stellung des Arbeitnehmers, RdA 1974, S. 72.

— Das Mitbestimmungsgesetz im Rahmen des Gesellschaftsrechts und des kollektiven Arbeitsrechts, DB 1980, S. 673.

Boldt: Mitbestimmungsergänzungsgesetz, München, Berlin 1957.

— Mitbestimmungsgesetz Eisen und Kohle, München, Berlin 1952.
Zit.: Boldt, Mitbestimmungsgesetz.

— Organisation und Aufgaben des Wirtschaftsausschusses nach dem Betriebsverfassungsgesetz, Die AG 1972, S. 299.

v. Brasch: Zur Begriffserklärung im Mitbestimmungsrecht, RdA 1950, S. 300.

Briefs: Zwischen Kapitalismus und Syndikalismus — Die Gewerkschaften am Scheideweg, München 1952.
Zit.: Briefs, Zwischen Kapitalismus und Syndikalismus.

Brinkmann-Herz: Entscheidungsprozesse in den Aufsichtsräten der Montanindustrie. Eine empirische Untersuchung über die Eignung des Aufsichtsrates als Instrument der Arbeitnehmermitbestimmung, Berlin 1972.

Buchner: Das wirtschaftliche Mitbestimmungsrecht nach dem Betriebsverfassungsgesetz in seinem Verhältnis zur Forderung nach qualifizierter Mitbestimmung, Die AG 1970, S. 127.

— Die wirtschaftsverfassungsrechtliche Bedeutung der Diskussion um Unternehmensrecht und Mitbestimmung, DB 1975, S. 33.

— Paritätische Mitbestimmung: Der Weg zu einer neuen Unternehmens- und Arbeitsordnung, ZfA 1974, S. 147.
Zit.: Buchner, Paritätische Mitbestimmung.

— Reform des Betriebsverfassungsrechts, Die AG 1971, S. 135.

Däubler: Das Arbeitsrecht, Hamburg 1976.

— Das Grundrecht auf Mitbestimmung und seine Realisierung durch tarifvertragliche Begründung von Beteiligungsrechten, 3. Aufl., Frankfurt 1975.
Zit.: Däubler, Das Grundrecht auf Mitbestimmung.

DGB: Mitbestimmung — eine Forderung unserer Zeit, 2. Aufl., Düsseldorf 1966.

Dietz-Richardi: Betriebsverfassungsgesetz, 5. Aufl., München 1973.

Döding: Aufsichtsratswahlen, GMH 1978, S. 731.

Duden: Zur Methode der Entwicklung des Gesellschaftsrechts zum „Unternehmensrecht", in: FS für Schilling, S. 309.

Erdmann / Jürging / Kammann: Betriebsverfassungsgesetz, Neuwied, Berlin 1972.

Erdmann: Der Mythos von der Mitbestimmung, Der Arbeitgeber 1966, S. 381.

— Die Bedeutung der Mitbestimmung des Betriebsrats für die unternehmerische Entscheidung: Der Weg zur Überparität, RdA 1976, S. 87.
Zit.: Erdmann, Der Weg zur Überparität.

Esser / Pfeiffer: Mitbestimmung und Wettbewerb, Wirtschaft und Wettbewerb 1980, S. 387.

Fabricius / Kraft / Thiele / Wiese: Betriebsverfassungsgesetz, Gemeinschaftskommentar, Bd. 1 u. 2, Neuwied, Berlin 1973.
Zit.: Bearbeiter, in: GK-Betriebsverfassungsgesetz.

Fabricius: Mitbestimmung in der Wirtschaft, Frankfurt 1970.

Farthmann: Betriebsverfassung und Unternehmensrecht, Arbeits- und Sozialpolitik 1970, S. 380.

— Bundestagsrede vom 10. 11. 1971 in der Debatte zum neuen BetrVG, in: Reihe Gesellschaftspolitik, hrsg. vom Vorstand der SPD, Heft 6, Betriebsverfassungsgesetz — Text, Reden, Erläuterungen, Bonn 1971, S. 5 - 10.

— Die Mitbestimmung des Betriebsrats bei der Regelung der Arbeitszeit, RdA 1974, S. 65.

Fitting / Auffarth / Kaiser: Betriebsverfassungsgesetz, 12. Aufl., München 1977.

Fitting / Wlotzke / Wißmann: Mitbestimmungsgesetz, 2. Aufl., München 1978.

Föhr: Vorlage von Unterlagen des Arbeitgebers an Betriebsrat und Wirtschaftsausschuß, DB 1976, S. 1378.

Galperin / Löwisch: Kommentar zum Betriebsverfassungsgesetz, 5. Aufl., Heidelberg 1975.

Gamillscheg: „Betrieb" und „Bargaining unit" — Versuch eines Vergleichs zweier Grundbegriffe, ZfA 1975, S. 357.
Zit.: Gamillscheg, „Betrieb" und „Bargaining unit".

Gege: Die Funktion des Wirtschaftsausschusses im Rahmen der wirtschaftlichen Mitbestimmung.

Gemeinschaftskommentar zum Mitbestimmungsgesetz, hrsg. v. Fabricius, Neuwied 1976.
Zit.: Bearbeiter, GK-MBG.

Gester / Isenhardt: Das Initiativrecht des Betriebsrats zur Regelung materieller Lohnbedingungen, RdA 1974, S. 80.
Zit.: Gester / Isenhardt, Das Initiativrecht des Betriebsrats.

Geßler / Hefermehl / Eckhardt / Kropff: Aktiengesetz, München 1973.

Gnade / Kehrmann / Schneider: Kommentar zum Betriebsverfassungsgesetz, Köln 1973.

Grasmann: Die paritätische Mitbestimmung, DB 1975, Beilage Nr. 21.

Haberland / Seiler: Mitbestimmungsgesetz, Leverkusen 1976.

Hanau: Aktuelle Probleme der Mitbestimmung über das Arbeitsentgelt gemäß § 87 Abs. 1 Nr. 10 BetrVG, BB 1977, S. 350.

— Arbeitsrechtliche Probleme der paritätischen Mitbestimmung, BB 1969, S. 1497.
Zit.: Hanau, Probleme.

— Das Verhältnis des Mitbestimmungsgesetzes zum kollektiven Arbeitsrecht, ZGR 1977, S. 397.

— Die arbeitsrechtliche Bedeutung des Mitbestimmungsurteils des Bundesverfassungsgerichts, ZGR 1979, S. 524.

— Lösungsmöglichkeiten mitbestimmungsbedingter Interessenkonflikte, RdA 1975, S. 23.
Zit.: Hanau, Lösungsmöglichkeiten.

— Praktische Fragen zur Neuregelung der Mitbestimmung in personellen Angelegenheiten, BB 1972, S. 451.

— Unklarheiten in dem Regierungsentwurf des Betriebsverfassungsgesetzes, BB 1971, S. 485.

— Was bedeutet paritätische Mitbestimmung für das kollektive Arbeitsrecht, BB 1969, S. 760.
Zit.: Hanau, Kollektives Arbeitsrecht.

— Probleme der Mitbestimmung des Betriebsrats über den Sozialplan, ZfA 1974, S. 89.

Hanau / Adomeit: Arbeitsrecht, 5. Aufl., Frankfurt 1979.

Hanau / Ulmer: Gesetz über die Mitbestimmung der Arbeitnehmer, München 1980. Zit.: Hanau / Ulmer, Mitbestimmungsgesetz.

Hax: Betriebswirtschaftliche Bedeutung der Begriffe „Betrieb" und „Unternehmen", in: FS für Kunze, S. 109, Berlin 1969.

Hensche: Mitbestimmung als Kontrolle, Das Mitbestimmungsgespräch, 1973, S. 165.

Hesse: Grundzüge des Verfassungsrechts der Bundesrepublik Deutschland, 11. Aufl., Heidelberg, Karlsruhe 1978.

Hessel: Zum Begriff des Betriebes, RdA 1951, S. 450.

Hoffmann: Das Unternehmenswohl bei den mitbestimmten Unternehmen und die angemessene Berücksichtigung der Belange des Betriebs und der Arbeitnehmer im Betriebsverfassungsgesetz, DAdG, Bd. 15, S. 37.
Zit.: Hoffmann, Das Unternehmenswohl bei den mitbestimmten Unternehmen.

Horné: Der beklagte Sieg — Gespräche über die Mitbestimmung, Villingen 1964.
Zit.: Horné, Der beklagte Sieg.

Huber: Die erweiterte wirtschaftliche Mitbestimmung und der Verfassungsstaat, in: FS für Heinz Kaufmann, S. 237, Köln 1972.
Zit.: Huber, Die erweiterte Mitbestimmung.

— Grundgesetz und wirtschaftliche Mitbestimmung, Stuttgart 1970.
Zit.: Huber, Grundgesetz.

Hueck, Alfred: Gedanken zur Reform des Aktienrechts und des GmbH-Rechts, Berlin 1963.

— Gesellschaftsrecht, 18. Aufl., München 1978.

— Mitbestimmungsrecht und Aufsichtsrat, DB 1951, S. 166.

Hueck, Goetz: Zur Verschwiegenheitspflicht der Arbeitnehmervertreter im Aufsichtsrat, RdA 1975, S. 35.

Hueck / Nipperdey: Lehrbuch des Arbeitsrechts, Bd. II/2, 7. Aufl., Berlin 1970.

Hunold: Die Mitbestimmung des Betriebsrats in allgemeinen personellen Maßnahmen, DB 1976, S. 78.

Jacobi: Betrieb und Unternehmen als Rechtsbegriff, in: Festschrift der Leipziger Juristenfakultät für Dr. Victor Ehrenberg, Leipzig 1927.
Zit.: Jacobi, Betrieb und Unternehmen.

Judith: Erfahrungen mit dem Mitbestimmungsgesetz 1976, GMH 1978, S. 726.

Kammann / Hess / Schlochauer: Kommentar zum Betriebsverfassungsgesetz, Neuwied, Darmstadt 1979.
Zit.: Kammann / Hess / Schlochauer, BetrVG.

Karoli: Aufgaben und Arbeitsweise von Aufsichtsräten und Beiräten, in: FS für Oskar Möhring zum 70. Geburtstag, S. 115, München 1973.

Kehrmann / Schneider: Die wirtschaftliche Mitbestimmung nach dem neuen Betriebsverfassungsgesetz, BlStSozArb 1972, S. 60.

Köhler: Betrieb und Unternehmen in wirtschaftsverfassungsrechtlicher Sicht, JZ 1953, S. 713.
Zit.: Köhler, Betrieb und Unternehmen.

Köke: Inhalt und Grenzen des Mitbestimmungsrechtes des Betriebsrates in Fragen der betrieblichen Lohngestaltung (§ 87 Abs. 1 Nr. 10 BetrVG), Diss. Berlin 1978.

Kölner Kommentar zum Aktiengesetz: Bd. 1, 2. Lieferung, Köln, Berlin, Bonn, München 1970, Bd. 2, 2. Lieferung, Köln, Berlin, Bonn, München 1971, Bd. 3, 3. Lieferung, Köln, Berlin, Bonn, München 1972.
Zit.: Bearbeiter in Kölner Kommentar.

Kötter: Gesetz über die Mitbestimmung der Arbeitnehmer in den Aufsichtsräten und Vorständen der Unternehmen des Bergbaus und der Eisen und Stahl erzeugenden Industrie vom 21. Mai 1951 mit Erläuterungen, Berlin 1952.
Zit.: Kötter, Mitbestimmungsrecht.

— Mitbestimmungsergänzungsgesetz (Holding-Novelle), Berlin 1958.

Kolb: Die Arbeiterräte in der deutschen Innenpolitik 1918 - 1919, Düsseldorf 1962.
Zit.: Kolb, Arbeiterräte.

Koller: Deutsche Arbeitsfront und Organisation der gewerblichen Wirtschaft, Diss. Erlangen 1940.

Kraft / Konzen: Die Arbeiterselbstverwaltung im Spannungsverhältnis von Gesellschafts- und Arbeitsrecht, Köln, Berlin, Bonn, München 1978.
Zit.: Kraft / Konzen, Die Arbeiterselbstverwaltung.

Kraft / Kreuz: Gesellschaftsrecht, 2. Aufl., Frankfurt/Main 1977.

Kübler / Schmidt / Simitis: Mitbestimmung als gesetzgebungspolitische Aufgabe, Gemeinschaftsgutachten, Baden-Baden 1978.
Zit.: Frankfurter Gutachten.

Kunze: Bemerkungen zum Verhältnis Arbeits- und Unternehmensrecht, in: FS für Schilling, S. 333, Berlin 1973.

— Mitbestimmung in der Wirtschaft und Eigentumsordnung, RdA 1972, S. 256.

— Unternehmensverband und Unternehmensrecht, in: FS für Duden zum 70. Geburtstag, S. 201, München 1977.

— Vereinbarkeit von Mitbestimmung und Tarifautonomie, BB 1971, S. 356.

— Wirtschaftliche Mitbestimmung als Legitimationsproblem, Karlsruhe 1970.

Kunze / Christmann: Wirtschaftliche Mitbestimmung im Meinungsstreit, Bd. I u. II, Köln 1964.

Löwisch: Mitbestimmung und Arbeitsverhältnis, in: Böhm / Briefs, Mitbestimmung — Ordnungselement oder politischer Kompromiß, S. 131, 2. Aufl., Stuttgart 1971.

Lutter: Information und Vertraulichkeit im Aufsichtsrat, Köln, Berlin, Bonn, München 1979.

— Mitbestimmung im Konzern, Köln, Berlin, Bonn, München 1975.

— Zum Verhältnis von Information und Vertraulichkeit im Aufsichtsrat, BB 1980, S. 291.

Maasen: Begründung zur Verfassungsbeschwerde gegen das Mitbestimmungsgesetz 1976.

v. Mangoldt / Klein: Das Bonner Grundgesetz, Bd. I 2. Aufl., Berlin, Frankfurt 1966, Bd. II 2. Aufl., Berlin, Frankfurt 1969, Bd. III 2. Aufl., Berlin, Frankfurt 1974.

Mann: Der tiefe Wandel der Gesellschaft, FS zum 100sten Jubiläum der Firma Degussa, Düsseldorf, Wien 1973.

Martens: Allgemeine Grundsätze zur Anwendbarkeit des Mitbestimmungsgesetzes, Die AG 1976, S. 113.

— Das Bundesverfassungsgericht und das Gesellschaftsrecht, ZGR 1979, S. 493.

— Das Verhältnis des Mitbestimmungsgesetzes zum kollektiven Arbeitsrecht, ZGR 1977, S. 422.
Zit.: Martens, Kollektives Arbeitsrecht.

— Mitbestimmung, Konzernbildung und Gesellschaftereinfluß, ZHR 138 (1974), S. 179.

— Paritätische Mitbestimmung und Aufsichtsratssystem, BB 1973, S. 1118.

Matthes: Das Mitbestimmungsrecht des Betriebsrats bei Betriebsänderungen, DB 1972, S. 286.

Maunz / Dürig / Herzog: Grundgesetz, 16. Lieferung, München 1978.
Zit.: Bearbeiter in Maunz / Dürig / Herzog, GG.

Mayer: Mitbestimmungsgesetz und Betriebsverfassungsgesetz — einheitliche Mitbestimmung in Betrieb und Unternehmen —, BlStSozArbR 1976, S. 173.

Meilicke / Meilicke: Kommentar zum Mitbestimmungsgesetz, Heidelberg 1976.
Zit.: Meilicke / Meilicke, Mitbestimmungsgesetz.

Meisel: Die Mitwirkung und Mitbestimmung des Betriebsrats in personellen Angelegenheiten, Heidelberg 1972.

Meyer-Landrut: Der Arbeitsdirektor im Rahmen der paritätischen Mitbestimmung, DB 1976, S. 387.

Mitbestimmung im Unternehmen: Bericht der Sachverständigenkommission zur Auswertung der bisherigen Erfahrungen bei der Mitbestimmung, BT-Drucksache VI/334, Bonn 1970.
Zit.: Bericht der Mitbestimmungskommission.

v. Mohl: Über die Nachtheile, welche sowohl dem Arbeiter selbst, als dem Wohlstande und der Sicherheit der gesamten bürgerlichen Gesellschaft von dem fabrikmäßigen Betriebe der Industrie zugehen, und über die Notwendigkeit gründlicher Vorbeugungsmittel, in: Archiv der politischen Ökonomie und Polizeiwissenschaft, Heidelberg 1835, S. 179.
Zit.: v. Mohl, Über die Nachtheile.

Moll: Die Mitbestimmung des Betriebsrats beim Entgelt, Berlin 1977.

Müller, Gerhard: Betriebsverfassungsrecht und Montan-Mitbestimmungsgesetz, BB 1951, S. 565.
— Die beiden Arten des Mitbestimmungsrechtes, BB 1953, S. 329.
— Die Mitbestimmung auf Unternehmensebene, DB 1969, S. 1794.
— Die Stellung des Gesamtbetriebsrates und des Konzernbetriebsrates nach dem neuen BetrVG, in: FS für Küchenhoff, I, Berlin 1972.
Zit.: Müller, Stellung.
— Gedanken zum Entwurf des Mitbestimmungsgesetzes, DB 1975, S. 205 und 253.
— Mitbestimmung durch Vertretung der Arbeitnehmer in Vorstand und Aufsichtsrat und allgemeiner Kündigungsschutz, BB 1951, S. 339.
Zit.: Müller, Mitbestimmung und Kündigungsschutz.
— Rechtliche Konzeption und soziologische Problematik der Einigungsstelle nach dem BetrVG, DB 1973, S. 431.

Müller-Lehmann: Kommentar zum Mitbestimmungsgesetz Bergbau und Eisen, Heidelberg 1952.

Muszynski: Wirtschaftliche Mitbestimmung zwischen Konflikt- und Harmoniekonzeptionen, Meisenheim a. G. 1975.

Naphtali: Wirtschaftsdemokratie — Ihr Wesen, Weg und Ziel, Berlin 1928, Neuauflage Frankfurt 1966.

Napp-Zinn: Wirtschaftsräte und überbetriebliche Mitbestimmung in Deutschland, in: Zur Theorie und Praxis der Mitbestimmung Bd. II, Berlin 1964.
Zit.: Napp-Zinn, Wirtschaftsräte, in: Zur Theorie und Praxis der Mitbestimmung Bd. II.

Natzel: Mitwirkung und Mitbestimmung des Betriebsrats bei der menschengerechten Gestaltung der Arbeit, DB 1972, Beilage 24.

v. Nell-Breuning: Mitbestimmung, Frankfurt 1968.

— Unternehmensverfassung und Arbeitsrecht, BlStSozArbR 1969, S. 369.

— Unternehmensverfassung, in: Das Unternehmen in der Rechtsordnung, Festgabe für Heinrich Kronstein, Karlsruhe 1967.

Neuloh: Die deutsche Betriebsverfassung und ihre Sozialformen bis zur Mitbestimmung, Tübingen 1956.
Zit.: Neuloh, Die deutsche Betriebsverfassung.

— Neuordnung.
Zit.: Neuloh, Neuordnung.

Niedenhoff: Mitbestimmung und Betriebsverfassung, Köln 1972.

Neumann-Duesberg: Lehrbuch des Betriebsverfassungsrechts, Berlin 1960.
Zit.: Neumann-Duesberg, Betriebsverfassungsrecht.

Nikisch: Mitbestimmung der Arbeitnehmer in Betrieb und Unternehmen, BB 1951, S. 901.
Zit.: Nikisch, Mitbestimmung der Arbeitnehmer.

— Arbeitsrecht, 3 Bände, 3. Auflage Tübingen 1961.
Zit.: Nikisch, Arbeitsrecht.

Nipperdey: Grundrechte und Privatrecht, Krefeld 1961.
Zit.: Nipperdey, Die Grundrechte.

Papier: Das Mitbestimmungsurteil des Bundesverfassungsgerichts — Eine kritische Würdigung aus verfassungsrechtlicher Sicht, ZGR 1979, S. 444.

Pernthaler: Qualifizierte Mitbestimmung und Verfassungsrecht, Berlin 1972.

v. Plessen: Qualifizierte Mitbestimmung und Eigentumsgarantie, Köln 1969.

Philipp: Die Ausübung von Beteiligungsrechten nach § 32 des Mitbestimmungsgesetzes, DB 1976, S. 1622.

— Patt-Auflösung im Aufsichtsrat durch die Zweitstimme des Vorsitzenden, DB 1976, S. 195.

Potthoff: Der Kampf um die Montanmitbestimmung, Köln 1957.

— Zur Geschichte der Mitbestimmung, in: Zwischenbilanz der Mitbestimmung von Potthoff, Blume, Duvernell, Tübingen 1962.

Preller: Sozialpolitik in der Weimarer Republik, Stuttgart 1949.
Zit.: Preller, Sozialpolitik.

Pross: Manager und Aktionäre in Deutschland, Untersuchungen zum Verhältnis von Eigentum und Verfügungsmacht, Frankfurter Beiträge zur Soziologie, Bd. 15, 1965, S. 159.
Zit.: Pross, Manager und Aktionäre.

Raiser, Thomas: Das neue Mitbestimmungsgesetz, NJW 1976, S. 1337.

— Das Unternehmen als Organisation, Berlin 1969.

— Grundgesetz und paritätische Mitbestimmung, Berlin 1975.

— Kommentar zum Mitbestimmungsgesetz, Berlin 1977.
Zit.: Raiser, Mitbestimmungsgesetz.

— Mitbestimmung im Betrieb und Unternehmen, in: FS für Konrad Duden zum 70. Geburtstag, S. 423, München 1977.
Zit.: Raiser, Mitbestimmung.

— Paritätische Mitbestimmung in einer freiheitlichen Wirtschaftsordnung, JZ 1974, S. 273.

— Privatautonome Mitbestimmungsregelungen, BB 1977, S. 1461.
Zit.: Raiser, Privatautonomie.

— Vorstand, Aufsichtsrat und Hauptversammlung in mitbestimmten Aktiengesellschaften, in: Funktionswandel von Privatrechtsinstitutionen, FS für Ludwig Raiser, S. 355, Tübingen 1974.
Zit.: Raiser, Vorstand.

Raisch: Mitbestimmung und Koalitionsfreiheit, Köln 1975.

— Unternehmensrecht, Bd. I, Hamburg 1973, Bd. II, Hamburg 1975.

— Zum Begriff und zur Bedeutung des Unternehmensinteresses als Verhaltensmaxime von Vorstands- und Aufsichtsratsmitgliedern, in: FS für Hefermehl, S. 347, München 1976.
Zit.: Raisch, Begriff und Bedeutung des Unternehmensinteresses.

Ramm: Nationalsozialismus und Arbeitsrecht, in: Kritische Justiz, Heft 2/1969, S. 108.

Rasch: Die „Parität" im Recht der Großunternehmen, BB 1974, S. 532.

Rathenau: Vom Aktienwesen, Berlin 1917.

Rehbinder: Das Mitbestimmungsurteil des Bundesverfassungsgerichts aus unternehmensrechtlicher Sicht, ZGR 1979, S. 471.

Rehhahn: Auswahlrichtlinien nach dem Betriebsverfassungsgesetz, BetrR 1972, S. 491.

— Die Aufstellung von Auswahlrichtlinien nach dem Betriebsverfassungsgesetz, MBGespr. 1973, S. 30.
Zit.: Rehhahn, Die Aufstellung von Auswahlrichtlinien.

— Die Personalplanung nach dem BetrVG 1972, AuR 1974, S. 65.

Reich / Lewerenz: Das neue Mitbestimmungsgesetz, AuR 1976, S. 261.

Reinhardt: Aktienrecht und Eigentumsordnung, in: FS für Walter Schmidt, S. 23, Berlin 1959.

— Die gesellschaftsrechtlichen Fragen der Gestaltung der Unternehmensformen, Referat, in: Verhandlungen des 39. DJT, B 5, Stuttgart 1952.

— Gesellschaftsrecht, Tübingen 1973.

— Vom Gesellschaftsrecht zum Unternehmensrecht?, in: FS für Gunther Hartmann, Köln 1976.

— Zum Anwendungsbereich des Mitbestimmungsgesetzes in der Eisen- und Stahlindustrie, in: FS für Nipperdey, Bd. II, S. 517, München, Berlin 1965.
Zit.: Reinhardt, Anwendungsbereich, in: FS für Nipperdey II.

Reuter: Die Entwicklung des arbeitsrechtlichen Schrifttums im Jahre 1973, ZfA 1974, 235 (268).

Richardi: Änderungskündigung und Versetzung nach neuem Betriebsverfassungsrecht, DB 1974, S. 1285 u. 1335.

— Das Widerspruchsrecht des Betriebsrats bei personellen Maßnahmen nach §§ 99, 100 BetrVG, DB 1973, S. 378 u. 428.

— Der Mitbestimmungsgedanke in der Arbeitsrechtsordnung, DAdG, Band 13 (1975), Berlin 1976.
Zit.: Richardi, Mitbestimmungsgedanke.

— Die Mitbestimmung des Betriebsrats in personellen Angelegenheiten, ZfA-Sonderheft 1972, S. 1.

— Mitbestimmung — das nicht gelöste Ordnungsproblem, Die AG 1979, S. 29. Zit.: Richardi, Ordnungsproblem.

— Recht der Betriebs- und Unternehmensmitbestimmung, Bd. 1 Grundriß, 2. Aufl., Heidelberg, Karlsruhe 1979.

Rittner: Der Mitbestimmungsbericht und die Unternehmensverfassung, in: Böhm / Briefs, Mitbestimmung — Ordnungselement oder politischer Kompromiß, S. 158, Stuttgart 1971.
Zit.: Rittner, Der Mitbestimmungsbericht.

— Die Funktion des Eigentums im modernen Gesellschaftsrecht — Gestaltungsformen und Probleme —, in: Marburger Gespräch über Eigentum — Gesellschaftsrecht — Mitbestimmung, 1967, S. 50.
Zit.: Rittner, Die Funktion des Eigentums im modernen Gesellschaftsrecht.

— Die paritätische Mitbestimmung und das Gesellschaftsrecht, JZ 1975, S. 457.

— Die werdende juristische Person, Tübingen 1973.

— Zur Verantwortung des Vorstandes nach § 76 Abs. 1 AktG 1965, in: FS für Geßler, S. 139, Heidelberg, Bonn 1971.
Zit.: Rittner, Verantwortung.

— Unternehmensverfassung und Eigentum, in: FS für Schilling, S. 363, Berlin, New York 1973.

Roemer: Die Entwicklung des Rätegedankens in Deutschland, Berlin 1921.

Rose: Mitbestimmung auf Betriebsebene, Ansätze und Schwerpunkte nach dem Betriebsverfassungsgesetz 1972, GMH 1973, S. 616.
Zit.: Rose, Mitbestimmung auf Betriebsebene.

Rüthers: Arbeitgeber und Gewerkschaften — Gleichgewicht oder Dominanz, DB 1973, S. 1649.

— Arbeitsrecht und politisches System, Frankfurt a. M. 1973.

— Die Betriebsverfassung im Nationalsozialismus, AuR 1970, S. 97.

— Kollektives Arbeitsrecht und Wettbewerbsordnung, Wirtschaft und Wettbewerb 1980, S. 392.

— Mitbestimmung und Eigentumsstruktur, Der Arbeitgeber 1972, S. 926.

— Rechtsprobleme des Zeitlohns an taktgebundenen Produktionsanlagen, ZfA 1973, S. 399.

Rumpff: Das Mitbestimmungsrecht des Betriebsrats bei Entgeltfragen, insbesondere beim Leistungslohn, AuR 1972, S. 65.

— Die Mitwirkung der Arbeitnehmervertretungen in wirtschaftlichen Angelegenheiten, BB 1972, S. 325.

— Mitbestimmung in wirtschaftlichen Angelegenheiten und bei der Unternehmensplanung und Personalplanung, 2. Aufl., Heidelberg 1978.
Zit.: Rumpff, Mitbestimmung in wirtschaftlichen Angelegenheiten.

Säcker: Die Mitbestimmung im Unternehmen im Meinungsstreit, DRdA 1973, S. 89.
Zit.: Säcker, Meinungsstreit.

— Mitbestimmung und Vereinigungsfreiheit (Art. 9 Abs. 1 GG), RdA 1979, S. 380.

Unternehmensverfassung als gesellschaftspolitische Forderung, hrsg.: Boettcher / Hax / Kunze / v. Nell-Breuning / Ortlieb / Preller, Berlin 1968.
Zit.: *Sechserbericht.*

Seiffert: Der Aufsichtsrat der Aktiengesellschaft nach dem Regierungsentwurf für ein Mitbestimmungsgesetz, Die AG 1974, S. 129.

Siebert: Mitwirkung und Mitbestimmung der Arbeitnehmer nach dem Betriebsverfassungsgesetz, BB 1952, S. 932.

Simitis: Von der institutionalisierten zur problembezogenen Mitbestimmung, AuR 1975, S. 323.

Söllner: Arbeitsrecht, 5. Aufl., Stuttgart, Berlin, Köln, Mainz 1978.

Sombart: Der moderne Kapitalismus, 3. Bd., München, Leipzig 1928.

Schaub: Arbeitsrechtshandbuch, 3. Aufl., München 1977.

Schäfer: Arbeitstechnische Betrachtungen zum BetrVG, BB 1972, S. 711.

Scheuner: Staatszielbestimmungen, in: FS für Forsthoff, S. 325, München 1972.

Schmidt / Bleibtreu / Klein: Kommentar zum Grundgesetz für die Bundesrepublik Deutschland, 4. Aufl., Neuwied u. Darmstadt 1977.

Schneider / Kuda: Arbeiterräte in der Novemberrevolution. Ideen, Wirkungen, Dokumente, Frankfurt 1968.
Zit.: Schneider / Kuda, Arbeiterräte in der Novemberrevolution.

Schnorr v. Carolsfeld: Probleme des Mitbestimmungsergänzungsgesetzes, RdA 1963, S. 249.

Scholz: Paritätische Mitbestimmung und Grundgesetz, Berlin 1974.

Schwegler: Möglichkeiten und Grenzen der Unternehmensmitbestimmung, GMH 1973, S. 623.

— Paritätische Mitbestimmung im verfassungsrechtlichen Meinungsstreit, AuR 1975, S. 263.

— Paritätische Mitbestimmung und Koalitionsfreiheit, AuR 1975, S. 27.

— Praxiskommentar zum Mitbestimmungsgesetz, Neuwied 1978.
Zit.: Schwegler, Mitbestimmungsgesetz.

Schwerdtfeger: Unternehmerische Mitbestimmung der Arbeitnehmer und Grundgesetz, Frankfurt 1972.
Zit.: Schwerdtfeger, Mitbestimmung und Grundgesetz.

— Zur Verfassungsmäßigkeit der paritätischen Mitbestimmung, Heidelberg, Hamburg 1978.
Zit.: Schwerdtfeger, Verfassungsmäßigkeit.

Stadler: Die Mitbestimmung des Betriebsrats in Fragen der Leistungsentlohnung, BB 1972, S. 800.

Stege / Weinspach: Betriebsverfassungsgesetz 1972, Köln 1972.

Stein: Qualifizierte Mitbestimmung unter dem Grundgesetz, Köln, Frankfurt 1976.

Stollreither: Mitbestimmung — Ideologie oder Partnerschaft?, München 1975.
Zit.: Stollreither, Mitbestimmung.

Tegtmeier: Wirkungen der Mitbestimmung der Arbeitnehmer. Eine sozialökonomische Analyse potentieller und faktischer Wirkungen der Mitbestimmung im Unternehmen und im unternehmensextremen Bereich, Göttingen 1973.
Zit.: Tegtmeier, Wirkungen der Mitbestimmung der Arbeitnehmer.

Teuteberg: Geschichte der industriellen Mitbestimmung in Deutschland, Tübingen 1961.

Thüsing: Arbeitsdirektor — Neuer Art, Der Arbeitgeber 1976, S. 598.

Ulmer: Der Einfluß des Mitbestimmungsgesetzes auf die Struktur von AG und GmbH, Heidelberg, Karlsruhe 1979.

Unterhinninghofen: Aufsichtsratswahl 1978; Erfolge und Probleme, GMH 1978, S. 654.

Bericht über die Verhandlungen der Unternehmensrechtskommission: Hrsg.: Bundesminister der Justiz, Köln 1980.
Zit.: Bericht der Unternehmensrechtskommission.

Vetter: Das neue Mitbestimmungsgesetz: Probleme und Aufgaben für die Gewerkschaften, AuR 1976, S. 257.

— Mitbestimmungsgesetz ohne Illusionen voll ausschöpfen, Die Quelle 1976, S. 147.

Voigt: Die Mitbestimmung der Arbeitnehmer in den Unternehmungen, in: Weddingen, Zur Theorie und Praxis der Mitbestimmung, 1. Bd., S. 87, Berlin 1962.

Vollmer: Die Entwicklung partnerschaftlicher Unternehmensverfassungen, Köln, Berlin, Bonn, München 1976.

Weddingen: Mitbestimmung, in: Handwörterbuch der Sozialwissenschaften, Bd. 7 S. 367, Stuttgart, Tübingen, Göttingen 1961.

Wendt: Mitbestimmung und Sozialpartnerschaft in der Weimarer Republik, Beilage zu „Das Parlament“, B 26/69 S. 36.

Wengler: Die Mitbestimmung und das Völkerrecht, Baden-Baden 1975.

Westermann, Harm Peter: Rechte und Pflichten des mitbestimmten Aufsichtsrates und seiner Mitglieder, ZGR 1977, S. 219.
Zit.: Westermann, Rechte.

— Unternehmensverfassung und Gesellschaftsrecht, in: FS für Harry Westermann, Karlsruhe 1974, S. 563.
Zit.:Westermann, Unternehmensverfassung.

Wetzling: Der Konzernbetriebsrat, Diss. Berlin 1977.

Wiedemann: Aufgaben und Grenzen der unternehmerischen Mitbestimmung der Arbeitnehmer, BB 1978, S. 5.

— Gesellschaftsrecht, Bd. I Grundlagen, München 1980.
Zit.: Wiedemann, Gesellschaftsrecht Bd. I.

— Grundfragen der Unternehmensverfassung, ZGR 1975, S. 385.

— Zit.: Wiedemann, Grundfragen.

— Unternehmensrecht und GmbH-Reform, JZ 1970, S. 593.

— Unternehmerische Verantwortlichkeit und formale Unternehmensziele in einer zukünftigen Unternehmensverfassung. Eine rechtsvergleichende und rechtspolitische Studie, in: FS für Barz, Berlin/New York 1974, S. 561.
Zit.: Wiedemann, Unternehmerische Verantwortlichkeit.

Wiethölter: Interessen und Organisation der Aktiengesellschaft nach amerikanischem und deutschem Recht, Karlsruhe 1961.

Wisskirchen: Der Wirtschaftsausschuß nach dem Betriebsverfassungsgesetz 1972, DAdG 13, S. 13.

Wlotzke: Die Mitbestimmungskonzeption der Bundesregierung, AuR 1974, S. 235.

Wlotzke / Wißmann: Das neue Mitbestimmungsgesetz, DB 1976, S. 959.

Wöhe: Einführung in die Allgemeine Betriebswirtschaftslehre, 11. Aufl., München 1973.
Zit.: Wöhe, Allgemeine Betriebswirtschaftslehre.

Wolf: Das Arbeitsverhältnis, Personenrechtliches Gemeinschaftsverhältnis oder Schuldverhältnis?, Marburg 1970.
Zit.: Wolf, Arbeitsverhältnis.

Würdinger: Aktien- und Konzernrecht, 3. Aufl., Karlsruhe 1973.

Zöllner: Arbeitsrecht, 2. Aufl., München 1979.

— Die Einwirkung der erweiterten Mitbestimmung auf das Arbeitsrecht, RdA 1969, S. 65.

— Mitbestimmung und menschengerechte Arbeitsgestaltung, RdA 1973, S. 212.
Zit.: Zöllner, Mitbestimmung.

Zöllner / Seiter: Paritätische Mitbestimmung und Art. 9 Abs. 3 GG, ZfA 1970, S. 97.

Kolibri 360 GmbH
Ferdinand-Jühlke-Straße 7
99095 Erfurt, Deutschland
produktsicherheit@kolibri360.de

Druck:
CPI Druckdienstleistungen GmbH
im Auftrag der
Kolibri 360 GmbH
Ferdinand-Jühlke-Str. 7
99095 Erfurt